知識ゼロからの

数字でわかる日本経済のよみ方

The first book of a forecast of economic activities by the recent data.
Keitaro Hasegawa

長谷川慶太郎

幻冬舎

安倍政権誕生で、構造改革はさらに加速する

２００６年9月、安倍晋三政権が発足しました。私は安倍政権は、小泉政権と同様の長期政権になると見ています。

その確信を深めたのは、安倍総理が組閣後初の記者会見を総理官邸で行ったときに、財政支出の大幅削減の端緒として、自らの給与を30％、閣僚の給与を10％カットすると表明したときです。

総理と閣僚の給与を削ったとしても、その総額はわずかなものに過ぎないかもしれません。しかし官僚に対しては、無言のプレッシャーになります。「大臣の方々は国の財政再建のために給料を減らしたかもしれないが、自分たちの給料は上げてくれ」とはとてもいえない雰囲気が、醸成されるからです。

小泉前総理でさえできなかったことに、安倍総理はさっそく手をつけました。小泉純一郎から始まった構造改革は、安倍晋三の代になってますます加速していくことでしょう。

小泉前総理、そして安倍総理が取り組もうとしていることを一言でいえば、官僚が国政をコントロールしている状態から、政治家が国をコントロールする状態へと、国の姿を体質改善していくことです。

ご存じのように、日本の国債残高は５００兆円を突破しています。本来なら税収が伸び悩んでいる場合、それに合わせて国の組織もスリム化しなくてはいけないのに、官僚は既得権益を失いたくないばかりに、国債を発行することで組織の維持拡大を図り続けてきました。さらには財源を確保するために、消費税率引き上げまで持ち出す始末です。けれどもスリム化が進められれば、消費税率の引き上げなど無用であることはいうまでもありません。国政のイニシアチブを官僚から政治家に取り戻すことは、国の財政の姿がようやく正常化することを意味しています。

それを成し遂げてくれるのが安倍政権ではないか、と私は見ているのです。

情報を自分の力で読み込み、ぶれない意見を持つ

さて、ここまで私が述べてきたことは、私が安倍政権に対して、現時点で下している評価です。違う意見の持ち主もいるでしょうが、私は自分の考えに自信を抱いています。

若い読者のなかには、「確たる自分の考えが持てなくて困っている」という人も多いことでしょう。Ａさんの意見を聞いては、「なるほど、彼のいう通りだ」と思い、Ｂさんの意見を聞いては、

「こっちの方が正しいかもしれないな」と迷ってしまう。他人の意見に耳を傾けることは大事ですが、最終的な判断は自分自身で下せる力を身につけておかないと、これからの時代を乗り切っていくことはできません。

私が自分なりの判断を下すときに、根拠にしているのはデータであり情報です。しかしデータや情報は単に丸暗記しているだけでは、自分のものにしているとはいえません。

たとえば「赤字国債の発行残高が５００兆円を突破した」というデータがあります。なぜこれだけの国債を発行しないと財政を維持できない国になってしまったのかを、人の意見に頼らずに、自分の力で調べて考えてみます。そうしたなかから、自分自身の意見が作り上げられていきます。

一度国の財政のあり方に対する意見が確立されれば、消費税引き上げ論議が湧き起こったときでも、その是非をぶれることなく判断できます。各政党が示す政策についても、自分の視点から「支持する」「支持しない」を打ち出すことができます。

「情報を自分の力で読み込んで、自分のものにする」とは、そういうことなのです。

なぜ世界のなかで、日本の製造業は躍進するのか

政府は、２０１０年までの我が国の経済成長率を約２％と見込んでいます。しかし私は、５％を超えるのではないかと推測しています。これもさまざまな情報を読み込むなかで確信を持つに至っ

た、私なりの意見です。

日本が高い経済成長率を維持すると考える最大の理由は、日本の製造業が世界中から特需に等しい注文を受けることが予想されるからです。

世界では今、あらゆる地域で大型プロジェクトが進行中です。たとえばロシア。ロシアは世界有数の資源大国ですが、エネルギー産業は大きく立ち遅れていました。そのためせっかく豊富にあるエネルギー資源を、国際消費市場に流通させることができずにいました。

しかし現在ロシアはエネルギー新興国となるために、インフラの整備を急速に進めています。２００５年４月には原油の輸送のために、カスピ海沿岸の街・バクーからコーカサス山脈を越えて、トルコの地中海沿岸の都市ジェイハンまでをつなぐ全長約１７６０キロのパイプラインを完成させました。また天然ガスについては、サンクトペテルブルク近郊からバルト海の海底を抜けてデンマークに入り、さらには北海を経由してイギリスに至る全長６７００キロにも渡るパイプラインの工事を現在行っています。興味深いのは、パイプラインの建設に用いる鋼材は、すべて日本企業によって供給されていることです。

アメリカでは現在、11基もの大型原子力発電所の新規建設計画が練られています。２００６年６月、その第一号にあたる建設計画の具体案がまとまりました。その工事を受注したのは、日本の日立製作所です。

またヨーロッパでは、イタリア半島とシチリア島を橋でつなぐ計画が決定しましたが、受注したのは石川島播磨重工業。さらにシチリア島とアフリカのチュニジアに橋を架ける計画も持ち上がっていますが、これを請け負うのもやはり日本企業になるでしょう。

では、世界ではなぜ今、枚挙にいとまがないほどの大型プロジェクトが同時に進められているのでしょうか。しかもそうしたプロジェクトのほとんどに、日本の企業が絡むことができているのはなぜでしょうか。

その種明かしをするのは、ここでは止しておきましょう。本書を読んでいただければ、世界各地で巨大プロジェクトが行われている理由も、世界が日本企業を必要としている理由も納得いただけるはずです。そして私がどのデータをどんなふうに読み込むことで、今後の製造業を中心とする日本企業の躍進を予測しているのか、その根拠もおわかりいただけるはずです。

私は本書で、私流の情報やデータの読み方を示したつもりです。本書はとくに若い社会人や学生に読んでいただきたいと考えています。本書をきっかけとして、情報やデータを読み込む能力を身につけることで、個人の資産形成から世界の経済情勢まで、自分の力で判断できる方が一人でも増えてくだされば、これに勝る喜びはありません。

平成十八年十一月

長谷川慶太郎

はじめに…1

第1章 市場をよみ、資産の形成に生かす

デフレ 「デフレ＝不景気」は間違い。デフレのもとでも好況はある…14
Column 数字をよむには基礎的知力が必要…17
日経平均株価① 株価は日本経済の歴史を映す鏡。景気の先行きをよむ指標になる…18
日経平均株価② 225銘柄を見れば日本企業の中核がわかってくる…22
東証株価指数 上場企業全銘柄の平均、動きは遅いが市場全体を把握できる…26
ダウ平均株価 もっとも有名な株価指数のひとつだが市場を反映し切れていない…28

為替相場　経済活動全般に影響を与えている何よりも大事なキーワード…32
円相場　中長期的に見れば日本にとって円高はプラスに作用する…36
外国為替　金余りから外国為替をやる人が増えている…40
金利①　景気と金利は切っても切れない。ゼロ金利は景気回復の切り札だった!?…42
Column　**「公定歩合」が景気を動かす!?**…45
金利②　住宅ローンは家計が安定する固定金利がオススメ…46
Column　**「夢のマイホーム」は持たない方がいい!?**…49
マネーサプライ　どれだけのお金が出回っているか、金融をよむ指標のひとつだが……50
個人金融資産　進む金融資産の構造変化、資産運用は預貯金から投資の時代へ…52
数字から経済をよむPoint 1　**古い常識にこだわってはいけない**…56

第
2
章
企業をよみ、投資に役立てる

株価　「株」を買うのではなく「企業」に資金を託す。投機よりも投資を …58

キャッシュフロー　デフレ時代はモノよりお金。キャッシュフローに注意する …60

Column　**待っているだけでは情報は集まらない** …63

配当性向　近年、注目度がアップ。会社と株主の関係が見えてくる …64

Column　**M&A、TOBでデフレを生き抜く** …67

時価総額　時価総額が高くても企業内容がよいとはかぎらない …68

Column　**分散投資でリスクを減らす** …71

株主資本利益率　比率が高いほど効率のよい企業。投資のうえで大事な指標だ …72

株価収益率　「企業価値」と「人気」のバランスがとれているかがわかる …74

研究開発費
研究開発費を確保していない企業は国際市場での競争に負ける …76

設備投資
最新の設備をつくる技術がある。だから日本は強い …80

海外生産比率
海外生産は増える。比率の高い企業には一定の評価を …84

従業員の平均年齢
雇用状況はかならずチェックしたい。投資対象には若さが必要だ …88

外国人持ち株比率
外国人投資家こそ日本企業の実力を正しく評価している …90

数字から経済をよむ Point 2
自分の体を使って物事を捉える …92

第3章 日本の今をよみ、5年後を予測する

有効求人倍率
雇用の変化から地域ごとの景気がよみとれる …94

完全失業率 実態を正確には反映していない。参考程度の数値だ …98

Column **公務員が失業する日も近い** …101

労働生産性 日本の労働生産性は先進国のなかでもっとも低い …102

地価公示価格① 地価が上がるのは一部の地域だけ、二極化はますます進む …104

地価公示価格② どれだけの利益が出せるか、収益価格が注目されるようになった …108

輸出入動向 買い手は8割が企業。強い製造業が日本の貿易黒字を支えている …112

国際収支統計 経常収支の大幅黒字は国の魅力の表れだ …116

外貨準備高 急増した外貨準備高。その変動から日本経済、世界経済がよめる …120

国債残高 体質の改善が赤字国債をなくす最短ルートだ …122

国民負担率 上昇を防ぐには小さな政府を志向するしかない …126

消費税 所得税中心から消費税中心へ。高額所得者が損しない社会になる? …128

政府開発援助（ODA）
ODAは日本の交際費。使い道から外交の行方が浮かび上がる …130

数字から経済をよむ Point 3
現象には連関性がある …134

第4章 景気をよみ、ビジネスチャンスをつかむ

家計調査
格差問題を考えるうえで重要な基礎データになる …136

消費者物価指数
商品やサービスの価格の変動を示す。生活水準を測る物差し …140

原油の輸入量
エネルギー効率を高めた結果、以前より少ない石油で製品ができる …142

原油価格①
需給バランスは崩れていない。投機が原因で原油高が進んだ …144

原油価格②
エネルギー商品は石油だけじゃない。原油高は続かない …148

景気動向指数
50%以上で好況、以下で不況。一般の人にはあまり役立たない …152

日銀短観
企業が答えたアンケートの統計。景気がいいか悪いかを知る …154

新設住宅着工戸数
消費者の懐事情から景気を探る大切な指標 …156

企業倒産件数
6カ月遅れで反応する。経済活動の水準を示すバロメーター …158

GDP①
すべての基本となる経済指標。国の経済規模、生活水準が判断できる …160

GDP②
「GNP」から「GDP」に変わった。背景に経済の国際化が見える …164

GDP③
GDPで国と国を比較してみると意外な現実が見えてくる …168

中国人民元
元の切り上げが日本経済に脅威を与えることはない …172

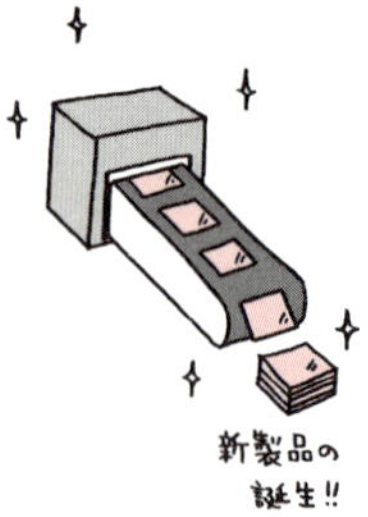

第1章

市場をよみ、資産の形成に生かす

世界的なデフレ基調はこれからも続く。
平均株価、為替相場、金融……、
それぞれの市場の動きを見ながら、
ベストな資産形成の方法について考えよう。

「デフレ＝不景気」は間違い。デフレのもとでも好況はある

冷戦の終結によって世界はデフレ時代に移行した

私たちが今生きている21世紀の特徴を一言で表せば「デフレ」です。

対する20世紀は「インフレ」の時代でした。20世紀には、第1次世界大戦と第2次世界大戦という大きな戦争が2度ありました。第2次世界大戦が終わると、今度はアメリカとソ連の間で冷戦が始まりました。

戦争では大量の物資が消耗され、人命も失われます。するとモノも労働力も不足します。そのためモノとサービスの値段がどんどん上がり、世の中はインフレ

インフレ・デフレは景気とは別モノ

物価が上がり続ける　インフレ

物価が下がり続ける デフレ

状態となるわけです。

これは冷戦状態でも同じです。「いずれ戦争が起きるのではないか」という予測のもとに、常に軍需品というモノを購入することで、有事に備えておかなくてはいけないからです。

しかし１９８９年、ベルリンの壁が崩壊し、その後冷戦は終結しました。そして湾岸戦争以降明らかになったのは、圧倒的な軍事力を誇るアメリカの世界一極支配構造です。それにより、局地的な紛争は別として、大規模な戦争が起きるリスクは世界から消滅しました。

戦争が起きる可能性が低い世界では、モノを買い占めておく必然性がなくなります。また戦火のない平和な社会では、人も長生きするようになります。そのため、モノとサービスの値段はどんどん下がり、世の中はデフレ状態となるわけです。

平和と安定がデフレを生み出す

国防費の比較

（2004年度）

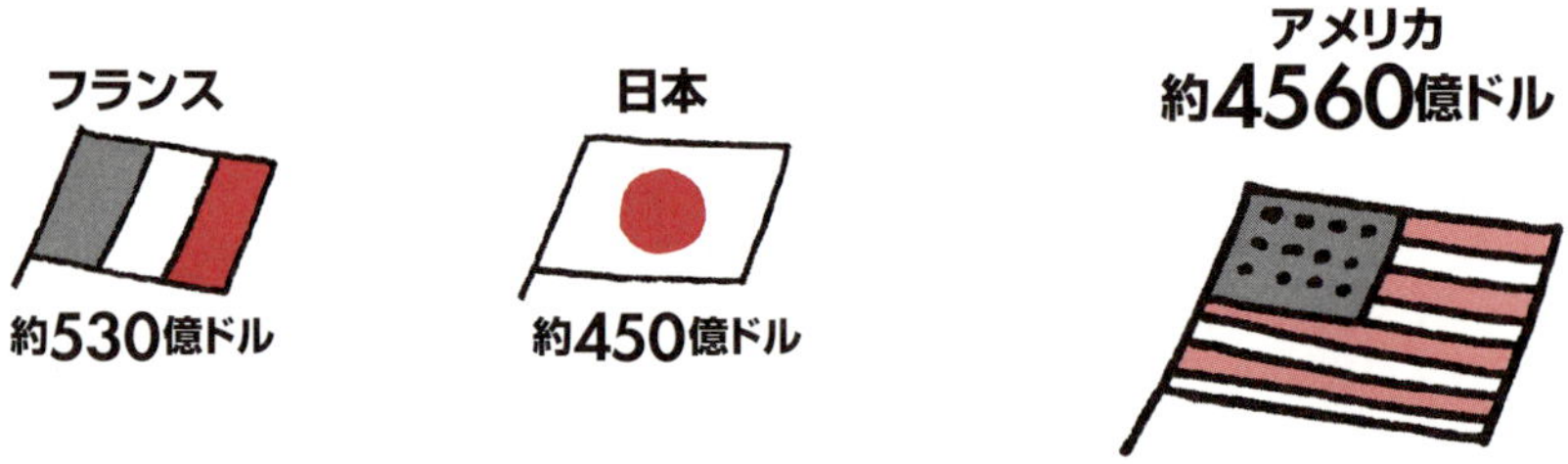

●圧倒的なアメリカ

アメリカは他国と比べてケタ違いの国防予算を持っている。日本と比べると、10倍以上になる。

アメリカが、世界トップの強大な軍事力、経済力、また強い政治力を持っていることも一極支配体制を維持しているポイントです。

大きな構造変化が起きないかぎりデフレ基調は長期的に持続する

デフレというと「モノが余って物価が下落し、世の中全体が不景気になること」と捉えている人が多いと思います。

しかしデフレ＝不景気ではありません。確かに好景気のときにはモノの値段が上がり、不景気のときには下がりますが、それは限定された市場での需要と供給のバランスの変化がもたらす景気循環に過ぎません。

インフレ、デフレというのは、もっと構造的なものです。冷戦が終結したことによって、世界はインフレ基調からデフレ基調へと構造が変化しました。そしてこのデフレ基調の状態は、新しい構造変化が起きないかぎり、長期に持続します。

今のところアメリカの一極支配は揺るぎないものですから、今のデフレは数十年

（資料:『平成18年版防衛白書』防衛庁）

●大規模な戦争は起こらない

今、軍事的にアメリカに対抗できる国はない。
強い米軍がアメリカの一極支配体制を支えており、地球規模の大規模戦争が起こることはないといえる。

平和で安定した社会へ

労働力、モノ、サービスの過剰が起こり、デフレ時代が続く

単位で続くでしょう。

　ですからインフレの時代でもモノの値段が下がることはありますし、デフレの時代でも価格上昇は起こりえます。

　実はデフレは、日本にとって、また消費者にとって有利な時代です。どう有利なのかについてはこれから話していきます。デフレ時代の特徴や、経済の動きの見方を知ることは、たとえば、どんな資産形成がベストなのか考えるためにも大切です。

デフレをよむポイント

● 21世紀、デフレ時代は世界的に続く

デフレは、景気の好不況ではなく構造的なもの。アメリカの一極支配により、世界はデフレ基調であるが、デフレによるメリットは多い。

Column　数字をよむには基礎的知力が必要

　経済の数字を新聞の受け売りではなく、自分なりの視点で分析するには、基礎的知力を身につけることが不可欠です。

　私は20代の頃、輸出振興会（日本貿易振興会）の資料室で徹底的に経済の勉強をしました。そうすることで徐々に数字のもつ意味が見えてきたのです。まずは基礎的知力を向上させるよう、頑張ってください。

株価は日本経済の歴史を映す鏡。景気の先行きをよむ指標になる

日経平均株価は景気の先行指標 6ヵ月先の日本経済が見える

1950年から算出が始まった日経平均株価は、経済の発展にともなって順調に値を上げていきました。上のグラフのとおり株価は日本経済の歴史を物語っています。

たとえば、90年代から2000年代初頭にかけての長期にわたる日経平均株価の落ち込みを見ると、バブル崩壊後の10年間が、いかに日本経済にとって特異な時期であったかが、わかってきます。

こういった経済の動きをよみ、景気を知ることは、資産を守り育てるのに必要

株価は景気のバロメーターだ

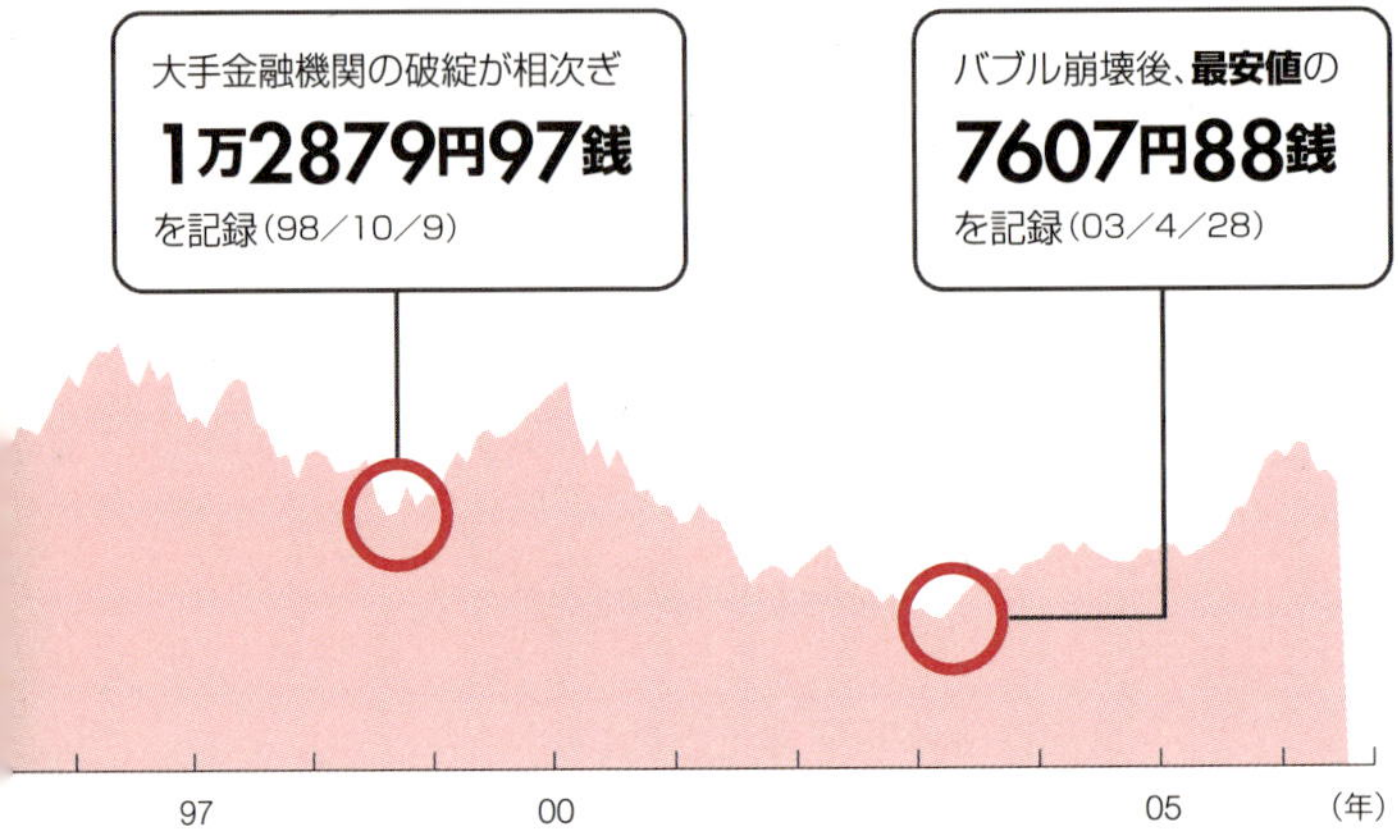

●日経平均株価は景気の行方を示す

日経平均株価とは、日本企業の株価の動きを表す代表的な指標のひとつ。日本経済新聞社が、東証第1部上場企業から225銘柄を選び、その株価の平均を出したものである。
かつては225社の株価を合計し、225で割るという方法で算出していた。しかし株式分割や株式併合による株価の変動に対して、平均株価の連動性を保つために、今では修正算式を用いて算出される。

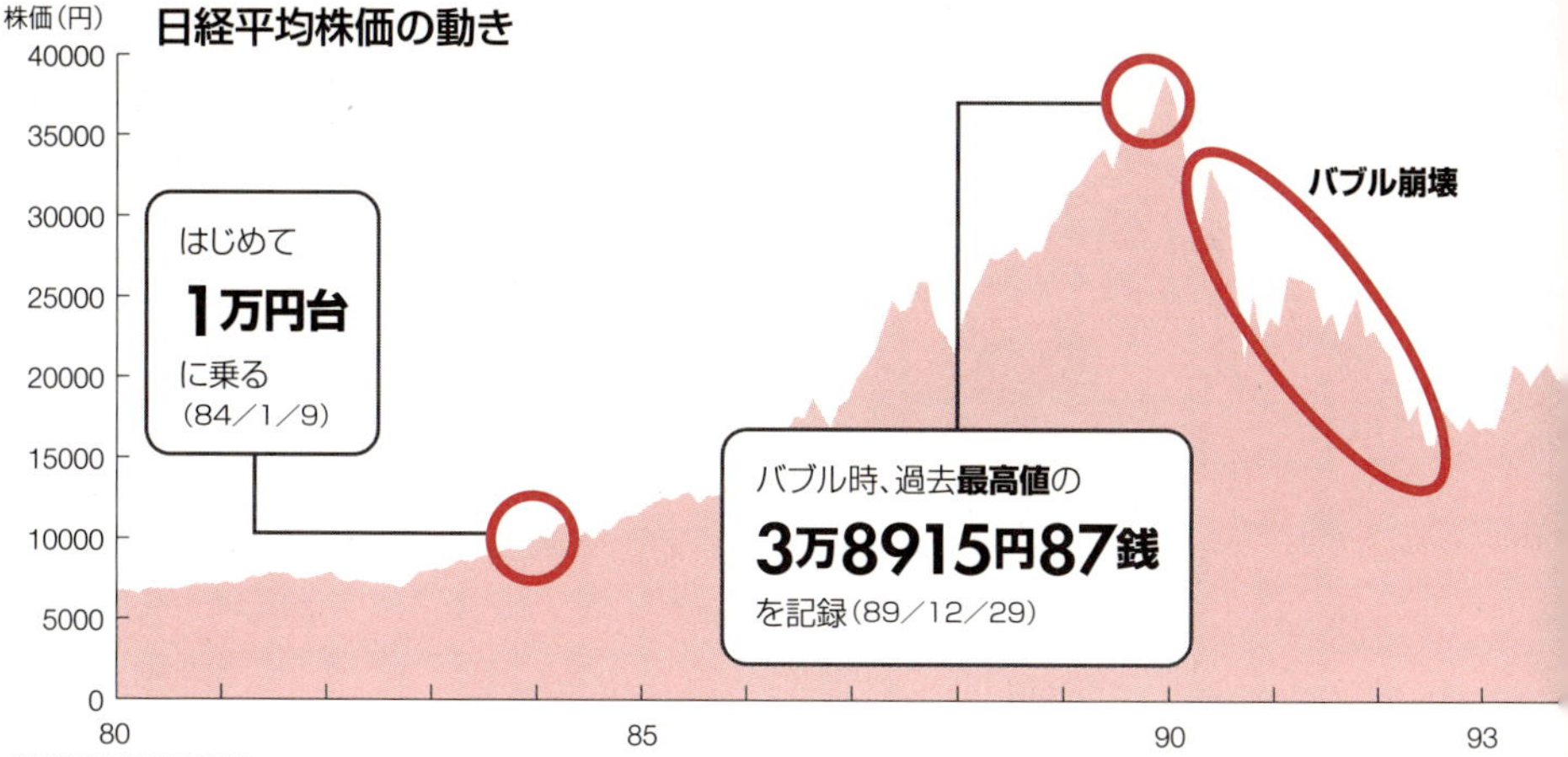

(資料:日本経済新聞社)

こんな風に発表される

毎日、新聞に掲載されるのでかならず目を通しましょう。下げ幅、上げ幅にも注目を。

東京市場	(●日)
日経平均株価	
	1万4794円50銭
前日比	ー26円76銭

不可欠です。

日経平均株価には、景気の先行きをよむ先行指標の役割があります。日経平均株価が上昇を始めたら、経済が回復を迎えつつある予兆です。逆に下降を始めたらこれから景気が悪くなると考えてよいでしょう。

ケースによって異なりますが、景気の実態に対してだいたい6ヵ月程度先行して数値が動きます。

なぜバブル崩壊後の最安値を7000円台で食い止められたか

日経平均株価の推移のなかでも、チェックして欲しいのが、株価が下落から上昇に転じる、あるいは上昇から下落に転じる時期です。「なぜ上昇に転じることができたのか」「なぜ下落が始まったのか」を考えることで、日本経済のターニングポイントが見えてくるからです。

日経平均の見方は2つある

日経平均の動きにつれて景気が変化

株価が下がる

↓

株を売る人が増える

↓

ますます株価が下がる

↓

景気が悪くなる

景気先取りして日経平均が変動

投資家が景気はよくなると
予測して株を買う

↓

株価が上がる

↓

**景気に好影響を与え、
景気がよくなる**

たとえば03年、バブル崩壊後最安値をつけたとき、「このまま5000円台にまで落ち込むのではないか」という悲観的な声も少なくありませんでした。しかしそうした予測に反して、株価が持ち直したのはなぜか。

それは外国人投資家が、日本の株を買い支えたからです。当時世界的に顕著になっていたのがデフレでした。デフレのときに強いのは、価格競争に巻き込まれない独自の技術力を持った企業です。

技術力がなければ、安売り合戦に参加せざるを得ず、企業の体力はどんどん消耗していきます。逆に独自の技術を持っていれば、高い価格を維持したままモノやサービスを売ることができます。

日本の企業が研究開発に投じている費用は、世界でも有数です。その成果として表れているのが特許です。日本は92年以来、特許の国際貿易では一貫して黒字を続けています。

　ですから世界的なデフレ傾向が明らかになったとき、外国人投資家は日本の企業が高い技術力を持っていることに着目し、積極的に株を購入したのです。

株価変動の背景に何があるかを常に考える

　このように株が下落から上昇に転じる、あるいは上昇から下落に転じるのには、かならず理由があるものです。

「株価が上がっているのは、外国人投資家が積極的に投資をしているからだ」「外国人投資家が投資をするのは、日本企業の技術力を評価しているからだ」というように、株価上昇（下落）の理由を探っていくことで、世界の投資家が日本の企業をどう評価しているか、そして日本の企業の実力がどの程度のものであるかが、見えてくるのです。

日経平均株価①をよむポイント

● **常にチェックして、一時的な動きではなく大局をつかむ**

日経平均株価の値動きで、今後の景気の動きをチェックするだけでなく、その理由を探ることで、景気が動いている要因をつかみたい。

3原則で株価を見る

1 いつも変化に注目する

2 全体の方向性を見逃さない

3 変化の理由を考える

株価は、常に見続けることが大切。見続けているからこそ小さな変化に気がつく。小さな変化は、大きな変化の種となる可能性がある。

変化に気がついたら、なぜ変化が起きたのかを考える。多くの人が変化に気がついたときには、すでに大変化が起きている。誰よりも早く変化に気づくには、小さな変化を見逃さないことだ。

225銘柄を見れば日本企業の中核がわかってくる

日経新聞の証券部が選ぶ

日経平均株価の構成銘柄は、日本経済新聞社の証券部が、独自に設定した選定基準に沿って任意に選定している。市場流動性の高い上位450銘柄から、まず75銘柄を選出。次に「技術」「金融」「消費」「素材」「資本財・その他」「運輸・公共」の6つのセクターを設定し、セクター間での銘柄数のバランスを考慮しながら、残りの銘柄を選ぶのだ。

流動性の高い銘柄ばかりだから市場動向を鋭敏に反映する

日経平均株価は、東証第1部上場銘柄のうち、日本を代表する225銘柄の株価の平均値を出したものです。

もちろん〝日本を代表する〟といっても、企業は浮き沈みが激しいもの。そのため日経平均株価は、年1回以上実施される定期見直しを含め、頻繁に銘柄の入れ替えが行われています。

ただし銘柄の入れ替えの頻度が激しければ激しいほど、指数としての連続性は損なわれます。2000年4月には銘柄の選定基準が変更になったために、一気

225銘柄の内訳から今の日本企業を見る

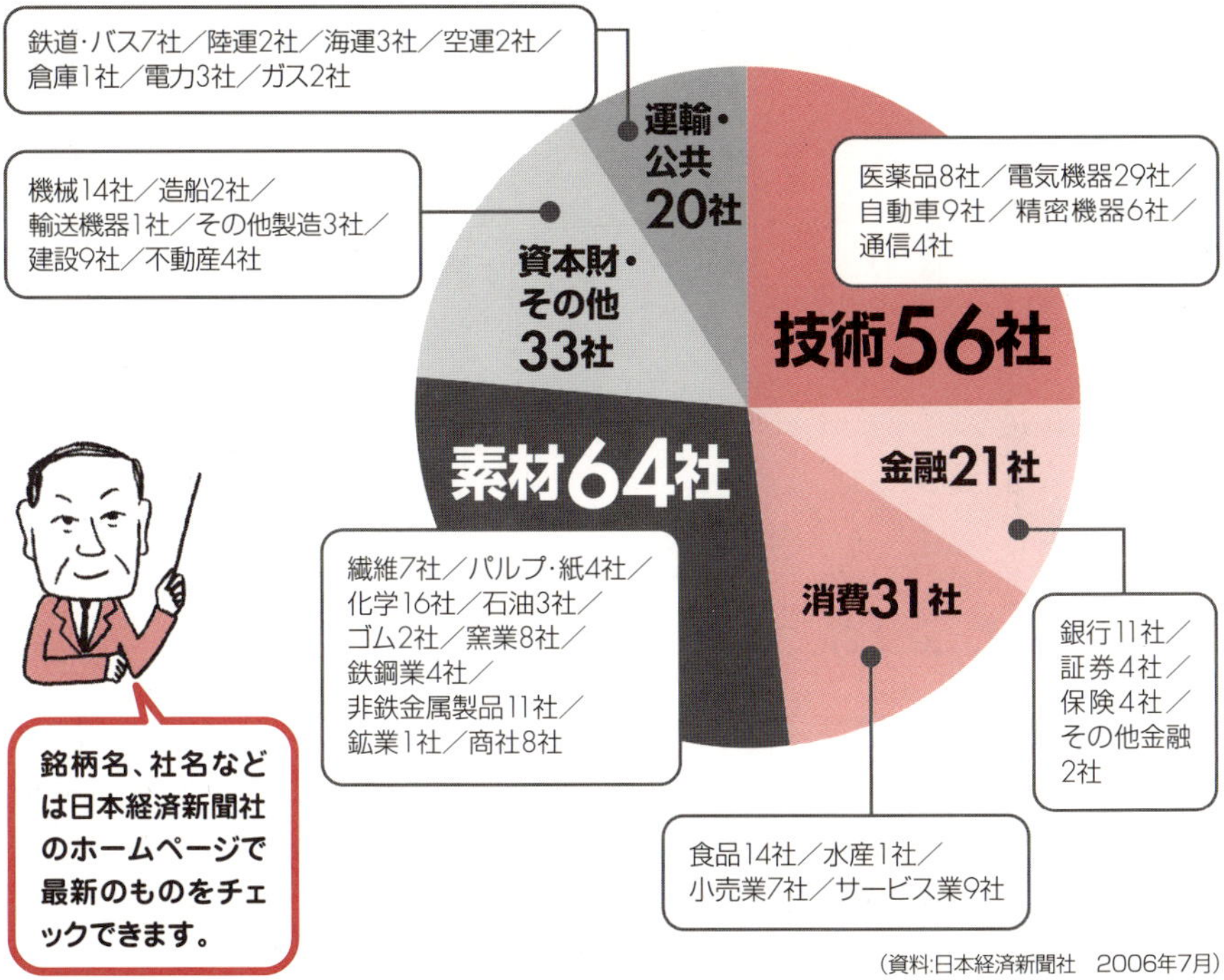

（資料:日本経済新聞社　2006年7月）

に30銘柄が入れ替わりました。こうなると00年4月以前と以後では、同じ〝平均株価〟といっても、その中身が異なるということになります。

　しかし日経平均株価では、指数としての連続性よりも、産業構造や経済実態の変化を的確に反映させることを重視しています。もし連続性に固執して入れ替える銘柄数を限定していると、市場流動性が低くなった衰退企業の数が増え、日本経済の実態から乖離《かいり》したものになります。そうではなくて、今の日本の経済状況を鋭敏に映し出すために、市場流動性の高い銘柄、つまり投資家からの注目度が高い銘柄が選ばれているわけです。

銘柄として選ばれることはリーディング・カンパニーの証になる

　日経平均株価を構成している225銘柄を概観すれば、今の日本のリーディン

近年の銘柄変更の履歴

年	月日	銘柄名	IN/OUT
2003	3/6	みずほホールディングス	OUT
2003	3/6	みずほホールディングス	IN
2003	3/13	みずほフィナンシャルグループ	IN
2003	3/26	日商岩井	OUT
2003	4/2	ニチメン・日商岩井ホールディングス	IN
2003	8/26	三越	OUT
2003	9/2	三越	IN
2003	9/22	日本コムシス	OUT
2003	9/25	ハザマ	OUT
2003	9/25	日揮	IN
2003	9/30	コムシスホールディングス	IN
2003	10/1	東亜建設興業	OUT
2003	10/1	コナミ	IN
2004	3/26	ユアサコーポレーション	OUT
2004	4/2	ジーエス・ユアサコーポレーション	IN
2004	10/1	メルシャン	OUT
2004	10/1	日本ハム	IN
2004	10/1	不二越	OUT
2004	10/1	電通	IN
2004	10/1	日本車両製造	OUT
2004	10/1	ソフトバンク	IN
2005	3/28	藤沢薬品	OUT
2005	3/28	中外製薬	IN
2005	3/28	東急百貨店	OUT
2005	3/28	ヤフー	IN
2005	5/13	カネボウ	OUT
2005	5/17	三井化学	IN

産業構造の変化などを的確に反映するために、銘柄の入れ替えが随時行われています。近年は企業再編などの理由で、銘柄入れ替えが行われるケースも多いですね。

グ産業やリーディング・カンパニーの姿が見えてきます。

たとえばソフトバンクが２２５銘柄に仲間入りしたのは、04年10月のこと。それまでは新興企業とみなされていた同社が、この時期になってようやく日本を代表する企業として認められた、あるいはＩＴ産業がリーディング産業として認められた証といえるでしょう。

銘柄に選出されることは、いわば日経新聞から日本の中核企業としてのお墨付きをもらったということ。当然その企業の株価にも影響をもたらします。逆に対象から除外された企業をチェックすれば、どんな産業・企業が市場の中心から退出していったかが見えてきます。

株価変動の理由を知るには仮説と検証を繰り返す

私は先ほど「日経平均株価の値が大き

年	日付	銘柄	
2005	8/26	セブン-イレブン・ジャパン	OUT
		ファーストリテイリング	IN
	9/2	イトーヨーカ堂	OUT
		セブン&アイ・ホールディングス	IN
	9/21	三共	OUT
		スカイパーフェクト・コミュニケーションズ	IN
		第一製薬	OUT
		新生銀行	IN
	9/27	三菱化学	OUT
		T&Dホールディングス	IN
		UFJホールディングス	OUT
	9/29	第一三共	IN
	10/4	森永製菓	OUT
		三菱ケミカルホールディングス	IN
2006	3/28	帝国石油	OUT
		トーメン	OUT
		豊田通商	IN
	4/4	国際石油開発帝石ホールディングス	IN

（資料:日本経済新聞社）

●一気に30銘柄変わったことも

これまで91年、00年、01年の過去3回、銘柄の選定基準変更が行われた。00年には、ＩＴ革命の進展による産業構造の変化に対応した選定基準にするために、大幅な変更を実施。これにともない一気に30銘柄が入れ替えになった。

く変動したときには、その理由を探って欲しい」と話しました。しかし経済の専門家でない人にとって、自ら情報を収集して分析するのは容易なことではありません。

ひとつだけ心がけて欲しいのは、新聞を読むときには、大きな見出しのある記事だけではなく、小さな記事もチェックして欲しいということです。

新聞の下の方にある小さな記事には、株価が変動した理由を解くヒントになる情報が隠れていることが少なくありません。

「これだ!」という情報が見つかったら、その情報から自分なりに仮説を組み立てて、検証をしてみることが大切です。

これは日経平均株価にかぎった話ではないのですが、仮説と検証を繰り返すことによってしか、経済をよむ力は身につきません。

日経平均株価②をよむポイント

● **日本を代表する企業ばかり。銘柄の入れ替えにも注目を**

日経平均株価の構成銘柄を見れば、日本を代表するリーディング・カンパニーがわかる。新たに加わる銘柄も要チェック!

上場企業全銘柄の平均、動きは遅いが市場全体を把握できる

株式市場全体の動きを表す

東証株価指数は、東京証券取引所（東証）が東証第1部に上場している全銘柄の時価総額（P68参照）の合計を指数化したもの。市場全体の動きがわかります。通称のTOPIXは、Tokyo Stock Price Indexの略称です。

東証が公表するTOPIX以外の主な指数

TOPIX Core 30	TOPIXの構成銘柄のうち、上場後6ヵ月を経過しており、時価総額および流動性の高い30銘柄を選んで指数化したもの。
TOPIX 100	TOPIX Core30と同じ条件で、100銘柄を選び指数化したもの。この100銘柄で東証1部の時価総額の約60%を占める。

東証株価指数は日経平均株価の欠点を補うために生まれた

東証株価指数（ＴＯＰＩＸ）は、日経平均株価の欠点を補っています。

日経平均株価は、日本経済新聞社が任意で銘柄を絞り込むため、特定の銘柄の変動が平均株価全体に影響する割合が大きくなります。また定期的に銘柄を入れ替えているために、連続性も保証されていません。そこで東証第1部上場の全銘柄を対象とした指数を出すことで、株式市場の動きを客観的に表そうというのが、東証株価指数の狙いなのです。

日経平均株価の銘柄と東証株価指数の

東証株価指数
をよむポイント

日経平均株価プラスアルファとしてチェックする

日本の上場企業全体の株価を指数化した唯一のインデックス。日経平均株価とあわせて、市場の動きを知る参考データにするといい。

TOPIXをベンチマークにする

TOPIXは株式市場全体の上がり下がりを示す。投資信託などの資産運用の結果をTOPIXと比較すれば、運用成績が平均よりよいか悪いか判断できる。

ABCどの投資信託の運用成績がベスト？

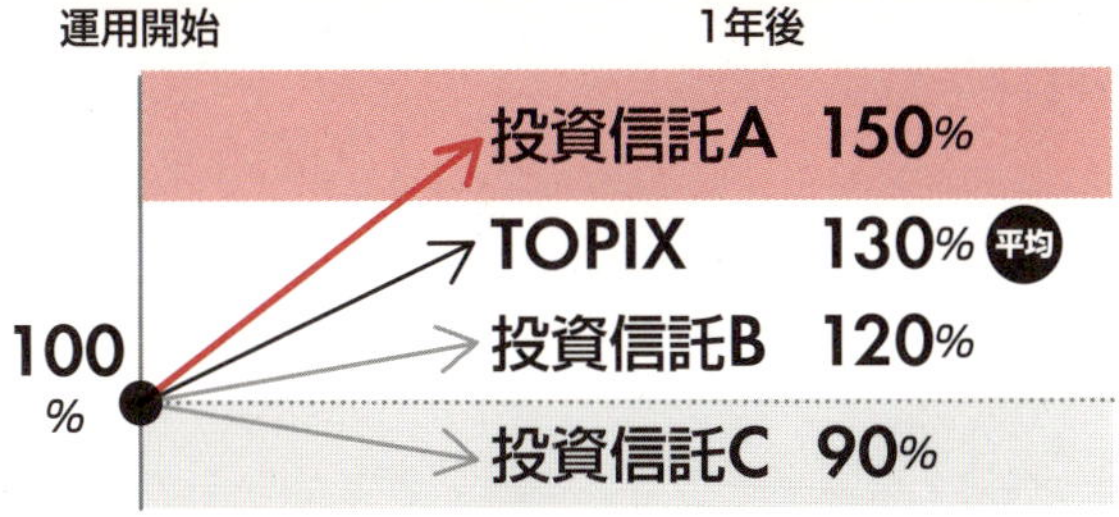

投資信託A 運用結果はTOPIXの上昇率を上回る好成績！

投資信託B 100%以上なので一見よい結果だが、TOPIXを下回っており実はイマイチ

投資信託C TOPIXを大幅に下回る結果に。運用は大失敗

銘柄とでは、構成が異なります。日経平均株価が日本を代表する大企業中心なのに対して、東証株価指数は中堅企業が数多く含まれています。また当然市場流動性の低い銘柄も数多く存在しています。

そのため日経平均株価が市場のトレンドをビビッドに反映するのに対して、東証株価指数は動きが遅いのが特徴です。

全体の動きを概観するために使える

東証株価指数の一番の欠点は、単位が円ではなくてポイントで表されていることでしょう。「昨年と比べて指数が100上がった」といわれても、それがどの程度のものなのかピンときません。

とはいえ日本の上場企業全体の動向を表す唯一の指数であるのは事実。日本経済の動きを、大まかに概観するためのデータとして活用するとよいでしょう。

もっとも有名な株価指数のひとつだが市場を反映し切れていない

アメリカを代表する株価指数のひとつ

工業株30種平均株価

一般にダウ平均と呼ばれる。優良銘柄30の平均。アメリカのダウ·ジョーンズ社が算出している。「ＮＹダウ」「ニューヨーク平均株価」などとも呼ばれる。現在は、工業だけでなくさまざまな業種の銘柄が選ばれている。

ダウ平均株価の推移

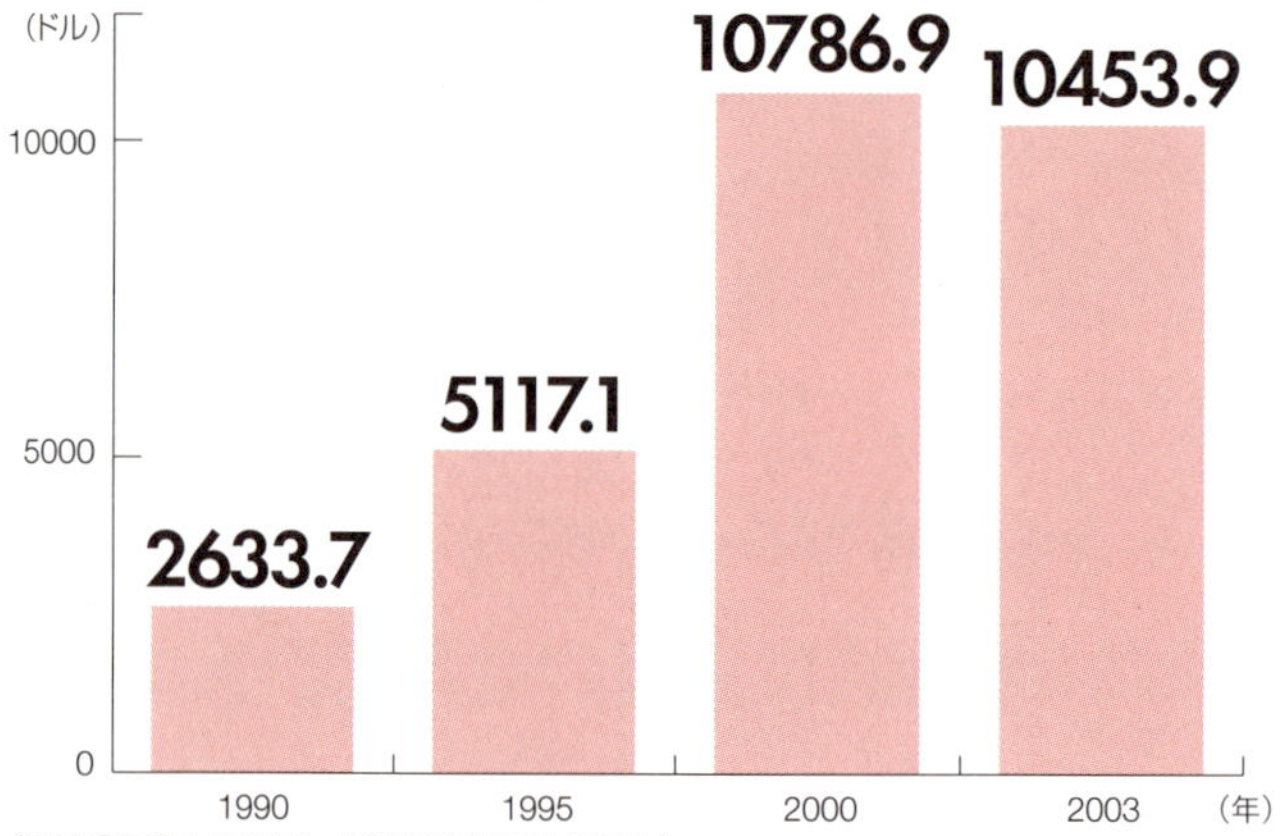

（資料:『現代アメリカデータ総覧』東洋書林、柊風舎）

アメリカの製造業の衰退が構成銘柄から見えてくる

日経平均株価同様、ダウ平均株価（ダウ工業株30種平均株価）も、産業構造や市場の変化にあわせて、銘柄の入れ替えを何度も行ってきました。

１９２８年に最初の発表を行って以来、現在まで構成銘柄に残っているのはゼネラル・エレクトリック社だけです。どの時代にどんな銘柄がダウ平均株価に入っていたかを見ることで、アメリカの産業と企業の栄枯盛衰が見えてきます。

アメリカの産業を振り返ると、とくに製造業の衰退が顕著です。たとえばダウ

今は金融、サービス業が強い

ダウ平均を構成する30銘柄（2006年5月）

金融、保険

アメリカン・エキスプレス／シティ・グループ／
JPモルガン・チェース／
アメリカン・インターナショナル・グループ

医薬品

ジョンソン・エンド・ジョンソン／メルク／
ファイザー／プロクター&ギャンブル（P&G）

コンピュータ、半導体、ソフトウェア

アイ・ビー・エム／
インテル／
マイクロソフト

飲料、外食、食品

コカ・コーラ／
マクドナルド／
アルトリアグループ

小売業

ホームデポ／
ウォルマート・ストアーズ

通信

エーティーアンドティー／
ベライゾン・コミュニケーションズ

そのほかにも

デュポン／スリーエム／アルコア／ウォルト・ディズニー・カンパニー／ゼネラル・エレクトリック／ゼネラル・モーターズ／ハネウェル・インターナショナル／ヒューレット・パッカード／キャタピラー／ユナイテッド・テクノロジーズ／ボーイング／エクソン・モービル

平均株価の発表がスタートした当初、アメリカにおける最優良企業は鉄鋼業のUSスチールでした。しかし今ではアメリカの鉄鋼業もUSスチールも、日本の鉄鋼会社に技術力、収益力の両面で大きく水をあけられています。

　またかつてはリーディング産業として輝きを放っていた航空機産業のなかで、今でもダウ平均株価の30銘柄に残っているのは、ボーイング1社となりました。ロッキードもグラマンも、マーケットの主役ではなくなりました。石油産業もエクソン・モービル1社です。

　現在、アメリカの産業を牽引《けんいん》しているのは金融とサービス業、そして農業です。銘柄の詳細は上を参照してください。

アメリカの市場動向を把握するには S&P500を見る

ダウ平均株価は、日本でもよく知られ

アメリカの市場動向を知る

S&P500

アメリカを代表する株価指数のひとつで、投資情報会社のスタンダード・アンド・プアーズ社が算出している。
ニューヨーク証券取引所、ナスダック、アメリカン証券取引所に上場している銘柄から選ばれた500の平均株価指数。

S&P500の推移（1941〜43年=10）

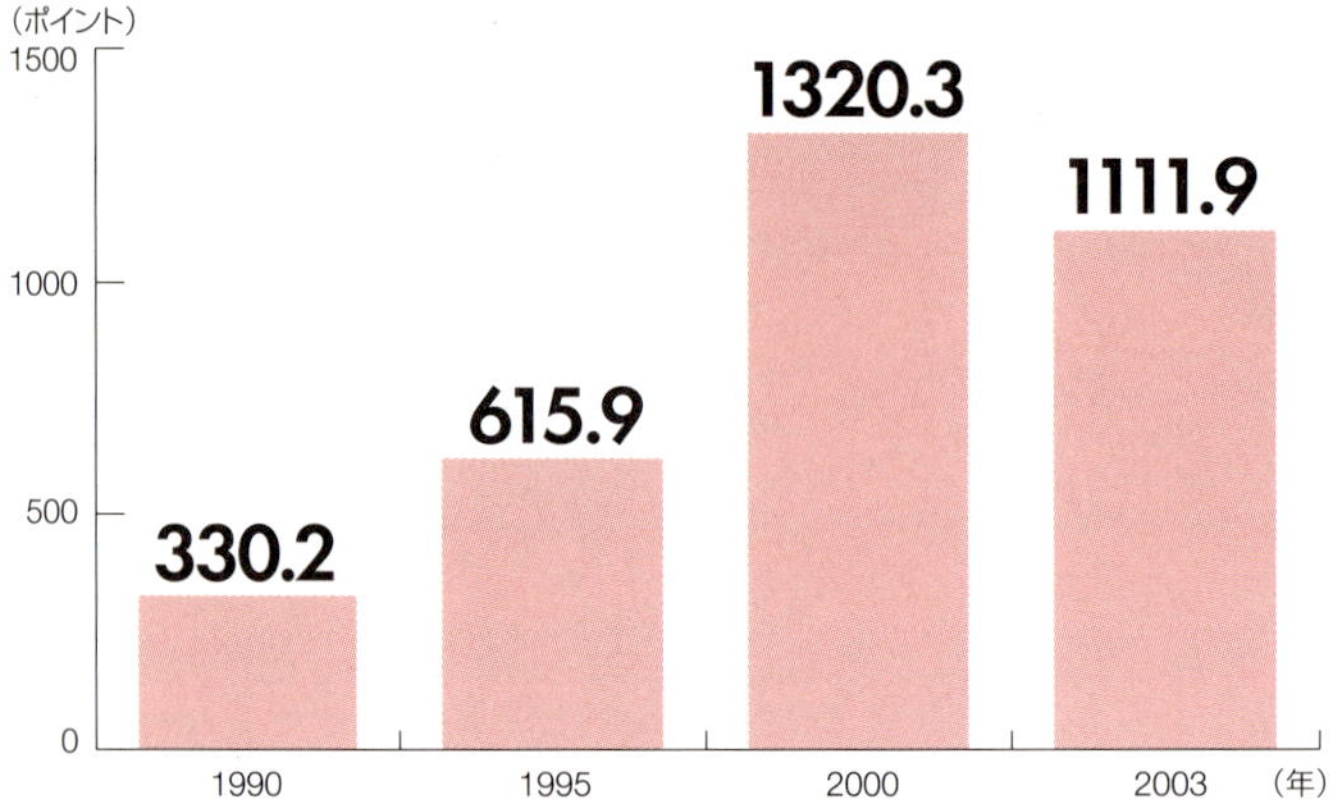

（資料：『現代アメリカデータ総覧』東洋書林、柊風舎）

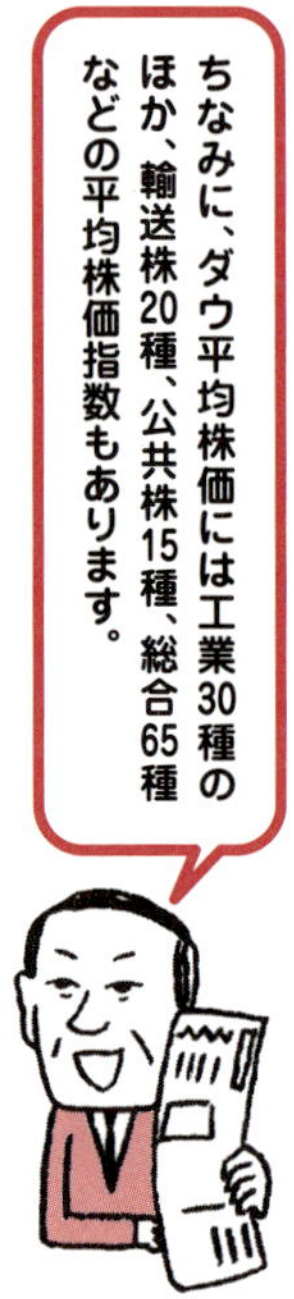

ている株価指数ですが、銘柄数が30と非常に少ないため、株式市場の動向を反映し切れていないという欠点があります。

　そこでアメリカの市場動向を見るときに私が参考にしているのは、ダウ平均株価よりも、投資情報会社のスタンダード・アンド・プアーズが出しているＳ＆Ｐ（エス・アンド・ピー）５００です。

　アメリカを代表する５００銘柄から指数を算出しているＳ＆Ｐ５００の方が、指数としての信頼性は高いといえるでしょう。

「日本が風邪をひけば アメリカが肺炎になる」

　アメリカの市場動向を把握することは、世界経済の潮流を占ううえで非常に重要であることは今も昔も変わりません。とくに「アメリカが風邪をひけば、日本は肺炎になる」といわれていた時代、

ナスダック総合指数

世界最大の新興企業向け株式市場であるナスダック（NASDAQ）が算出している。ナスダックで取引されるすべての銘柄の平均株価指数。
インターネット関連の株やハイテク株の割合が多く、その動向を示しているといえる。

ナスダック総合指数の推移（1971年2月5日=100）

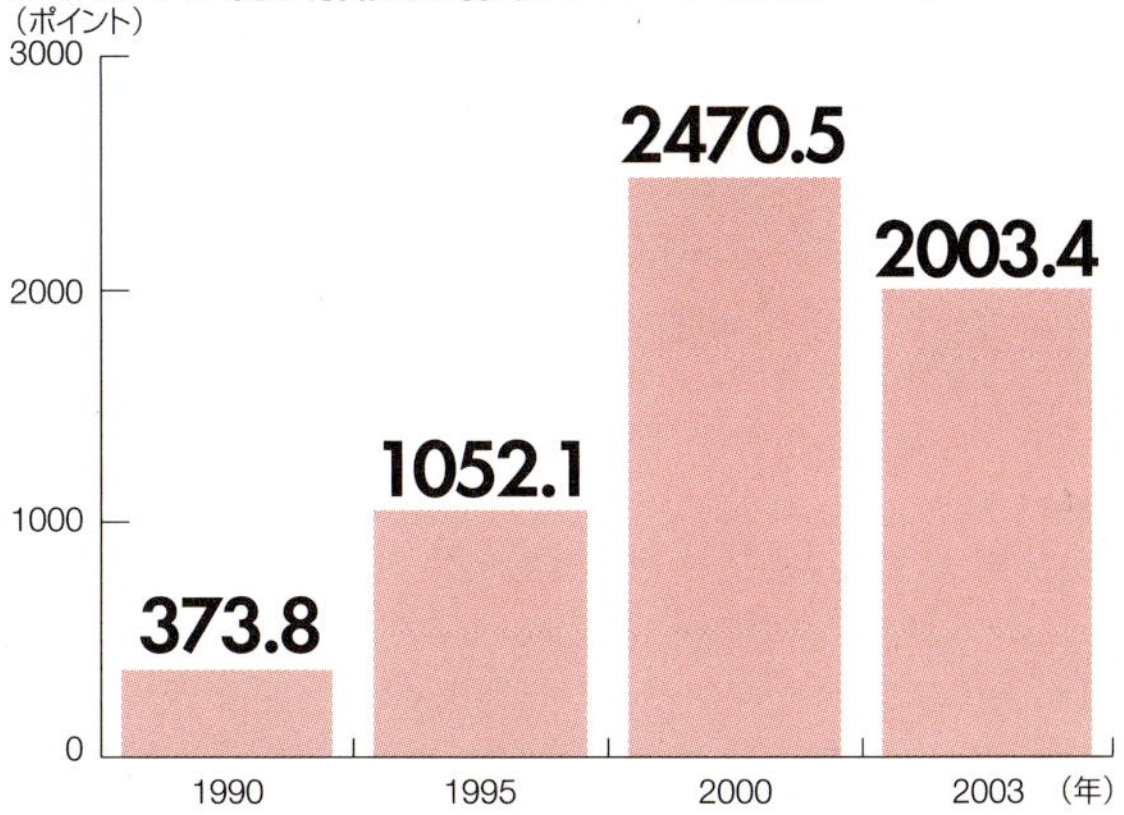

（資料:『現代アメリカデータ総覧』東洋書林、柊風舎）

ダウ平均株価をよむポイント

ダウ平均株価だけでなく、S&Pにも注目せよ

ダウ平均株価は、銘柄が30に限定されてしまっている。アメリカの市場動向を見るときは、Ｓ＆Ｐ５００も一緒に活用しよう。

日本にとってアメリカ市場の動きは最重要関心事項でした。

ただし今では日本企業は高い技術力を獲得したことにより、むしろ日本企業のつくる製品がなければアメリカの産業は成り立たなくなってきています。

たとえば全米一の自動車メーカーであるゼネラル・モーターズで使用している大型プレスは、すべて日本の石川島播磨重工業が納品したものです。

仮にアメリカの産業が大きく落ち込むようなことがあっても、日本の技術力は世界中のいたるところで引く手あまたです。今は逆に「日本が風邪をひけば、アメリカが肺炎になる」時代が到来したといえるでしょう。

アメリカの市場動向のチェックは怠ってはいけないとはいうものの、日本経済に及ぼす影響は、かなり限定的になってきています。

経済活動全般に影響を与えている何よりも大事なキーワード

一番注目している数字は為替相場とくに円相場である

為替相場は刻々と変化を続ける

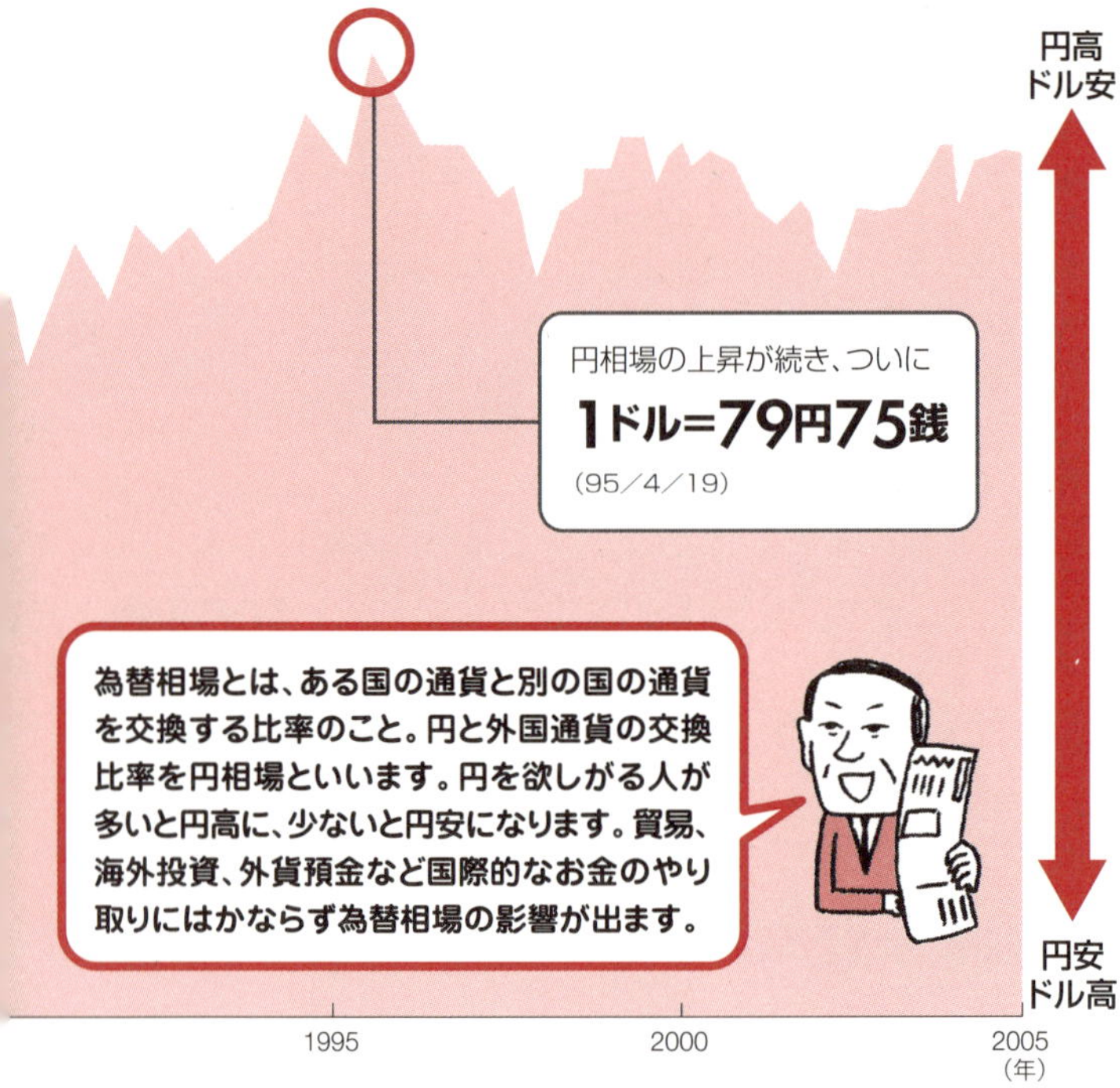
円高
ドル安
円相場の上昇が続き、ついに
1ドル=79円75銭
(95／4／19)
為替相場とは、ある国の通貨と別の国の通貨を交換する比率のこと。円と外国通貨の交換比率を円相場といいます。円を欲しがる人が多いと円高に、少ないと円安になります。貿易、海外投資、外貨預金など国際的なお金のやり取りにはかならず為替相場の影響が出ます。
円安
ドル高
1995
2000
2005
(年)

経済に関する数値のなかでも、私がもっとも重視しているのが為替相場です。政治・経済面でのさまざまな出来事が為替相場の変動に影響を与え、その為替相場の変動が、個々の企業の活動に影響を及ぼすからです。

外貨の需要と供給の関係によって為替相場が変動するシステムを、変動相場制といいます。ご存じのように、世界の主要な通貨の取引が固定相場制から変動相場制に移行したのは、ニクソン・ショック※を経て1973年のことです。それ

円相場の推移

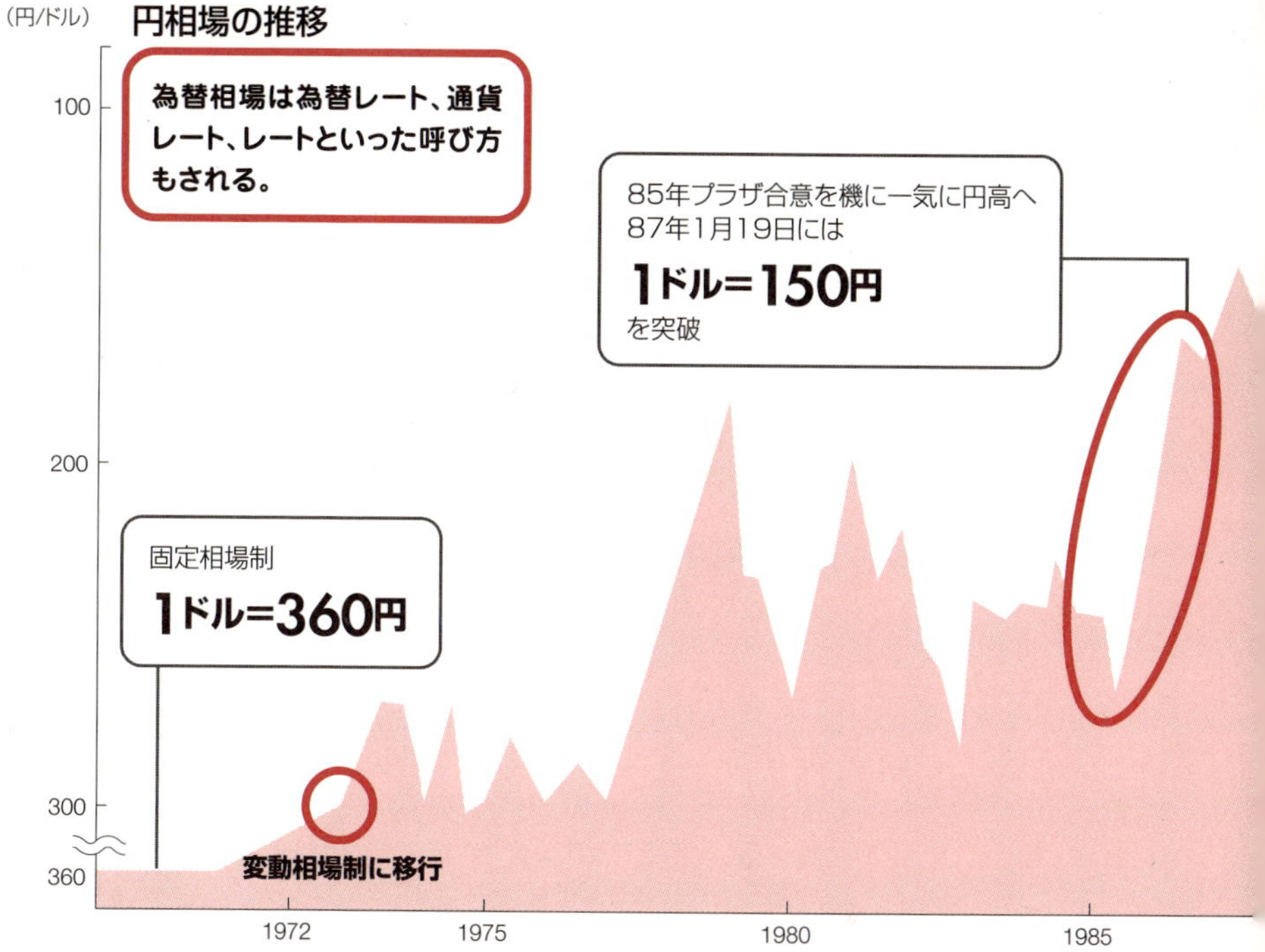

(資料:日本銀行)

までたとえば円とドルの交換比率は、１ドル３６０円の固定相場でした。

「１ドル３６０円なんて、すごい円安じゃないか」と若い読者なら思うでしょう。

ところが日本の企業が国際競争力を持つようになる高度経済成長以前、輸出産業はこの固定相場にずいぶん苦しめられました。固定相場制の前は複数レートだったため、１ドル３６０円より円安のレートで取引していた商品も多かったのです。たとえば当時から日本の造船業は非常に優秀な技術を持っていましたが、１ドル３６０円のレートで輸出をすると赤字になりました。

こうした状況は日本だけではありませんでした。イギリスも１ポンド４ドルの為替相場の維持に苦しみ、経済力および国力が低下。戦後次々に植民地を手放す要因のひとつとなりました。

ところがやがて、強い力を持っていた

※ニクソン・ショック　71年にアメリカがドルと金との固定比率交換を停止したことによって起きた国際金融の大きな変化。

相場の動きに注目する

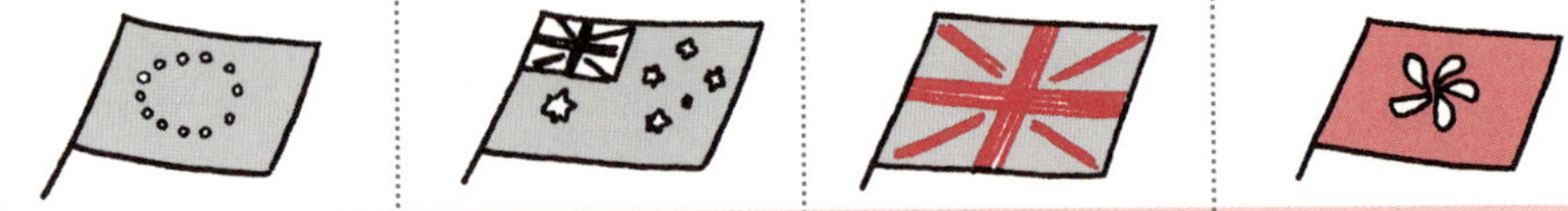

ユーロ	オーストラリアドル	イギリスポンド	香港ドル（香港特別行政区）
—	1.3486	0.6335	7.736
1.0854	1.7173	0.6596	7.791
0.8041	1.3092	0.5493	7.777

切り上げについて、ニュースの飛び交っている
中国の人民元については、P172で説明します。

米ドルの市場価値が低下。フランスを中心に、ドルを売って金を買うという動きが加速します。アメリカは金本位制※を維持できなくなり、ニクソン・ショックが起こったのです。

変動相場制への移行が世界経済に与えた3つの影響

私は固定相場制から変動相場制への移行は、大きく世界経済に3つの影響を与えたと考えています。

ひとつは経済活動の活発化、ボーダレス化を促したことです。固定相場制の時代はどの国も、外貨としてのドルを確保するためにドルの持ち出しを制限するなど、資金の移動を管理・規制することによってこの制度を維持していました。ところが変動相場制が導入されたことによって、ドルを介さずに自由に他国と貿易が行えるようになりました。

為替相場
をよむポイント

●世界経済の動向によって、為替相場も変動する

為替相場の変動は、世界経済に大きな影響を与える。変動要因を探るとともに、各国の金融政策もチェックしておこう。

為替相場（各年平均）の推移
（単位:ドル）

	日本円 
1995年	94.06
2000年	107.77
2005年	110.22

（資料:『世界の統計2006』総務省統計局、『世界国勢図会2006／07年版』財団法人矢野恒太記念会）

●ドルの動きに基準を置く

ユーロ／円、オーストラリアドル／円というように円相場を見ていくほかに、ドルを基準にする見方も大切だ。ユーロ／ドル、ポンド／ドル、人民元／ドルといった為替相場の動きも見るようにしたい。

もうひとつは国際的な経済危機が起きたときに、武力ではなく外交交渉によって問題を解決するというスタンスが定着したことです。変動相場制では、各国が自国の経済状態に応じた金融政策を自由に行えます。もし経済危機が起きたときには、関係各国で話し合い、それぞれの国が金融政策を調整しながら危機を乗り越えようとするわけです。ちなみにサミット（主要国首脳会議）は、第1次石油ショックに対する各国の対応を話し合うために、1975年から始まったものです。

　そして3つ目の影響は、共産圏の崩壊を早めたことです。東側諸国では固定相場制維持のために、ソ連の通貨ルーブルと東ドイツの通貨マルク、あるいはルーブルとチェコスロバキアの通貨コルナとの交換を厳しく制限していました。これが西側と東側の経済発展の格差をもたらす決定的な要因となったのです。

※金本位制　金を通貨の価値基準とする制度。一国の貨幣が一定量の金と等価関係におかれる。

中長期的に見れば日本にとって円高はプラスに作用する

円の価値が上がるのは日本人の働きが認められた証だ

変動相場制への移行とともに出てきたのが「円高」「円安」という言葉です。

戦後、日本企業の多くは、輸出によって利益を上げてきました。その傾向は今も変わりません。そのため円相場が円高に傾くことは、食品や電力といった海外から製品を輸入して国内で販売している業種・企業を除いて、日本経済にとってマイナスであるといった見方が一般的ではあります。

固定相場制のときに1ドル360円だった為替レートは、まず1971年のス

円高の主なメリットは？

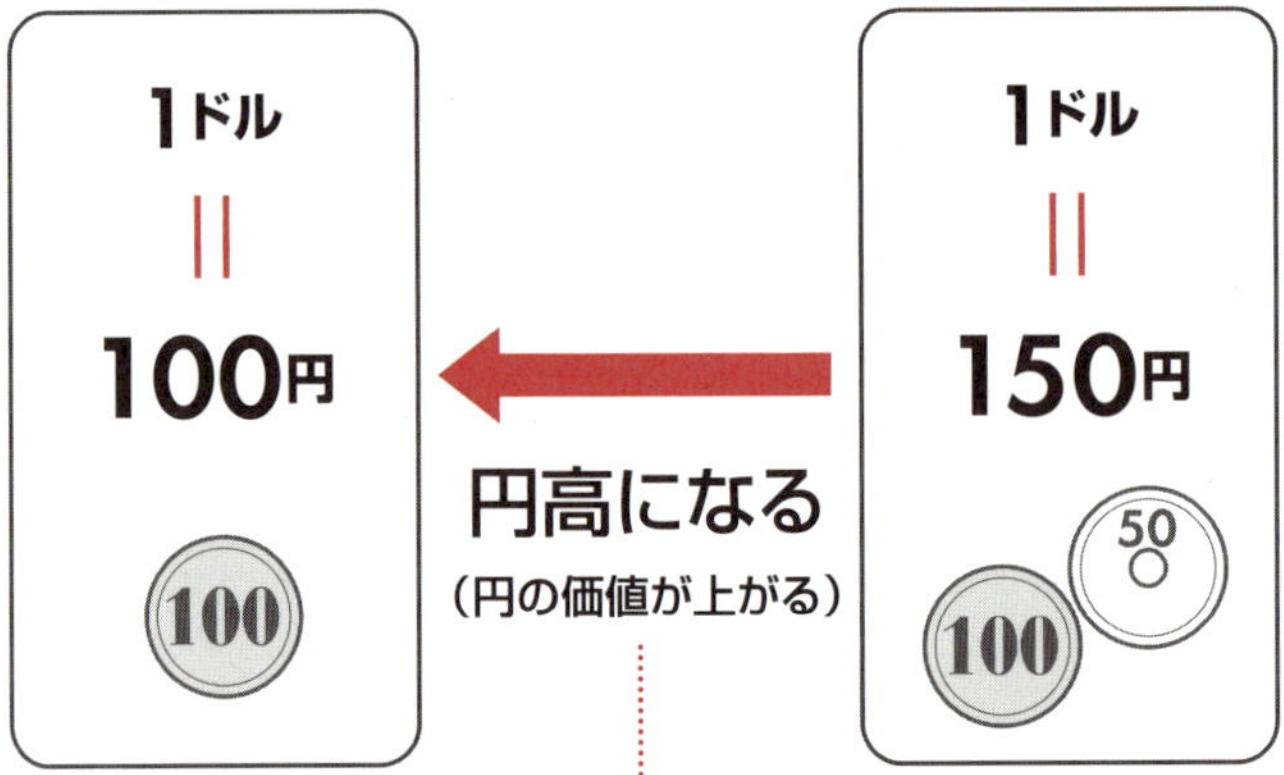

- 輸入品が安く買える
- ガソリン代が安くなる
- 海外旅行での買い物で得できる

円高で日本の輸出競争力は落ちるのか

円高が進むと、輸出産業の業績低下を懸念して、株価が下がることが少なくありません。しかしその見方は間違っていることを、輸出額の数値が物語っています。

	円相場（円／ドル）	輸出額（円）
1985年	約240円	約42兆円
2002年	約120円	約52兆円
	↓ 2倍の円高に！	↓ 1.25倍に増加

つまり円高になっても輸出額は増えている

ミソニアン合意で１ドル３０８円に切り上げられました。当時は１ドル３０８円でさえも「これで日本の輸出産業は深刻なダメージを受けることになる」といわれたものです。

ところが「円高＝輸出産業の不振」といった図式とは、違う見方をしている人物もいました。スミソニアン合意の場に出席していた水田三喜男大蔵大臣が、帰国後その結果を昭和天皇に報告しました。すると昭和天皇は「水田、円の価値が上がるというのは、日本人の働きが国際的に高く評価されるということだ。日本の新聞は逆のことを書いているようだが、むしろ喜ばしいことだと思う」と発言されたというのです。これは水田氏自身から私が聞いたエピソードです。しかし当時の日本人は、昭和天皇のような発想をする人物はごく少数でした。

スミソニアン合意を経て、73年からは

円高、円安にはさまざまな要因がある

輸出の増加

↓

円高に

日本製品を外国へ輸出するときは、ドルで受け取ることが多い。ドルで支払われた会社はそのドルを売って円を買う。輸出が増えると、ドルを売って円を買う動きが増え、円高に。

原油価格の上昇

↓

円安に

原油を輸入する際は、円をドルに換えて支払いをしている。原油価格が上昇すると、支払うドルが増え、その分余計に円を売ってドルを買うことになる。

現在は、貿易や国同士のやり取りなどのために売り買いされる金額よりも、投資、投機のために売り買いされる金額の方が多くなっています。

変動相場制がスタート。さらに85年のプラザ合意により、円高基調が定まりました。円相場の円高への推移は32〜33ページのグラフを参照してください。

日本企業は円高をはね返す非価格競争力を持っている

しかし円高によって、日本の輸出産業は深刻なダメージを受けたでしょうか。答えは37ページの表のとおりNOです。当時のおおかたのマスコミや経済人の予測より、昭和天皇の予測の方が正しかったことが歴史的に証明されているわけです。

ではなぜ日本は、円高基調が続いているのに、輸出力を高めていくことができたのか。その理由は、日本の輸出商品の構成にあります。

日本の輸出商品の約8割を購入しているのは個人ではなく企業なのです。企業

は商品を購入するときの基準として、価格だけではなく、品質や性能を重視します。たとえば自動車メーカーが、いくら安かったとしても品質に問題のある鉄材を購入して自動車をつくると、自社の商品の信頼性にまで問題が生じてしまうからです。日本の企業は、品質や性能といった優れた非価格競争力を持っているために、円高による逆風をはね飛ばすことができるというわけです。

円高による影響は企業ごとに見る必要もある

ただし円高が日本経済全体に与える影響は限定的だとしても、消費財を輸出している企業にとっては円高は深刻な問題です。逆に輸入産業にとっては、円高は業績にプラスに作用します。それぞれの業種・企業については、個別に見ていく必要があるでしょう。

投資、投機

↓

円安に

日本にいる人が外国の株式や債券を買う場合、ドルに換えて支払うため、円安の方向へ動く。反対に外国にいる人が日本の株式などを売って円をドルに換える場合も円安へ向かう。

円高に

外国にいる人が日本の株式や債券を買う場合、ドルを円に換えて支払うため、円高の要因になる。反対に日本にいる人が外国の株式などを売って、ドルを円に戻すことも円高要因に。

円相場をよむポイント

● **円相場の上下に動じなくなった日本経済**

円相場の動きは企業活動に影響をもたらすので、常に見ておくこと。しかし今の日本企業は、円高基調でも揺るがない力を持っている。

金余りから外国為替をやる人が増えている

お金を囲い込みたいという意識が外国為替市場を活発化させている

外国為替市場のここ数年の特徴は、個人投資家の参入の増加です。個人が投資に走っているのは、デフレが大きく影響しています。

インフレのときはカネの価値が下がるため、人々はできるだけ早くお金を使ってモノを買おうとします。逆にデフレ下においては、モノの価値が下がってお金の価値が上がります。そのため人々はできるだけお金を囲い込みたいと考えます。

ところがデフレになると、金利が低下します。とくに日本の場合は顕著で、銀

主な4つの通貨の取引例はこれだ

1 貿易にともなう決済
輸出のとき外国から受け取った外貨を円に換える。または輸入のとき円を売って支払いのための外貨を買うなど。

2 国際的な投資
外国の株を買う、外国人が日本の株を買うときに円や外貨を売り買いする。

3 国同士のやり取り
国と国とがお金をやり取りするときに、それぞれの通貨を売り買いする。

4 思惑買い
いわゆる投機。円高、円安を予想して売り買いすることで差益を狙う。

日本の外国為替市場は9時から17時まで。15時に証券取引所が閉まった後、2時間長くあいているのがポイントです。

外国為替
をよむポイント

● **外国為替は金融機関や法人だけのものではなくなった**

デフレ基調による金利の低下が、人々の意識を外国為替市場に向かわせている。これからは個人でも外国為替をやるのが当たり前の時代に。

行の定期預金にお金を預けても、わずかな利子しか期待できません。そこで金利が日本よりも高い外貨預金に人々の目が向いているわけです。また外貨による投資は、万が一日本の経済状態が悪化して、円の価値や日本株が下がったときのためのリスク分散という目的もあります。

バラエティに富む外国為替の金融商品

外貨預金以外にも、外国株式や外国債、外貨建てＭＭＦ※など、さまざまな金融商品による外国為替市場での取引が活発になっています。

外国為替市場は24時間動いています。ニューヨーク、シドニー、東京、ロンドンなどの市場が、地球の自転にあわせて開いては閉じています。私たちはレートの変動を24時間チェックしなくてはいけない時代を生きています。

※外貨建てＭＭＦ　公社債などを中心に運用される外貨建ての投資信託。ＭＭＦはマネー・マーケット・ファンドの略。

景気と金利は切っても切れない。ゼロ金利は景気回復の切り札だった!?

金利は「お金の貸し借り」の値段だ

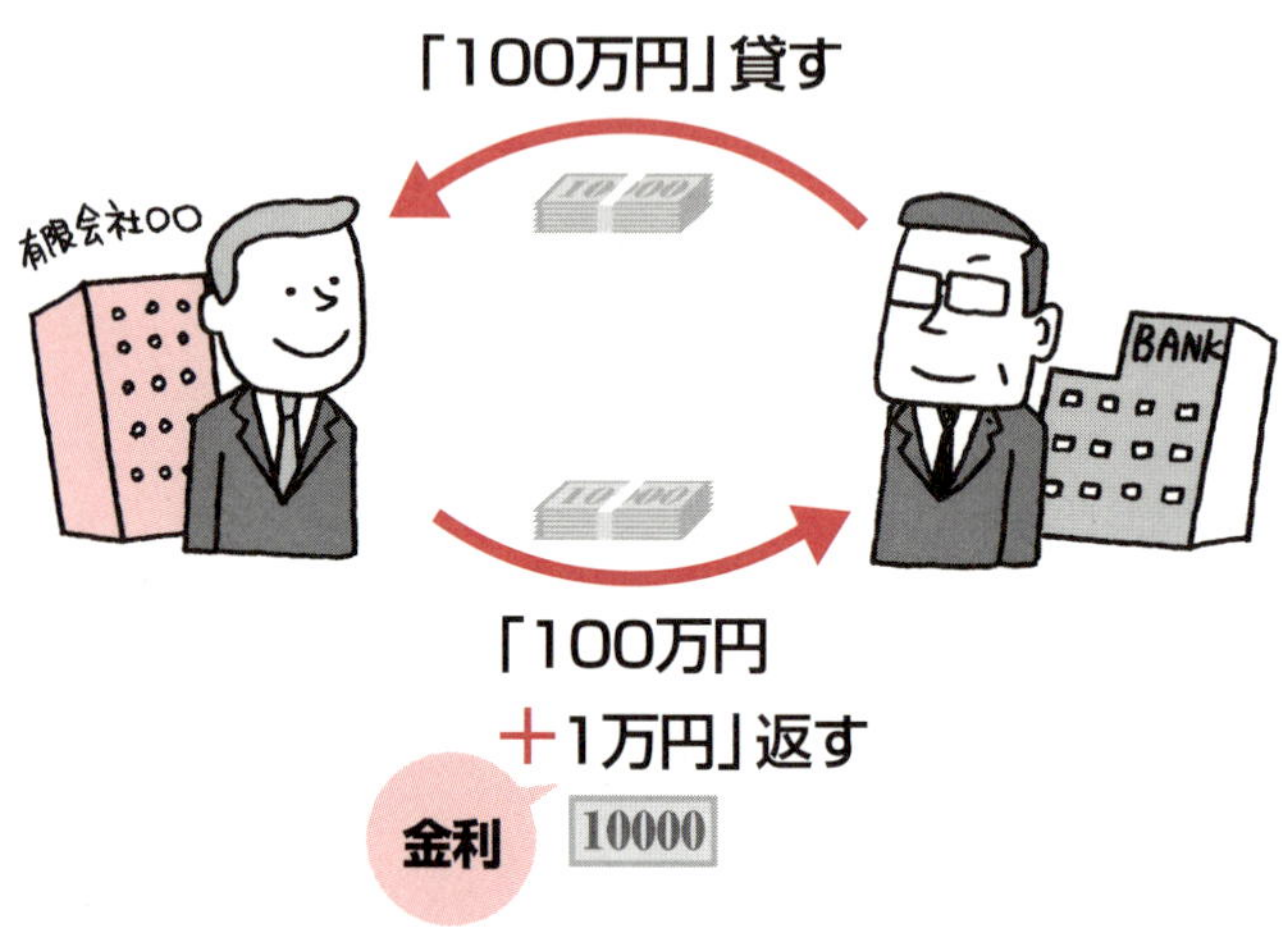

●金利は需要と供給で決まる

金利にはいろいろな種類がある。普通預金・定期預金の金利をはじめ、銀行同士の貸し借りの金利、銀行が企業に貸す金利、国債の金利、住宅ローンの金利……。お金の貸し借りの性質、条件によって金利には差が出る。

経済史上例を見ない日本銀行のゼロ金利政策

みなさんも記憶に新しいと思いますが、日本の中央銀行である日本銀行は、２００６年の７月まで、経済史上例を見ないゼロ金利政策を続けていました。短期金利を中央銀行が操作することで、景気の調整を行おうとしたものです。

ゼロ金利政策が始まったのは、１９９９年２月のことです。無担保コール翌日物金利を実質０％である０・０２％まで誘導することを決定。これにより市場金利全体の低下を促進し、景気浮揚の足がかりにすることを狙いとしていました。

貸し借りの「期間」で2つに分ける

貸し借りが1年未満の短期金利

期間1年未満の貸し借りに用いられる金利のことで、数日から数ヵ月程度のものが多い。このうちもっとも短いのが、貸し借りの期間が1日だけのコール翌日物金利というもので、中央銀行はこれを使って金融政策を行っている。

貸し借りが1年以上の長期金利

期間1年以上の貸し借りに用いられる金利のこと。国債や事業債、定期預金金利、住宅ローンの金利などがこれにあたる。長期金利は、国が発行する新発10年物国債の金利を基準にして決められることが多い。

当時日本は、出口の見えない深刻な不況に苦しんでいました。そんななかでゼロ金利を導入すれば、銀行はコール市場でコストをかけることなく資金を調達できます。この資金で国債を買えば、それだけで国債の金利分の収益を確保することができます。また重い債務に苦しんでいる企業の負担は軽減され、設備投資も行いやすくなります。個人の資金も貯金よりは消費に回ることが期待できます。

ただしゼロ金利政策は、ほかに打つべき手がないときに行う最後の手段です。そのため日本銀行ではゼロ金利を緊急避難として捉え、「できるだけ短期間で、ゼロ金利は解除したい」と考えていました。

ところが2000年8月に解除したものの、再び日本経済は不況に。01年3月から2度目のゼロ金利政策が始まります。そして景気の回復が確定的になった

いろいろな金利のタイプを知る

金利の本当の価値は？

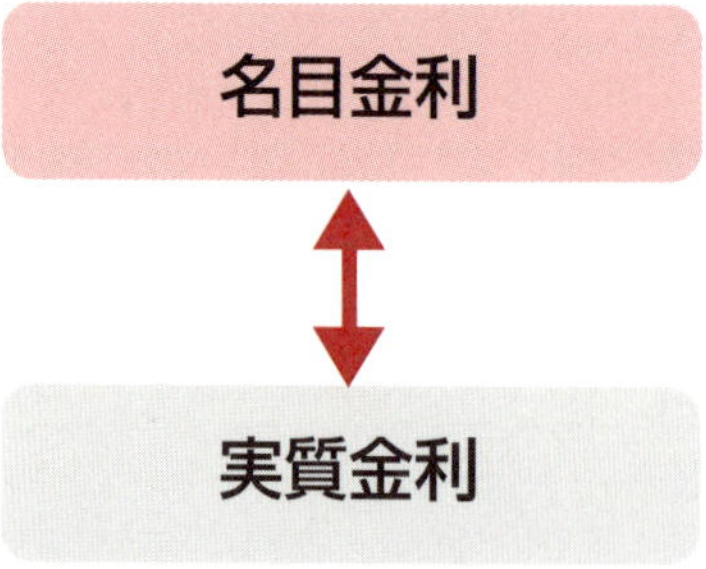

名目金利とはインフレ率、デフレ率を考慮しない金利のこと。反対にこれを考慮に入れた金利のことを実質金利という。名目金利3%でもインフレ率が3%なら、実質金利は0%になるというわけ。

金利を決める人は誰か？

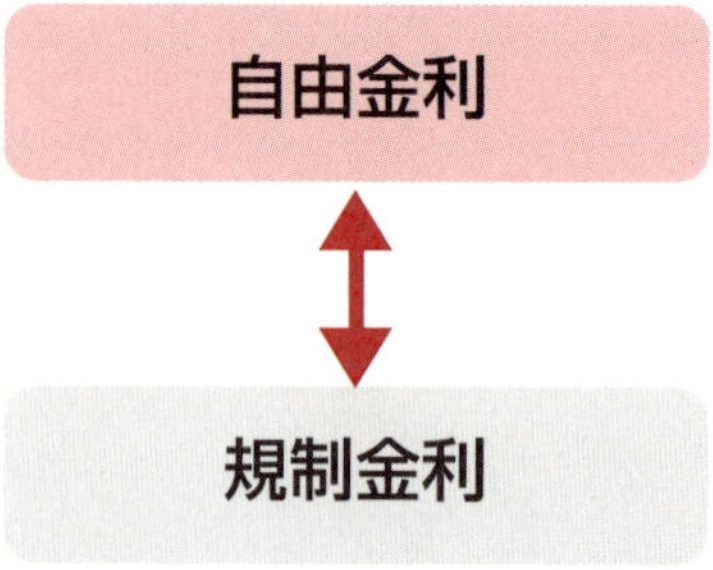

自由金利とは、市場における需要と供給のバランスによって決まる金利のこと。一方規制金利とは、中央銀行や政府が決める金利のことをいう。規制金利の代表的なものとして公定歩合がある。

06年7月、ようやく解除されたのです。

短期金利の引き上げが長期金利上昇に結びつかない例も

中央銀行が金利の操作を行うのは、短期金利についてです。短期金利の上げ下げは、当然中長期金利や銀行の貸出金利にも影響をもたらします。これにより景気の刺激や抑制を図ろうというわけです。

ところがこうした金融政策が、狙いどおりに機能しないこともあります。アメリカの中央銀行である連邦準備制度理事会は、03年には1%だった短期金利を連続的に引き上げ、06年6月には5・25%としました。ところが本来なら短期金利の影響を受けて上がるはずの長期金利は、一向に上昇の気配を見せず、長期金利が短期金利を下回ってしまうという事態さえ起きたのです。長期金利が上昇

金利①
をよむポイント

● **金融政策を見れば、その国の経済状態がわかる**

中央銀行の行う金融政策によって、その国が置かれている経済状態がわかる。金融政策がうまく機能していない場合は、理由を探ってみよう。

金利は刻々と変化している？

固定金利

↕

変動金利

固定金利とは、お金の貸し借りを行ったときの金利が満期まで固定されていること。変動金利は、変化する金利情勢にあわせて金利を定期的に見直すタイプのもの。

固定・変動金利の詳細は次ページへ

しない理由を明快に説明できているエコノミストはまだいませんが、私は世界中の資金がアメリカに流入した結果だと考えています。

　中央銀行が行った金融政策（金融の引き締め・緩和）がうまくいかないときには、かならず理由があります。その理由を「なぜだろう」と考えているうちに、経済を見る目が養われていきます。

Column

「公定歩合」が景気を動かす!?

　日本銀行が民間の銀行に貸し出すときの金利を公定歩合といいます。公定歩合の変更は、日本銀行の金融政策の主要手段として用いられてきました。しかし金利が自由化されたことによって、公定歩合の変更と金利の上昇・下降との連動性は低くなっています。

　現在では日本銀行が市場の金利を誘導しようとする場合、公定歩合の変更ではなく、無担保コール翌日物金利を用いる方が主流となっています。

金利が動くごとに一喜一憂する

金利4.5%にup
もう払い切れない…
生まれた…
11
返済期間（年）

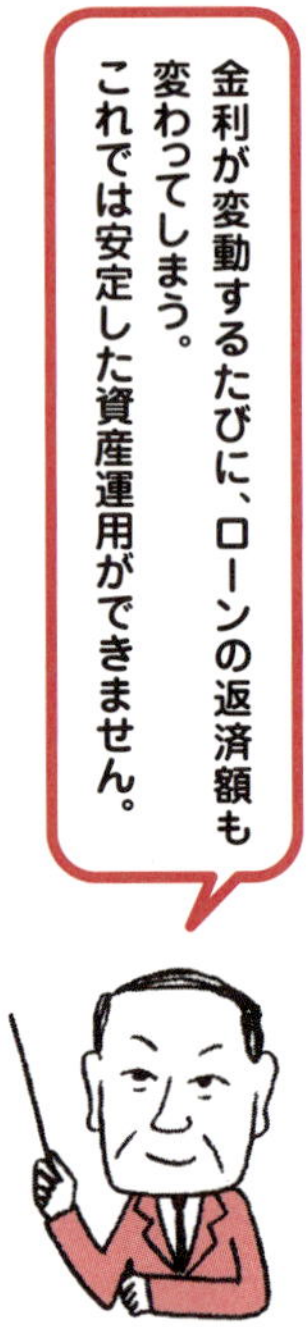
金利が変動するたびに、ローンの返済額も変わってしまう。
これでは安定した資産運用ができません。

住宅ローンは家計が安定する固定金利がオススメ

変動金利か固定金利か多くの人が迷う住宅ローン

金利の上昇・下降は、円相場や株価に大きな影響をもたらします。また国債の購入を検討している人にとっても、金利の変動は大いに気になることです。

　でも多くの人にとって金利の存在が身近に感じられるのは、何といっても住宅の購入などでローンを組むときでしょう。固定金利と変動金利のどちらを選択するか、迷われた経験のある方も多いと思います。

　住宅ローンを組む人のなかには、「変動金利の方が固定金利に比べて、利子が

変動金利の推移例

低いから」という理由で、変動金利を選ぶ人が少なくありません。

デフレ時代の長期金利は低金利で安定持続するが……

しかし私は個人が大型ローンを組むときには、固定金利を選択するべきだと考えています。

もちろん今後も、基本的にはデフレが長く続くことが予想されます。デフレは金余りの状態を引き起こしますから、短期金利の変動が若干あっても、長期金利は基本的に低金利が持続安定することでしょう。

大幅な金利変動のリスクが低いのならば、変動金利を選んでもよさそうなものですが、それでも個人の大型ローンについては、その時点の金利や国の経済状態に関係なく固定金利が適していると思います。

金融商品に目を向ける

債券

安全性

収益性

国や地方公共団体、民間企業などに一定期間資金を貸すことで利益を得る。元本と利息が保証されている。
ただし、期間満了前の換金では元本割れすることがある。また、債券の発行元の経営状態により元本と利息が保証されないリスクがある。

預貯金

安全性

収益性

銀行や郵便局に資金を預けると利息がつく。元本と利息が保証されている。預ける期間や金額など条件によって金利はさまざま。低金利の場合は収益性が極めて低い。
また、外貨預金の場合は、円建てにしたときに為替差損で元本割れするリスクがある。

ほかにも投資信託や保険、共済などいろいろな金融商品があります。どの商品にもメリット・デメリットがあります。よく勉強して資産運用に役立てましょう。

その理由は、変動金利だと返済計画が立てにくいからです。金利が変動するたびに、家計全体の計画を立て直す。これは大変複雑な手間がかかりますし、将来に向けた資産設計自体が不透明なものになります。

いざというときも固定金利なら安心できる

また返済能力ぎりぎりで変動金利によるローンを組んでいる人の場合、もし万が一急激に金利が上昇したときに固定金利に切り換えようとしても、返済能力がないとみなされて借り換えを断られてしまうケースも考えられます。

もしもというときのリスクヘッジのためにも、固定金利の方が有利といえるでしょう。

住宅ローンの金利の上がり下がりで一喜一憂しなくてはいけないエネルギー

株式

安全性　？？？
収益性　？？？

株式会社に資金を出資して株主となることで、会社が得た利益の一部を還元されたり、株主優待が受けられる。もちろん株式市場で売却して換金することもできる。
株価は常に変動しているので、素人がやるにはリスクは高め。ただし企業研究をしっかりやればリターンも大きい。

金利②
をよむポイント

●長期の借り入れは、低金利時代でも固定金利を選ぶ

個人の長期の借り入れは、固定金利で家計の安定を。金利の変動で利益を得たければ、金融商品への投資や運用にエネルギーを注ごう。

は、金融商品への投資や運用に割いた方がベターであると思います。

Column 「夢のマイホーム」は持たない方がいい!?

いつかはマイホームを持つのが夢という人は少なくありません。しかし、無理な住宅ローンを組んで不動産を買うことはオススメできません。

今はモノの価値が下がり、お金の値打ちが上がっていくデフレの時代だからです。特殊な場合を除いて、土地や住宅といった不動産の価値も下がっていきます。

デフレ時代の資産運用は「モノよりお金」が基本です。そのため、資産としてマイホームを持つのは賢明とはいえないでしょう。

借金をしないで、資産の構成をできるかぎりお金にシフトしておくことが大切です。

どれだけのお金が出回っているか、金融をよむ指標のひとつだが……

供給量は増え続けている

1998年4月

591兆9793億円

↓

2006年4月

717兆1703億円

（資料:日本銀行）

世の中を巡るお金の総量を知る

マネーサプライとは、企業、自治体、個人が保有しているお金の量（通貨供給量）のこと。現金のほかに、当座預金や普通預金、定期預金なども含めた、その合計の残高のことを指すのが一般的です。日本銀行が毎月発表しています。

マネーサプライの増減は経済の大勢には影響しない

マネーサプライは、日本銀行の金融政策の指標として活用されてきました。マネーサプライが増えると、景気の過熱を懸念して金利を引き上げ、逆にマネーサプライが減少すると、景気のてこ入れのために、金利の引き下げをしたわけです。

しかしマネーサプライが景気の指標として意味を持っていたのは、世の中がインフレ基調にあったとき。今は世界的なデフレ基調にあります。BRICs（ブラジル、ロシア、インド、中国）の国々は、過剰人口を背景にした低賃金労働に

3タイプのマネーサプライを知る

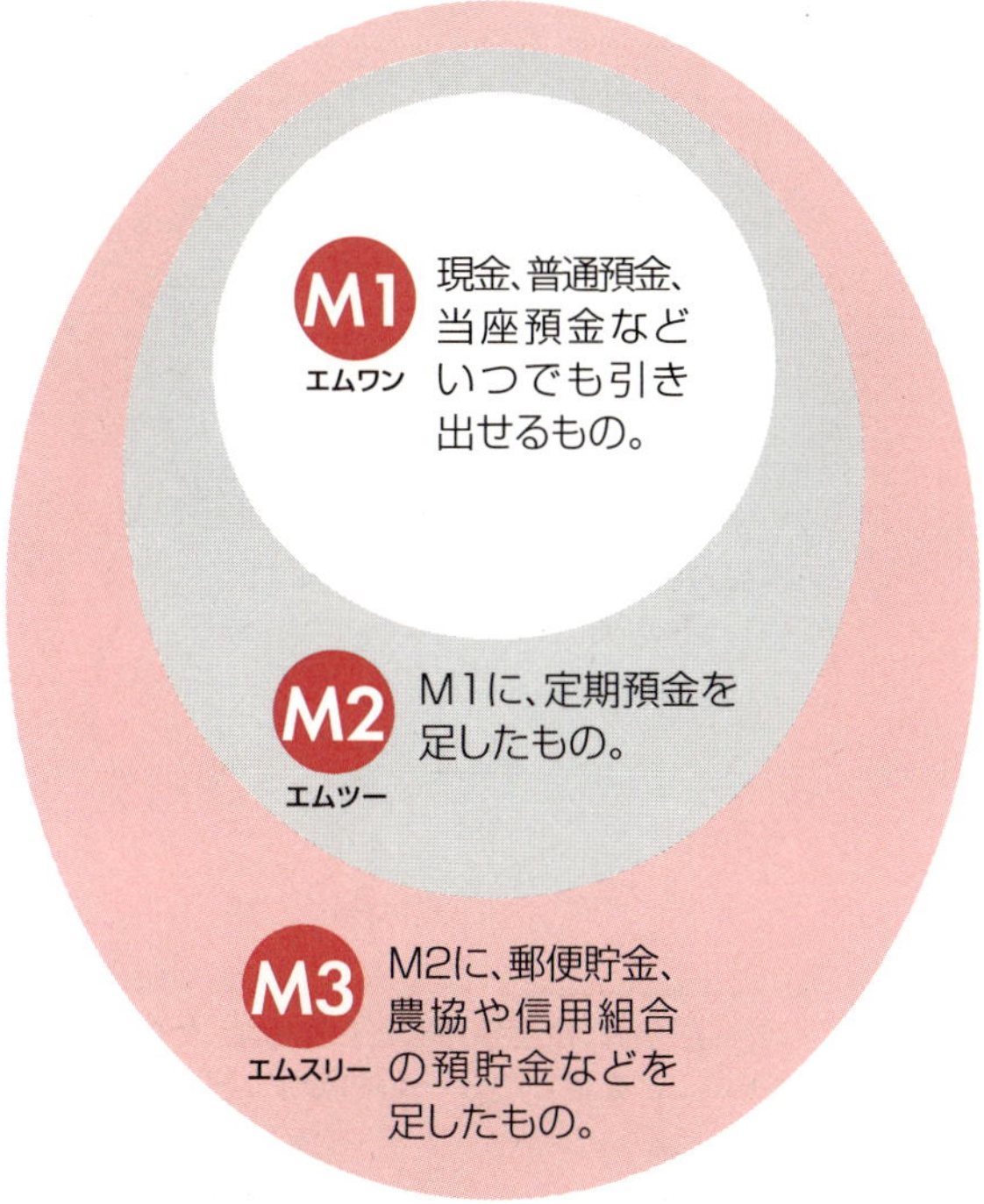
M1
エムワン
現金、普通預金、当座預金などいつでも引き出せるもの。
M2
エムツー
M1に、定期預金を足したもの。
M3
エムスリー
M2に、郵便貯金、農協や信用組合の預貯金などを足したもの。

マネーサプライをよむポイント

● マネーサプライのチェックは、参考程度でいい

デフレ時代の今、マネーサプライの増減が経済に与える影響は、ほとんどないといってよい。参考数値のひとつとして扱っておけば十分。

よって、安価な消費財を世界の市場に提供しています。携帯電話も薄型テレビも、あっという間に価格が下落しました。これが世界がデフレ時代に突入したもっとも大きな要因のひとつです。

デフレ時代は、モノを持つとその価値が下がるリスクが大きい

インフレ時代にはマネーサプライが増えると企業は設備投資に向かったため、それこそインフレが懸念されましたが、デフレ時代の企業は固定資産を持つことを避けるためこうした現象は起きません。一方個人は、モノが市場にあふれるなかで、どうしても欲しいモノはなくなっています。そのため今、世界全体が金余りに陥っています。

極論すれば、マネーサプライが多少増減しても、経済情勢に与える影響はほとんどないといっていいでしょう。

進む金融資産の構造変化、資産運用は預貯金から投資の時代へ

個人金融資産1400兆円はどこへ?

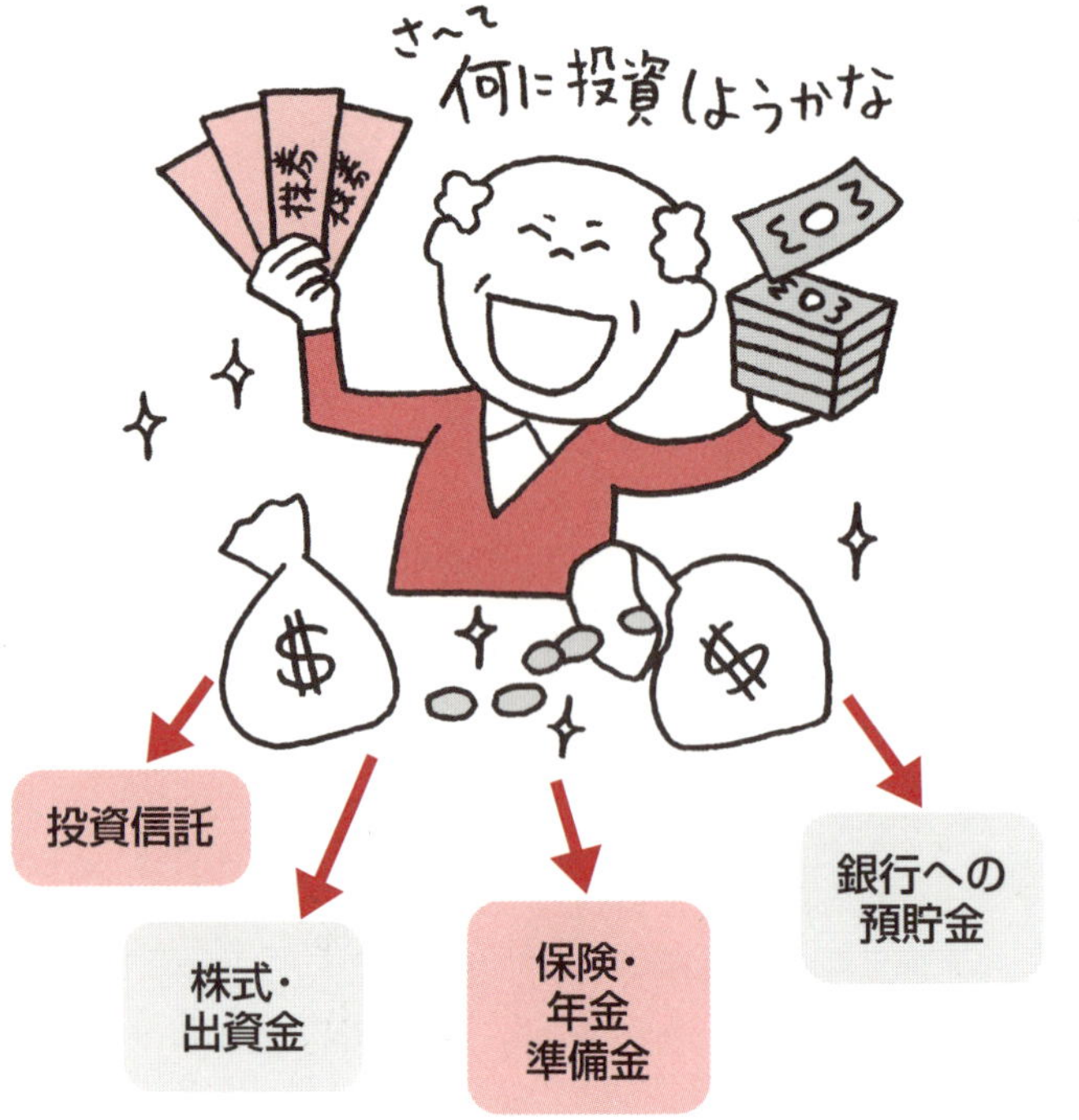

証券税制改革によって貯蓄より投資の方が有利に

日本人は昔から「貯蓄好き」といわれます。

しかし53ページのグラフが示すように、ここ数年貯蓄額の伸びは止まりつつあります。これだけ超低金利時代が続けば、「お金は銀行に預けるよりも、株や債券に振り向けた方がいい」と考える人が増えるのは当然のことです。

また2003年に行われた証券税制改革によって、個人はお金を銀行に預けるよりも、証券投資に振り向けた方が有利な環境も生まれました。

構成比は徐々に変化している

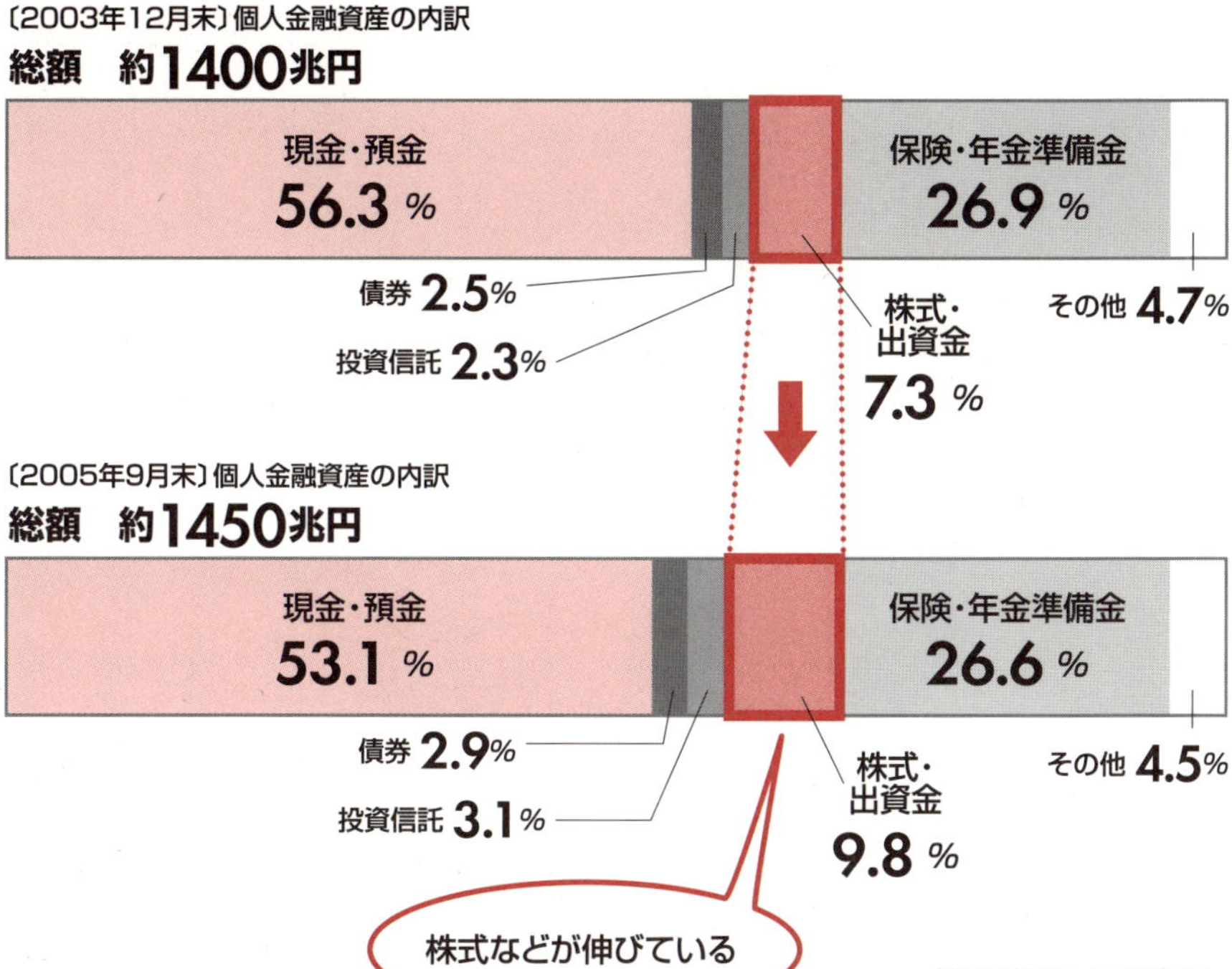

（資料:野村アセットマネジメント、「資金循環勘定」日本銀行等）

証券税制改革前は、企業が株主に配当を支払う際に、源泉分離課税20％が企業に課されるのに加えて、株主には一定金額以上の配当を受け取る場合、総合課税が課されていました。一方預貯金の金利は源泉分離課税20％のみで、総合課税は課されませんでした。

しかし証券税制改革後は、配当を支払う際に企業に課される源泉分離課税は10％になり、株主も総合課税を払わなくてもよくなったのです。

こうした証券税制改革が行われた背景としては、国が産業資金の調達方式を、間接金融方式から直接金融方式にシフトさせようとしていることが挙げられます。間接金融方式とは、金融機関が個人などから集めた預金を原資にして、企業にお金を貸し出すという方式。一方、直接金融方式とは、企業が株式や社債を発行し、それによって企業は直接資金を調

外国の個人金融資産の構成比を比べる

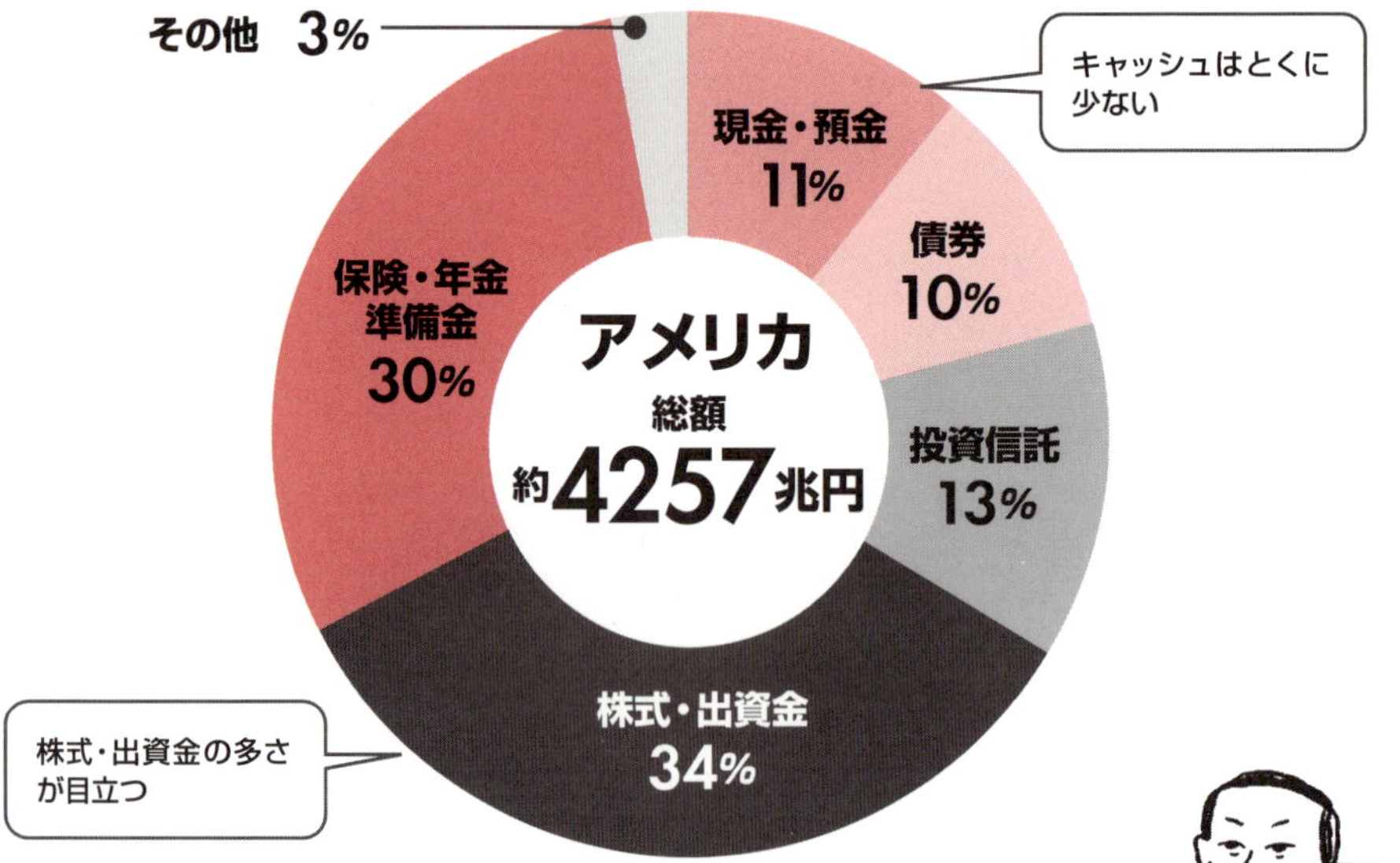

総額を見ると、日本はアメリカに次いで個人金融資産を多く持っています。また、外国と比較すると、日本の現金・預金の比率がとびぬけて高いことがわかります。

達するという方式です。

東芝が行う原子力事業に代表されるように、これからの企業は、プロジェクトや研究開発に大規模な投資を行わなくては生き残れない時代がやってきました。

こうした大規模プロジェクトにともなう莫大な資金を企業が調達できるようにするために、個人金融資産が株式や社債へと振り向けられる仕組みを、制度面でも整えていこうと国は考えているのです。

株式市場の知識を増やすためにも投資信託より株式投資を！

個人の意識、そして国の制度が変わるなかで、資産運用の主流が預貯金から投資へとシフトする動きは、今後も続くと考えられます。とくに投資信託は高い人気があり、06年6月現在の投資信託の純資産残高は90兆円近くに達しています（社団法人投資信託協会調べ）。

個人金融資産をよむポイント

● **個人金融資産は、株式投資に振り向けよう**

国も制度面で、貯蓄から投資への流れをバックアップしており、この動きは止まらない。投資を行うのであれば、投資信託よりも株式を！

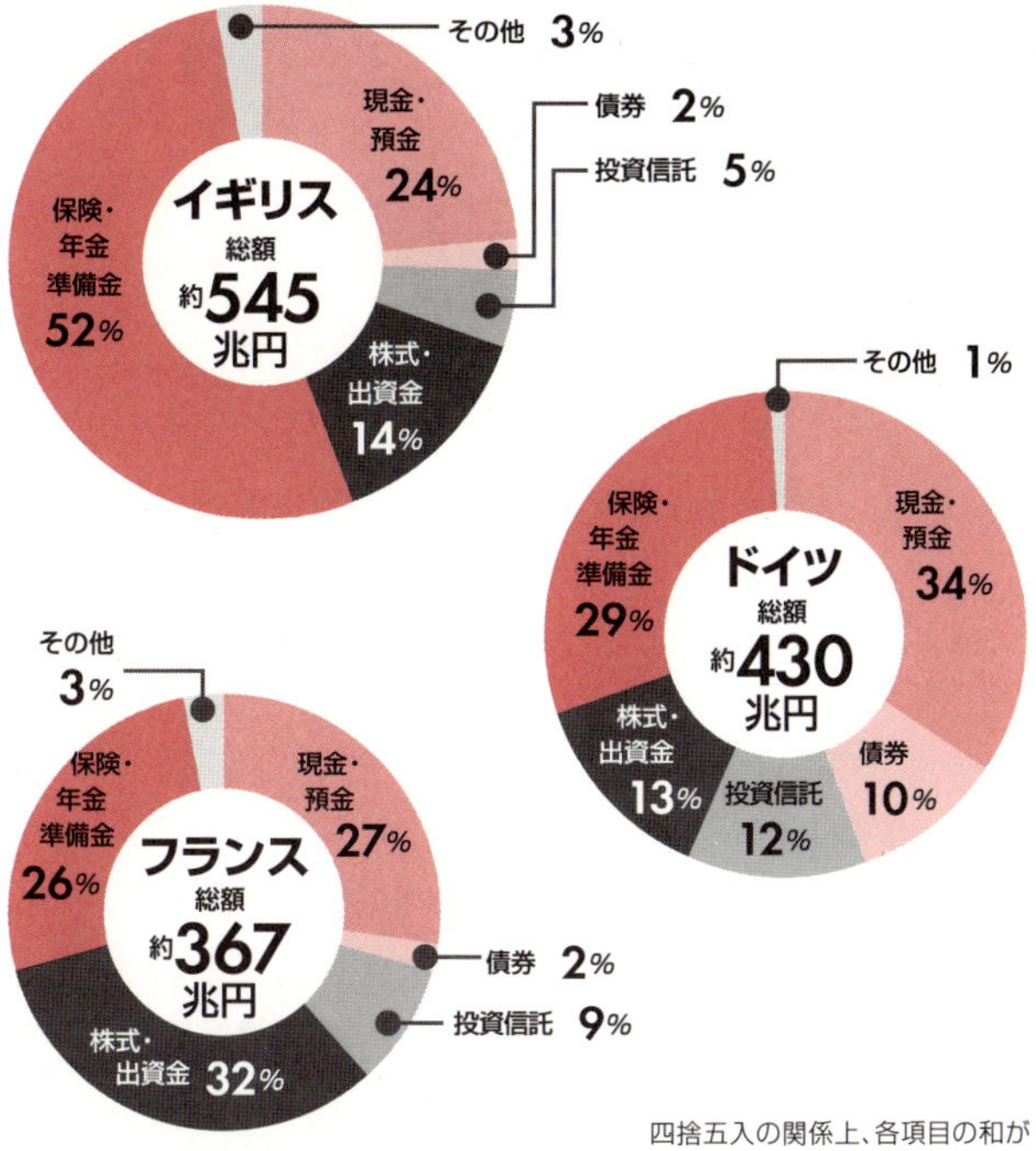

(資料:日本銀行　2001年末)

四捨五入の関係上、各項目の和が100%とならないことがある。

しかし私は、投資を行うのであれば、投資信託よりは株式投資がいいと考えています。その一番の理由は、運用をファンドマネージャーに任せていると、いつまで経っても株式市場や株式を発行している企業についての知識や、投資の経験が身につかないからです。

株式投資の場合は、自分で銘柄の選定や売買のタイミングを考えなくてはいけません。そのために株式市場の動向や銘柄の株価の変動について、常に勉強しておく必要が生じます。こうして知識と経験が蓄えられるなかで、個人投資家としての成功の道が開けてくるのです。

ちなみに不動産投資もオススメできません。インフレ時代はモノの値段がどんどん上がりましたから、不動産というモノを持つことは適切な選択でした。しかしデフレ時代は、モノを持つよりもお金で資産形成を行う方が賢明といえます。

古い常識にこだわってはいけない

常に現在起きていることを前向き、現実的に受け止める

少し昔の話になりますが、1979年に第２次石油ショックが起きたとき、ほとんどのエコノミストは「これで日本経済は衰退に向かう」と予測しました。しかし私はこれに異を唱え、「日本は必ず石油ショックを克服する」と主張しました。結果はその後の歴史が示しています。

ではなぜ多くのエコノミストは、日本経済の行方を見誤ってしまったのでしょうか。私は、新しい情報をキャッチする努力を怠っていたからだと思います。第１次石油ショック後、日本企業は世界のどの企業よりも、省エネを推進し、技術水準の向上を図りました。ですから第２次石油ショックの時点で、すでに日本企業はエネルギー危機に対処する十分な能力を持っていたのです。

古い常識で、未来を読み取ろうとしてもうまくはいきません。常に今起きている新しい動きをキャッチし、その動きのなかから未来を予測することが大切なのです。

第2章

企業をよみ、投資に役立てる

投資には、「元金」「情報」「判断力」が必要だ。
企業情報を見るときの重要ポイントをおさえ、
キメ細やかで効率的な情報収集をしたい。
そうすることが判断力の向上にも結びつく。

「株」を買うのではなく「企業」に資金を託す。投機よりも投資を

株価には投資家心理が反映される

「投機」と「投資」似た言葉だが意味はまったく違う

「投機」とは、株の売買によって儲けることを目的とした行為で、いわばカジノと同じです。デイトレードは投機の代表といえるでしょう。一方「投資」とは、その企業の将来性に期待し、株を購入することによって企業に資金を託すこと。株の保有も中長期的になります。投資には、投機のような博打性はありません。

　株式投資は、株価の変動を予測して株の売買を行う投機の性格と、株式を発行する企業からの配当（64ページ参照）を期待して株を購入する投資の2つの要素

株式投資3つのルールはこれだ

1 安いときに買って高いときに売る

安定運用を目的とした株式投資であっても、株価水準が高いときに投資すると、投資額のわりに得られる配当利回りは低くなる。

2 徹底的に少数派でいる

多数派の意見に従っていては、株式投資で大きな利益を得ることはできない。勝利を狙うなら他人とは違う行動を。

3 「元金」「情報収集」「決断力」

生活費を元金にあてるのはタブー。投資には余裕資金を使うこと。『会社四季報』などを活用して情報収集に努め、自分で判断する決断力を持ちたい。

株価
をよむポイント

● **株式投資は中長期的な姿勢で取り組みたい**

株式投資は、将来性が期待できる企業をじっくりと調べたうえで行う。短期的な「投機」ではなく、「投資」による資産運用を心がけよ。

から成り立っています。

投資するべき企業を見極め中長期的な視点で臨む

私は個人投資家は、配当による安定運用を基本にするべきで、投機家になる必要はないと考えています。私自身、株式投資を始めて50年になりますが、短期的な売買を繰り返したことは一度もありません。「株よりも企業を買う」というスタンスで、評価をした企業の株に対して、中長期の投資を心がけています。

「これは」と思った企業が見つかっても、その業界の状況や競合他社、トップの指針など、調べなくてはいけないことはたくさんあります。情報収集と分析をじっくり行ったうえで、株式を購入するタイミングを見極め、投資に参加する。そして短期的な株価の変動に一喜一憂しない。これが株式投資の基本なのです。

デフレ時代はモノよりお金。キャッシュフローに注意する

デフレのときはお金が余る

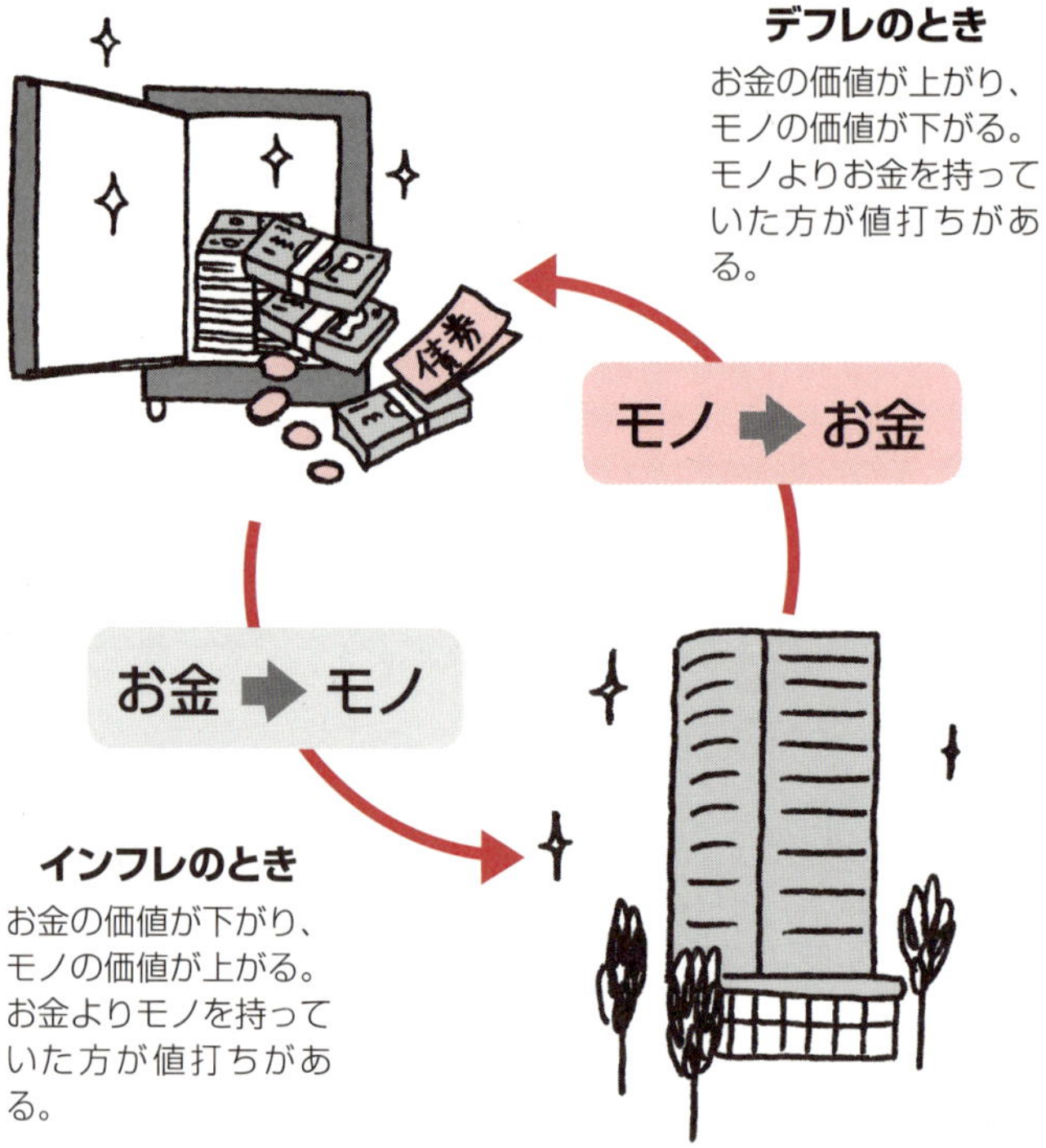
デフレのとき
お金の価値が上がり、モノの価値が下がる。モノよりお金を持っていた方が値打ちがある。
債券
モノ ➡ お金
お金 ➡ モノ
インフレのとき
お金の価値が下がり、モノの価値が上がる。お金よりモノを持っていた方が値打ちがある。

企業の財務状態はキャッシュフローで判断する

企業の財務状態をチェックするときに、注目している項目のひとつがキャッシュフローです。たとえ経常利益や最終利益が黒字であっても、キャッシュフローが思わしくなければ、私はその企業の財務状態はよくないと判断します。

キャッシュフローとは、売上金額からすべてのコストを差し引いて、残った現金のことをいいます。コストには、人件費や借金の返済、原材料の購入価格などのほかに、生産設備の減価償却も含まれています。

3つのキャッシュフローを知っておく

営業キャッシュフロー

本業によって得た収入から、それに要したコストを引いたキャッシュの量のこと。3つのキャッシュフローでもっとも重要。

投資キャッシュフロー

設備投資費の支払いや有価証券の投資等にかかった費用と、資産売却などによって得た収入の差額のこと。

財務キャッシュフロー

資金の借入額と借入金の返済額の差額のこと。資金を借りるとキャッシュフローは増えるが、当然後で返済しなくてはいけない。

金融収支にも注目を！

企業の財務状況を見るときに、キャッシュフローとともに重視したいのが金融収支。金融収支とは配当収入や貸付金の利息と借入金の利息払いの収支のことです。
金融収支が黒字であれば、借金で設備投資をしていないという評価ができます。

キャッシュフローが赤字になっている場合、その企業の資産の重点は「現金」ではなく、「モノ＝固定資産」に置かれているであろうことが想定されます。固定資産が多いために、売上金額からコストを引いたときに、赤字になってしまうのです。

反対にキャッシュフローが黒字ならば、その企業の資産の重点は「モノ」ではなく、「現金」に置かれていることが考えられます。

企業は資産をモノから現金に転化する努力が求められる

これまでも何度か述べてきましたが、デフレの時代には、モノの価値が下がってお金の価値が上がります。私は現在のデフレ基調は、今後数十年間続くと見ています。

なぜなら今の時代は、人々が商品を大

赤字、黒字の内容を見てみる

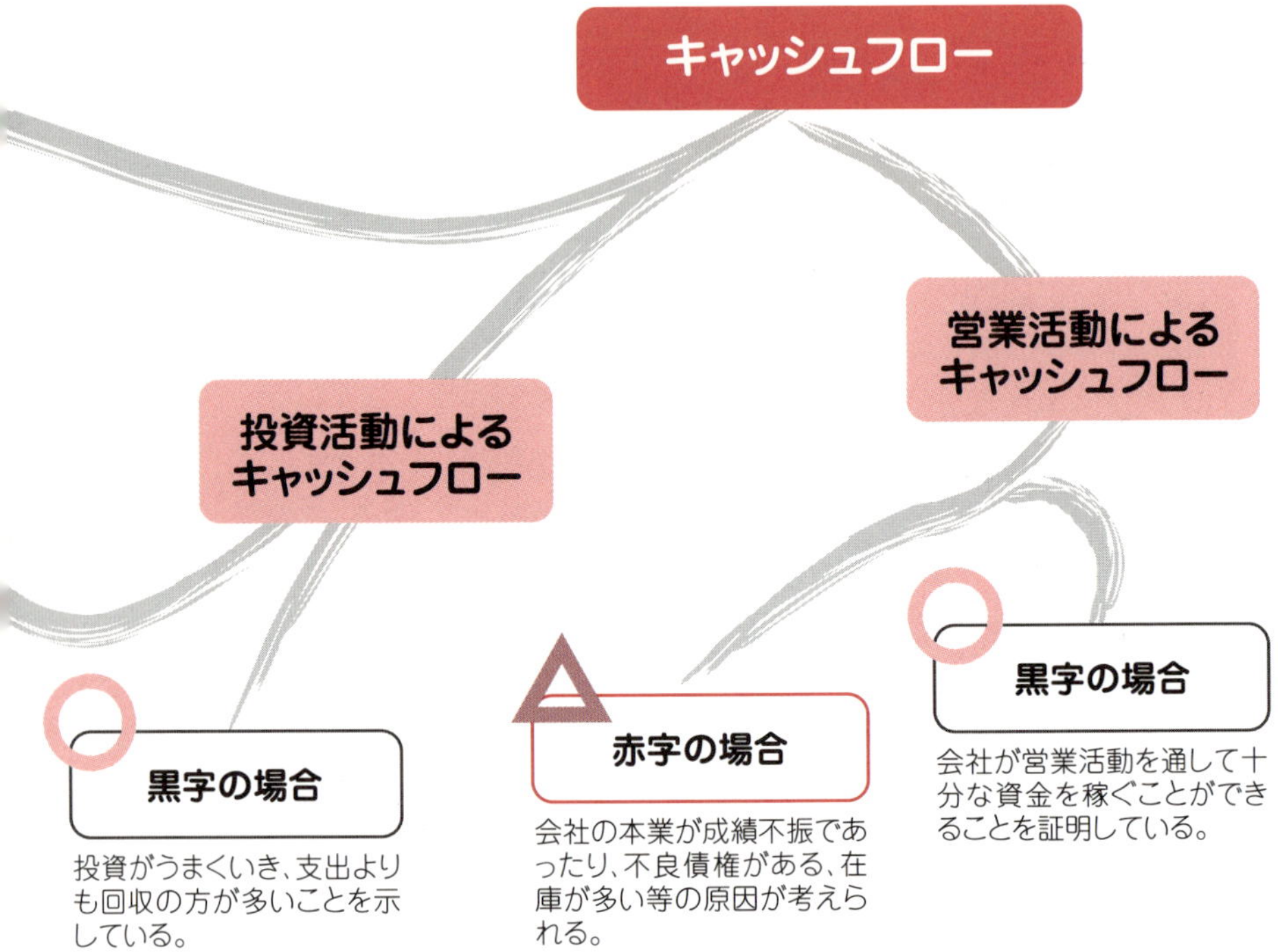
キャッシュフロー
営業活動による
キャッシュフロー
投資活動による
キャッシュフロー
黒字の場合
会社が営業活動を通して十分な資金を稼ぐことができることを証明している。
赤字の場合
会社の本業が成績不振であったり、不良債権がある、在庫が多い等の原因が考えられる。
黒字の場合
投資がうまくいき、支出よりも回収の方が多いことを示している。

量に求めて消費するという「超需要」が発生する可能性はかぎりなくゼロに近づいているからです。

またアメリカによる一極支配が明確になり、大規模な戦争が発生するリスクも減りました。そのため膨大な物資が戦場で消費されるということもなくなりました。

これからは基本的に「供給過剰」の状態が継続するのです。

このようなデフレの時代に資産を「モノ」で持っていても、目減りしていくばかりです。そこで企業においては、資産を「モノ＝固定資産」から「現金＝流動資産」に転化する努力が必要不可欠となります。

これは製造業であろうと流通業であろうと小売業であろうと、共通して求められることです。

ちなみに企業のキャッシュフローは、

財務活動によるキャッシュフロー

○ 黒字の場合

借入や新株発行などによる資金の調達が、資金の返済額を上回っていることを表している。

△ 赤字の場合

調達する資金額より返済額が上回っている。借入金によるキャッシュフローの割合が多い場合は、会社の経営自体が借金体質になっていないか要検討。

△ 赤字の場合

積極的な投資活動と考えることもできるが、投資が非効率的だともいえる。赤字の部分を他人資本（借金など）で補っている場合は危険。

『会社四季報』や『会社情報』に掲載されています。株式投資を行うにあたって、銘柄を選定するときの非常に重要な基準になりますので、かならずチェックをしてください。

キャッシュフローをよむポイント

● **株式投資をするなら、キャッシュフローが黒字の企業**

デフレ時代に対応した企業であるかどうかの判断は、キャッシュフローが黒字になっているかどうかでチェックしよう。

Column 待っているだけでは情報は集まらない

投資の初心者にまず始めて欲しいのが、『会社四季報』や『会社情報』などをしっかり読むことです。ここには企業に関する基本的な情報が詰まっています。

私は、インターネットをはじめ、国内外の新聞各紙、週刊誌、経済専門の雑誌、省庁から出る『経済白書』や『科学技術白書』などさまざまな情報に目を通しています。

特別なコネなんてなくても、情報はさまざまなところに転がっています。その情報を拾い上げ、読み取る能力を磨き続けることが、投資家として成功するうえでとても重要になります。

近年、注目度がアップ。会社と株主の関係が見えてくる

配当性向を高めることで株主の信頼をつなぎとめる

これまで日本企業は、欧米企業と比べて、配当性向を低く抑えてきました。

アメリカの場合、極端なことをいうと、配当性向の平均は60％程度、なかには１００％という企業もあります。もし配当が低ければ、株主は激しく経営者を突き上げます。

しかしここ数年、日本企業も欧米並みに配当性向を重視せざるを得ない状況になりつつあります。背景には、さまざまな業種で進むＴＯＢやＭ＆Ａ（いずれも企業の買収）による企業再編があります。

利益をどのくらい株主に分けるか

配当は利益の分け前のこと

配当性向とは、企業が税引き後の当期純利益のうち、何％を株主に配当しているかを示した数値です（税引き前当期利益率を基準に算出されることもある）。配当支払い率とも呼ばれています。

$$\frac{\text{1株あたり配当金}}{\text{1株あたり当期純利益}} \times 100 = \textbf{配当性向}（\%）$$

企業の成熟度によって見方も変わる

配当性向0%

成長中の企業は、将来に向けて利益を設備投資費に回すことが多い。株主も配当より株価アップを期待して投資する。

成長中の企業

成熟した企業

配当性向30%

成熟した企業は、新たな設備投資を行う必要性が低い。そのため株主も高い配当を期待する。まれに100%以上の配当性向を出す企業も。

たとえば鉄鋼業。インド出身のラクシュミ・ミタル氏が設立したミタル・スチールという新興の鉄鋼メーカーがあるのですが、この企業はＴＯＢとＭ＆Ａを繰り返して、短期間に鉄鋼最大手企業へと成長しました。そして２００６年６月、ついに世界鉄鋼２位のアルセロールを買収して、アルセロール・ミタルという巨大鉄鋼メーカーが誕生したのです。

そのため危機感を抱いているのが日本の鉄鋼メーカーです。もしアルセロール・ミタルが、日本の鉄鋼メーカーにＴＯＢを仕掛けてきたらどうなるか。株主は配当性向の低い日本の鉄鋼メーカーよりは、アルセロール・ミタルの方に魅力を感じて、買い付けに応じてしまうかもしれません。それを防ぐために、日本の鉄鋼メーカーも配当性向の見直しを迫られるというわけです。

また日本企業に投資する外国人投資家

高い配当性向には理由がある

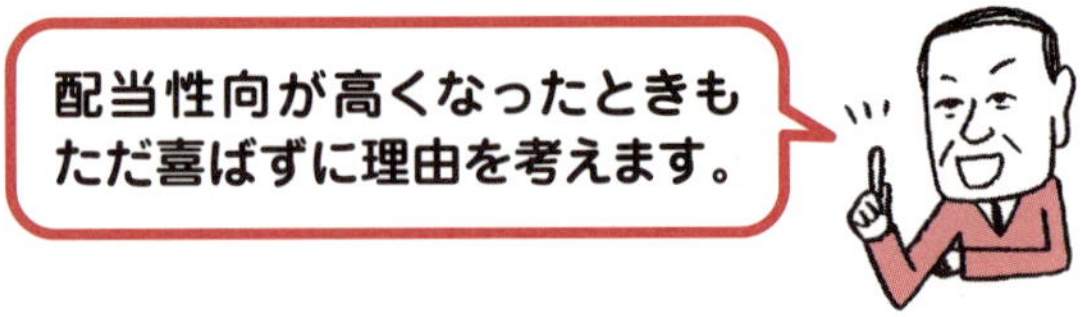
配当性向が高くなったときも
ただ喜ばずに理由を考えます。

配当性向 150%!!

理由1 特別利益が出た	特別利益とは、固定資産や有価証券を売却したときなどの臨時的な利益のこと。この臨時収入が配当に振り向けられる。
理由2 記念配当が出た	記念配当とは、会社創立○周年といった企業にとって記念にあたる年に行われる配当のこと。当然そのときだけの特別な配当となる。
理由3 安定配当のために資産を取り崩している?	業績が落ちているにもかかわらず、安定配当を維持するために配当金を減らさない。すると、結果的に配当性向が高くなる。

の増加も、日本企業が配当性向を重視せざるを得ない理由のひとつです。外国人投資家は、当然欧米並みの配当性向を日本企業に要求してくるからです。たとえばトヨタ自動車では決算を発表すると、すぐに文書を翻訳して渡米し、アメリカの機関投資家に説明をして了解を得ています。今や外国人投資家の支えなくしては、日本企業は成り立たないのです。

日本企業の配当性向が低いのは戦時中の経済統制がルーツだった

ところで、そもそもなぜ日本企業は、これまで配当性向を低く抑え続けてきたのでしょうか。

話は古く戦時中にまで遡ります。戦時中の日本では、会社経理統制令などが定められ、株式配当が国家の管理下に置かれました。国としては、企業が利益を上げた場合、その利益を株主に還元するの

受取額を考えるなら利回りをチェック

配当利回り

企業の株式配当の状況を見る指標として、配当性向と並んでよく用いられるのが配当利回り。これは株価に対する年間配当金の割合を示すもので、年間配当金額÷株価で算出する。配当利回りとはいわば金利のようなものだ。

$$\frac{\text{1株あたり配当金}}{\text{株価}} \times 100$$

＝ 配当利回り（%）

配当性向
をよむポイント

●配当性向の高まりの背景を知ろう

日本企業も欧米企業並みに高い配当性向が求められるようになっている。その背景としてあるのは、企業買収による世界的企業再編の波だ。

ではなく、軍需品の生産設備投資に振り向けさせたかったのです。

戦後になっても、その〝遺産〟は受け継がれました。終戦直後の日本は、工業生産力が壊滅的な状態に陥っていました。そのため企業は、事業によって得たお金を株主に還元するよりも、産業の再建、企業の成長に回すことの方を優先したのです。そして戦時中から終戦直後、高度経済成長期を経てつい最近まで、この状態がずっと続いていたわけです。

Column

M&A、TOBでデフレを生き抜く

近年、M&AやTOBが多いのは、企業の規模を拡大しないと企業が生き残れないからです。デフレ時代、販売競争が激化するなかで強いのは、体力のある規模の大きな企業です。

また安売り競争から抜け出すためには技術力が必要。それを得るための莫大な研究開発費の資金負担に耐えられるのも、大きな企業だけだからです。

時価総額が高くても企業内容がよいとはかぎらない

株価から計算した会社の価値を示す

時価総額だけでは企業価値はわからない

時価総額とは、ある企業の株価が総額でいくらになっているかを表したものです。株式市場におけるその企業の価値を示す指標として用いられていますが、新興企業は実力以上に株価が上昇する傾向があるなど、一概に時価総額だけで企業価値を評価するわけにはいきません。

株価 × 発行済株式数

＝ **時価総額**（円）

企業価値と時価総額は連動していないことがある

ライブドア事件以来、「時価総額」という言葉は、株式投資をやっていない人の間でもすっかり浸透しました。

ホリエモンは、「ライブドアを時価総額世界一の会社にする」と豪語。株式分割を繰り返すことで、株式を個人投資家が手を出しやすいものにしました。またホリエモンはマスメディアにも積極的に登場。古い秩序を打ち破る改革者としてのイメージを人々に植えつけました。

こうして多くの個人投資家が、株が手に届く金額であったことと、ホリエモン

東証時価総額ランキング

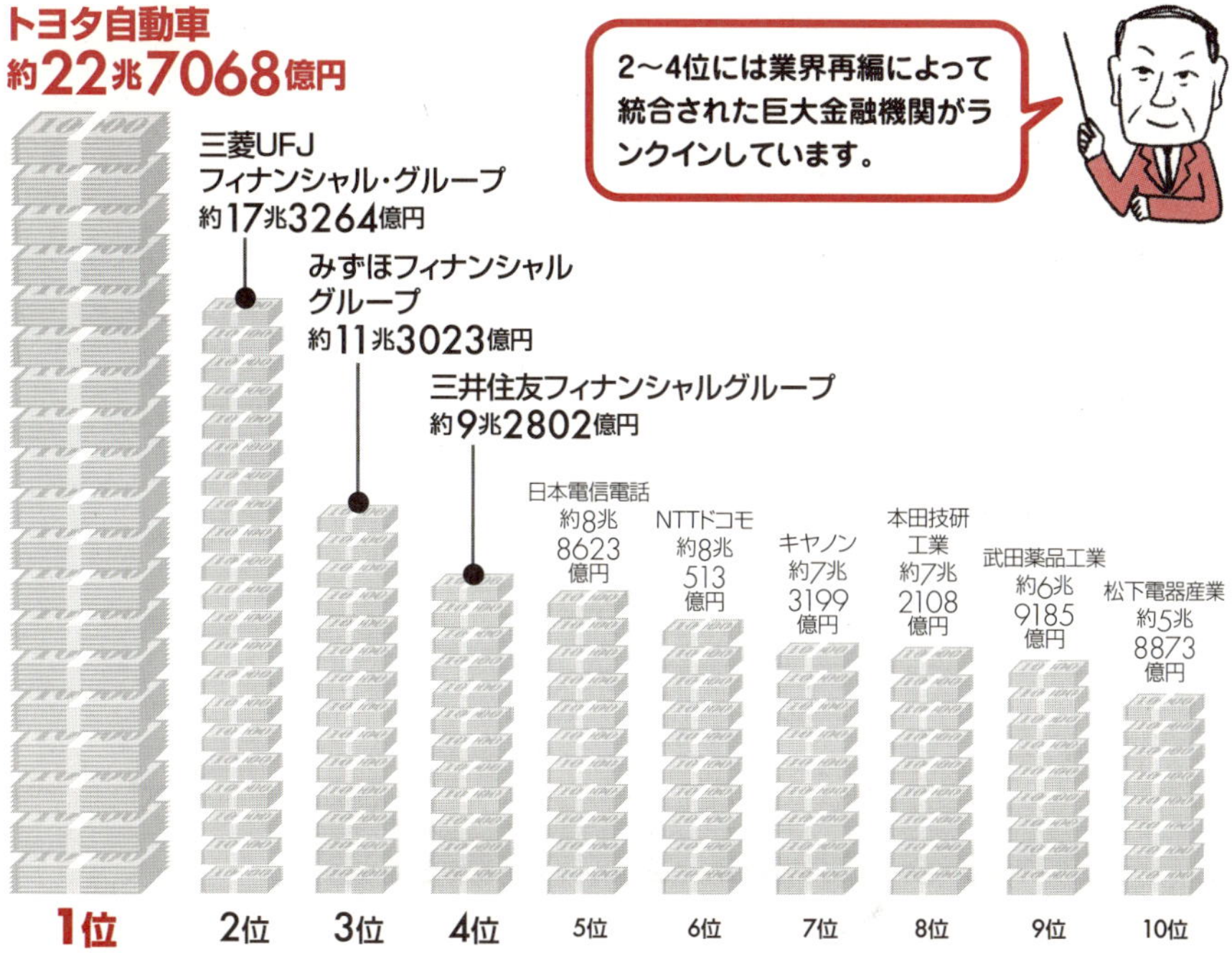

（2006年8月10日現在）

への期待から、ライブドア株を購入。一時期ライブドア株主は、日本企業のなかでもっとも多い22万人以上に達しました。いわばライブドアは企業としての業績によってではなく、株式分割と経営者のイメージによって、時価総額を上げることに成功したのです。

ライブドアの時価総額は、グループ全体で７３００億円にまで上昇します。ところが強制捜査とともに、時価総額は６４０億円に急減しました。

あの事件で改めて問われたのは、時価総額の持つ意味です。時価総額が高くても、企業価値が低い会社もあります。時価総額だけでは、企業を評価することはできないのです。

そういったある意味当然のことを、多くの人々がライブドア事件から学びました。しかし実際に投資をしていた人にとっては、ずいぶんと手痛い授業料でした。

東証の規模は世界第2位だ

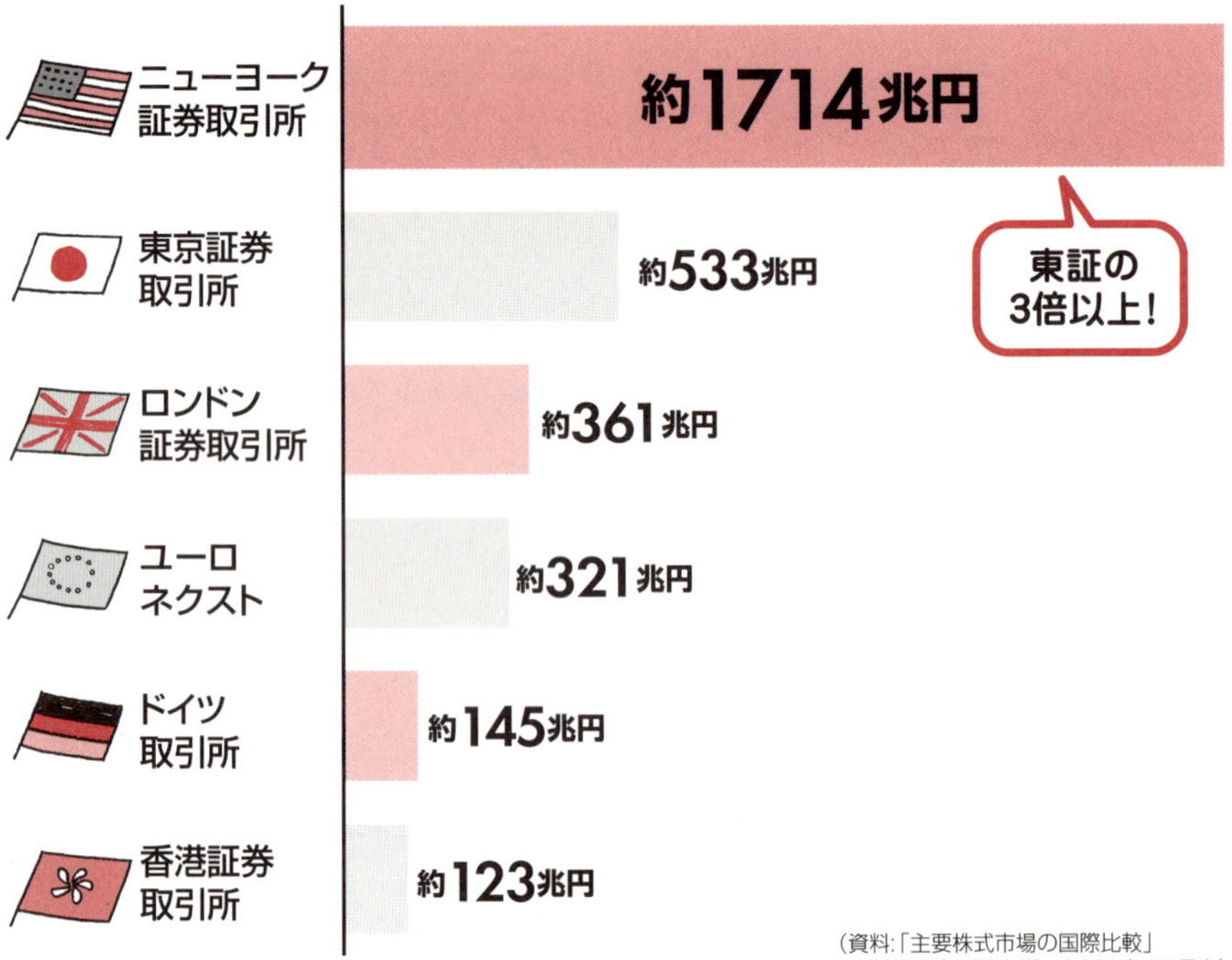

(資料:「主要株式市場の国際比較」野村資本市場研究所　2005年12月末)

ニューヨーク市場の時価総額は群を抜いて世界トップ

時価総額は、1企業あたりの株価の総額を示す指標になるだけではありません。市場に上場している銘柄の時価総額をすべて合計すれば、その市場全体の時価総額、すなわち株式市場の規模を示す指標となります。「時価総額は、企業を評価する指標としては参考にならない」と話しましたが、市場規模を見るうえではわかりやすい指標です。

東京証券取引所の市場規模は、世界第2位を誇っています。しかし第1位のニューヨーク証券取引所に大きく差を広げられているばかりか、その差はいっこうに縮まる様子がありません。

ニューヨークでは証券、商品、金融の3つの市場で、自由に資金を運用できるシステムが整っています。

時価総額
をよむポイント

● **時価総額＝企業価値ではない**

時価総額は、企業を評価する指標にはならず、投資を行ううえでの指標にもならない。ライブドア事件で、その事実が改めて明らかになった。

世界一時価総額の高い企業は?

1位	**エクソン・モービル**
2位	ゼネラル・エレクトリック（GE）
3位	マイクロソフト
4位	シティ・グループ
5位	BP
6位	バンクオブアメリカ
7位	ロイヤル・ダッチ・シェル
8位	ウォルマート・ストアーズ
9位	**トヨタ自動車**
10位	ガスプロム

日本一のトヨタも
見事ランクイン!

（資料:「Global500」フィナンシャル・タイムズ　2006年3月末）

たとえばニューヨーク証券取引所での大手証券会社は、ニューヨーク商品取引所の大手取引業者でもあります。そのため市場の動きを見ながら、証券市場から商品市場へ、あるいは金融市場へと、自由に預託金の移動ができます。こうしたことができるのは世界中でもニューヨークの市場だけ。

だから世界中からニューヨークに資金が集まり、ニューヨーク証券取引所は活況を呈しているのです。

Column 分散投資でリスクを減らす

ライブドアショックで財産の多くを失った個人投資家もいたようです。株式投資を行う際に重要なのは、分散投資。ひとつの銘柄に集中的に投資するのはリスクが高すぎます。

またベンチャー企業など株価の変動が大きな銘柄も避けた方が無難です。こうした銘柄は投機の対象にはなっても、投資には適しません。

比率が高いほど効率のよい企業。投資のうえで大事な指標だ

ROEとROAで経営効率をチェック

企業がどの程度資金を上手に使って利益を上げているかを測る指標としては、株主資本利益率（ROE）と総資産利益率（ROA）がありますが、重視したいのはROEの方です。

総資産利益率（ROA）の総資産のなかには、株主資本のほかに、借入金などの他人資本も含まれています。そのため、たとえ株主資本が少なく借入金に依存しながら事業を行っていたとしても、高い収益率を上げていればROAは高くなるのです。

ROEは株主のための指標だ

株主資本利益率（ROE）

株主資本利益率（ROE）とは、当期純利益を株主資本（株主から集めたお金）で割ることによって、株主が投資したお金がどの程度効率的に使われているかを示した指標のこと。

$$\frac{\text{当期純利益}}{\text{株主資本}} \times 100$$

＝ **株主資本利益率**（%）
（ROE）

ROAで会社の効率を見る

総資産利益率（ROA）

総資産利益率（ROA）とは、当期純利益を総資産（株主資本＋借入金などの他人資本）で割ることによって、投下した資金に対してどの程度の利益を上げているかを示した数値のこと。

$$\frac{\text{当期純利益}}{\text{総資産}} \times 100$$

＝総資産利益率（％）
（ROA）

株主資本利益率
をよむポイント

● **ますますROEが重視される時代がやってきた**

ROAも大切だが、株式投資をするならROEのチェックは不可欠。今後は、ROEを重要指標のひとつにして評価していこう。

中長期的な投資を考えるなら ROEは大切な指標

一方ROEの場合は、純粋に株主から集めた資金で、どれだけの収益を上げているかを見ることができます。ROEが高ければ、その利益が配当金にあてられることが期待できます。

ところが日本企業はアメリカの企業と比べると、ROEが低いという特徴がありました。アメリカの企業が平均10％台なのに対して、日本は1ケタ台前半。その差は歴然としています。

しかし今後は日本企業もROEの改善が進むことが期待できます。53ページでも話したように、企業の資金調達の方法が、間接金融方式から直接金融方式にシフトしようとしています。ROEの高くない企業に対しては、株主は投資しようとしないでしょう。

「企業価値」と「人気」のバランスがとれているかがわかる

業種によってバラツキがあるＰＥＲ　同業他社との比較が重要

東証第1部上場企業の株価収益率（ＰＥＲ）は、平均すると18倍程度ですが、業種によってかなりバラツキがあります。そのため、ある企業の株価利益率を見て、割高か割安かを判断するには、同業他社との対比が必要です。

教科書的な言い方をすれば、同業他社と比べて割安の場合はお買い得、割高の場合は手を出さない方がいい銘柄ということになります。

ただしＰＥＲは銘柄を選ぶ判断材料のひとつに過ぎません。ＰＥＲが高いとい

企業の株が割高か割安か知る

株価収益率（PER）

株価収益率（PER）とは、株価を1株あたり当期純利益で割ることによって、現在の株価が現在の利益の何年分に相当するかを算出するというもの。倍率が高ければ、利益に対して株価は割高、低ければ割安とみなされる。

$$\frac{\text{株価}}{\text{1株あたり当期純利益}} = \text{株価収益率（倍）（PER）}$$

東京証券取引所では、規模別・業種別のPERとPBR（株価純資産倍率）を発表しています。東証のホームページにも掲載されています。

株価収益率
をよむポイント

● **PERが異常に高い銘柄は、リスクが高い**

PERは投資銘柄を決める参考指標のひとつに過ぎない。ただし異常にPERが高い銘柄に手を出すのは避けた方がいい。

主な業種の平均PERは？

業種	平均PER
食料品	平均32.4倍
化学	平均26.5倍
機械	平均26.8倍
電気機器	平均27.0倍
鉄鋼	平均24.4倍
情報・通信	平均46.2倍
卸売り	平均23.2倍
輸送用機器	平均19.1倍
不動産	平均30.1倍
小売り	平均40.5倍
サービス業	平均45.5倍

（資料：『会社四季報2006年3集』東洋経済新報社）

うことは、「今は収益を上げていないけれども、これから伸びる可能性を持った企業だから投資している」と考えている株主が多いということでもあるからです。たとえPERが高くても、その企業の将来性を高く評価できるのなら、投資に踏み切るという選択もあり得ます。

PERが異常に高い銘柄は避けるべき

成長著しいベンチャー企業の場合、PERが数百倍という驚異的な数値を示すケースがあります。こうした銘柄は人気が落ちたとたんに、5分の1、10分の1にあっという間に値を下げます。事実ライブドアショックのときには、ジャスダックやマザーズで名を連ねていた新興企業の株価が、一気に値を下げました。

投資の対象としては、あまりにリスクが高すぎます。

研究開発費を確保していない企業は国際市場での競争に負ける

研究開発に対する投資額でその企業の将来が見える

ここ数年で、世界の最大手自動車メーカーに躍り出ようとしているトヨタ自動車。そのトヨタは、２００６年の研究開発費として、９２００億円を見込んでいます。税引き後利益が約１兆３７００億円であることと比べても、莫大な資金を研究開発に投じていることがわかります。逆にいえば今の時代、これだけの巨額の研究開発投資を行わないと、勝ち組にはなれないのです。

これまでも何度か述べてきましたが、デフレの時代、販売競争に勝ち残るには、

研究開発費に含まれるものは？

こんなものが含まれる

新商品・技術開発に必要

研究開発費とは、製品の研究や開発のための費用。企業が持つ技術力を高めるためにかかせない支出です。

研究開発費は税制上、損金として算入することが認められています。

日本全体の研究費は年々増えている

研究費の推移

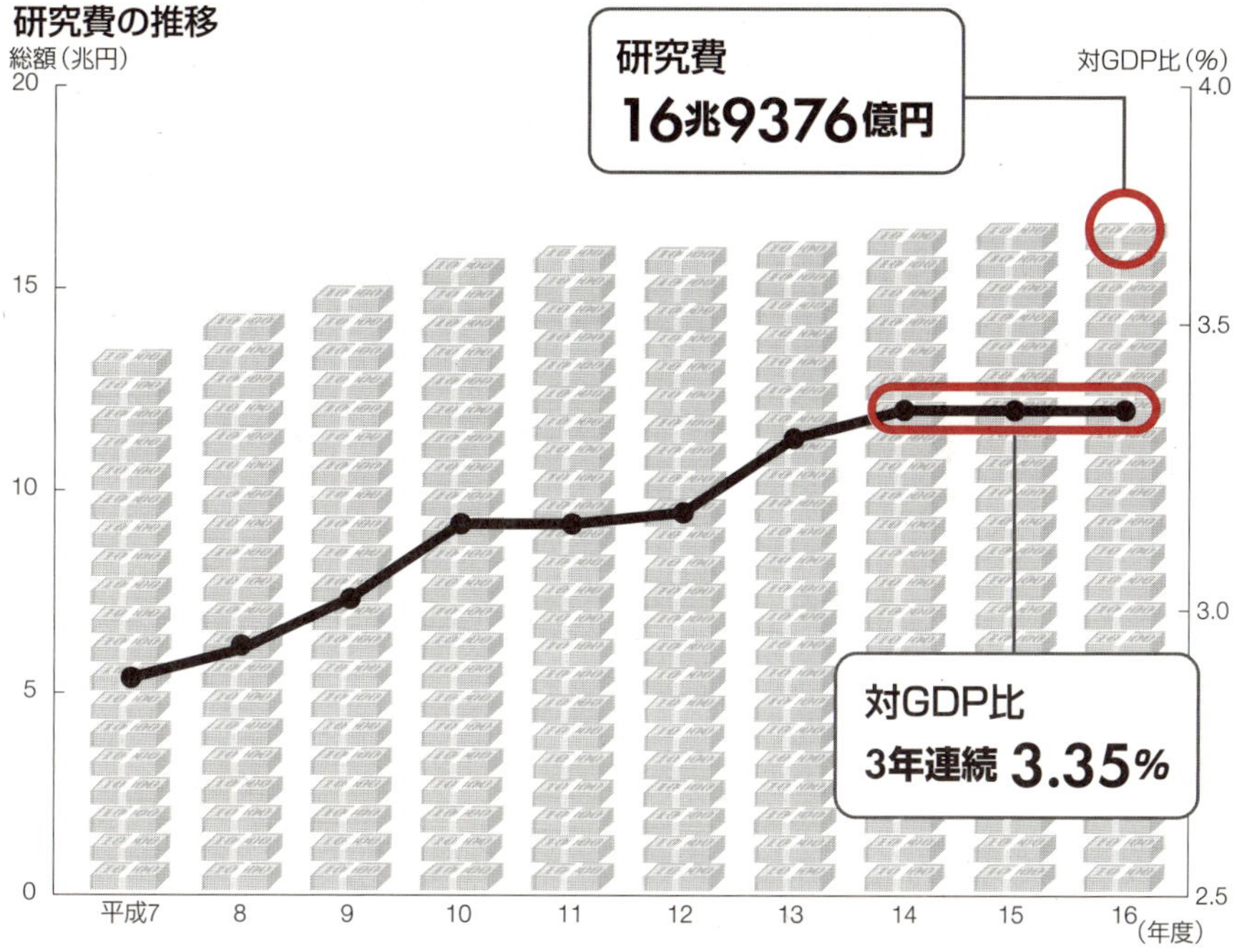

（資料：『日本の長期統計系列』『統計でみる日本の科学技術研究』総務省統計局）

研究開発に力を注ぎ、高い技術力を獲得することが条件となります。トヨタは、ハイブリッド・カーや燃料電池車の研究開発を進めるなかで、世界でもっとも燃費の低い車を安いコストで生産できる能力を身につけました。

1998年にアメリカのカリフォルニア州では、10年間の猶予を設けたうえで、当時の燃費を一気に3分の1以下に切り下げた車しか販売を認めないという州法を可決しました。こうした環境保全の波は、今後世界中に広がっていくと思われます。厳しい条件をクリアできる技術力を持ったトヨタは、これからも市場からの支持を受け、ますます企業としての力を高めていくことでしょう。

トヨタの例で明らかなように、株式投資にあたって企業評価を行ううえでも、研究開発費の額は重要な指標となります。日本の製造業は、売上に対する研究

対GDP比ならば世界一

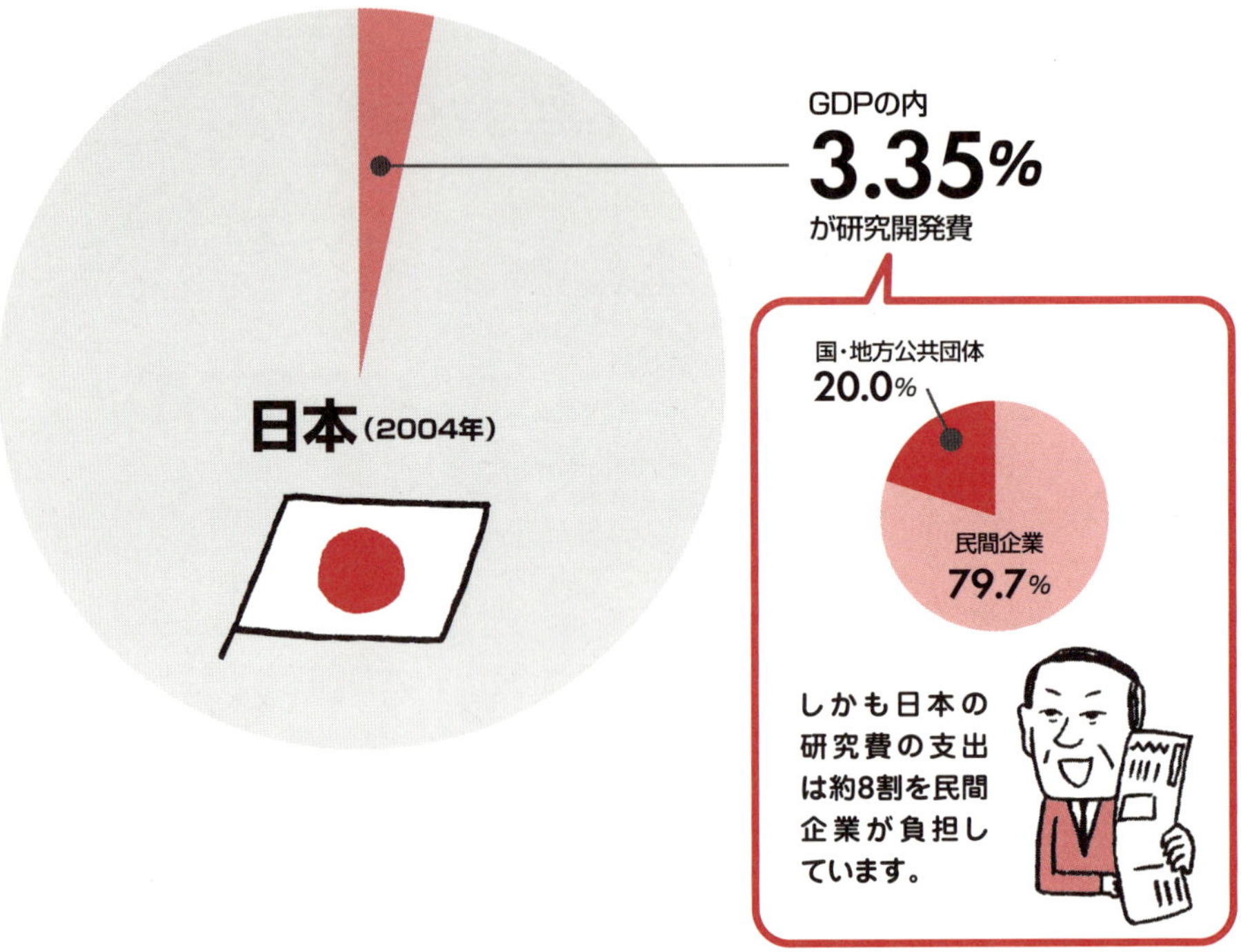

開発費が平均2%とされ、10%以上あてている企業は、研究開発型企業といわれます。『会社四季報』などでかならずチェックしてください。

日本企業の研究開発に対する熱意が世界一の技術力を育んだ

実は研究開発費に莫大な資金を投じている日本企業は、トヨタだけではありません。日本の総研究開発費は、アメリカに次いで世界2位の位置にあります。

ただしアメリカと日本とでは、決定的な違いがあります。アメリカの場合、連邦政府が科学研究開発の重点業種を指定。連邦政府が出す資金と、ほぼ同額の企業自らの負担によって研究開発が成り立っています。

そのためアメリカの研究開発投資は、重点業種である宇宙航空開発、ミサイル、コンピュータ、電子部品、薬品、バイオ

研究開発費
をよむポイント

● **『会社四季報』などでかならずチェックを！**

これからの時代、研究開発投資に力を入れない企業は、市場から脱落する。株式投資の際も、研究開発費の把握は必須事項だ。

GDPに対する研究開発費の割合

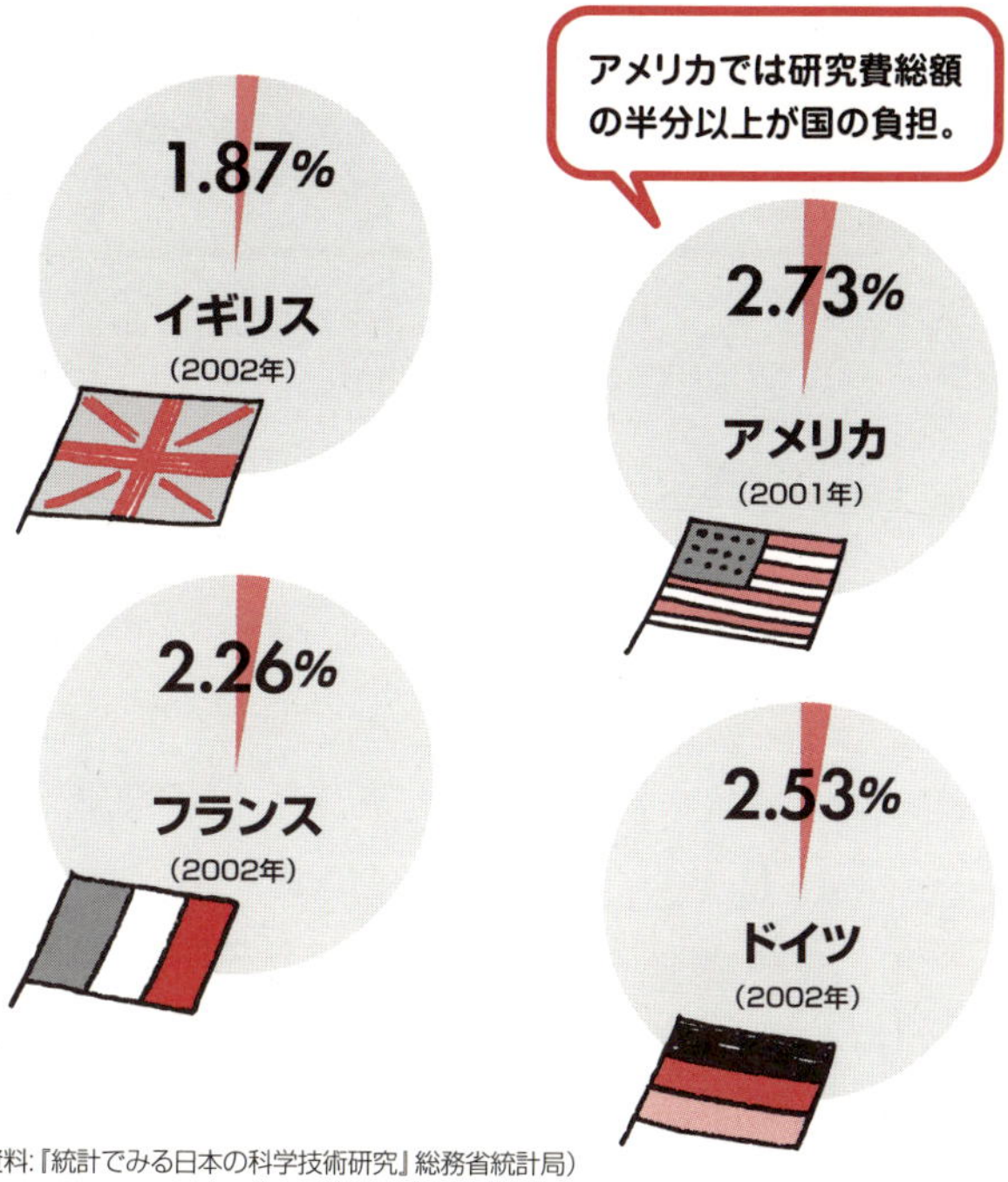

（資料：『統計でみる日本の科学技術研究』総務省統計局）

産業、ナノテク、航空機の8業種に全体の60%が集中しています。

反対に重点業種からはずれた鉄鋼、セメント、機械工業などの分野には、ほとんど研究開発費が投じられていません。そのため重点業種以外のアメリカの製造業は完全に国際競争力を失っています。

一方日本企業の場合、政府主導ではなく、企業自らの自助努力による研究開発投資があらゆる業種にわたって行われてきました。「失われた10年」といわれるもっとも苦しかった時期でさえも、研究開発投資が続けられてきました。

世界の工作機械の市場占有率は、日本が第1位を占めています。また世界の自動車メーカーや原子力産業は、日本産の素材なくしては今や事業が成り立ちません。日本がこうした国際競争力を獲得した背景には、研究開発に対する惜しみない投資があるのです。

最新の設備をつくる技術がある。だから日本は強い

目的はよりよいものをより安く

ライバルに勝つために設備投資をする

優れた品質の製品を、安いコストで生産できる設備を実現するために、企業は努力を続けています。

能力増強のため

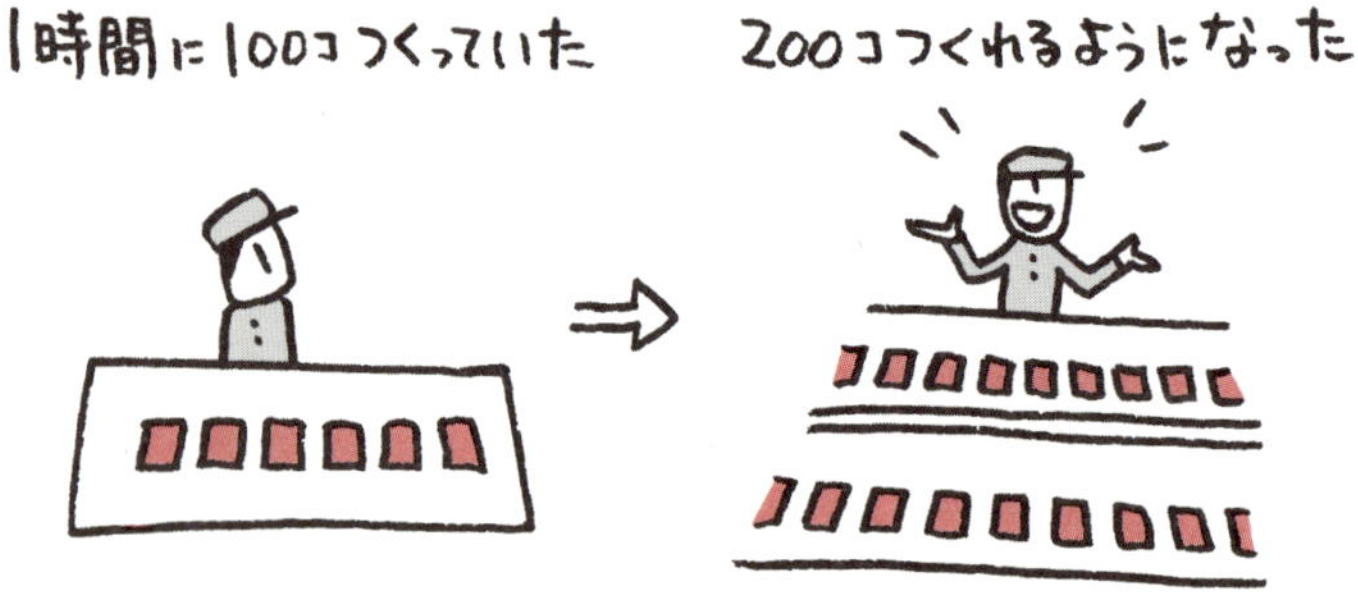
1時間に100コつくっていた
200コつくれるようになった

新鋭設備の導入が企業の将来を決める

デフレ時代を勝ち抜くには、研究開発投資に力を注ぐと同時に、製品化のメドがついたら、今度はその製品を生産できる最新の設備を持っている必要があります。企業は研究開発費だけではなく、設備投資にも莫大な資金をつぎ込むことが求められているのです。

企業を評価するうえで、この設備投資に対する姿勢も、重要な項目のひとつです。ちなみにトヨタは2006年の設備投資に、なんと1兆5500億円という巨額の費用を見込んでいます。

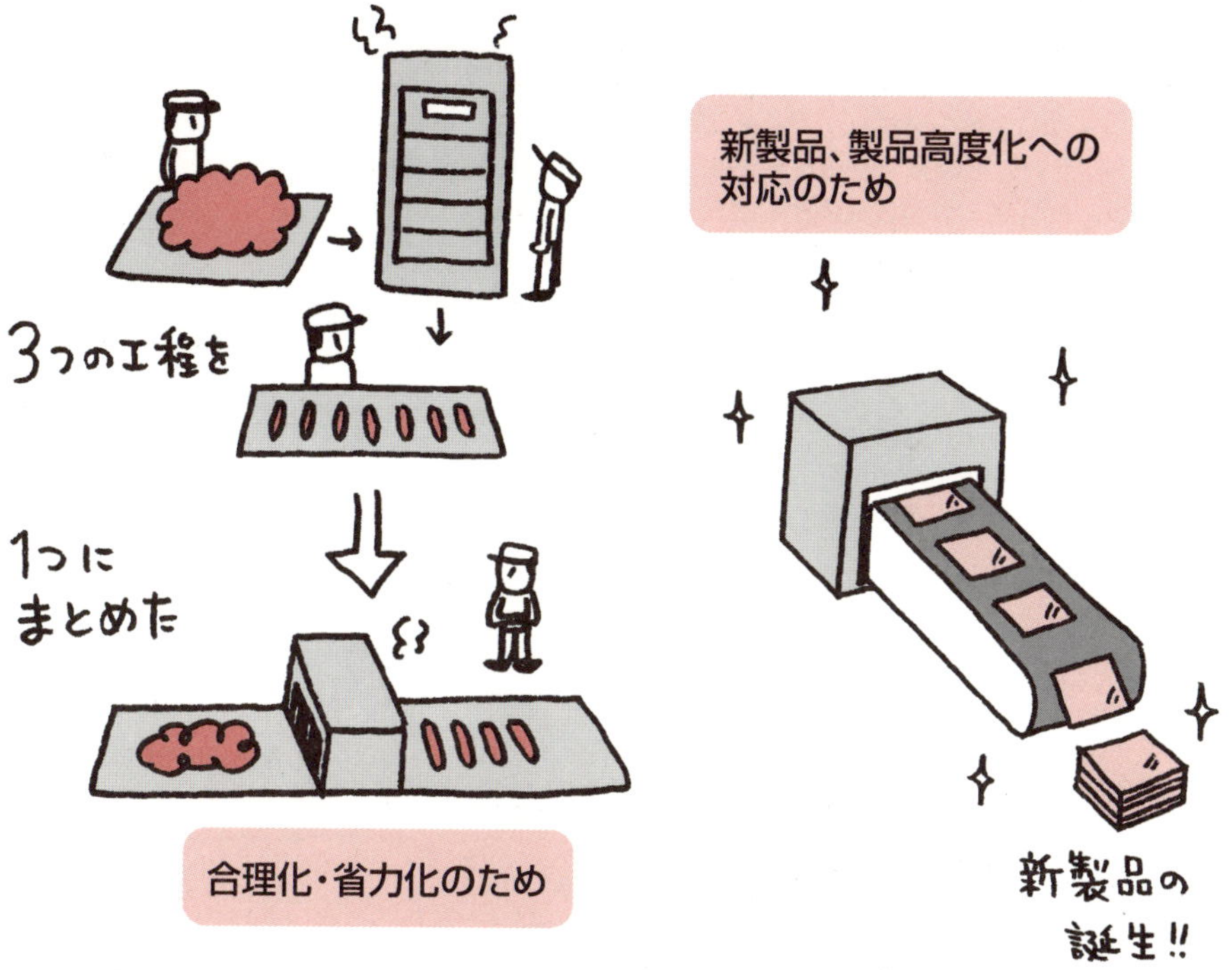
3つの工程を
1つにまとめた
合理化・省力化のため
新製品、製品高度化への対応のため
新製品の誕生!!

自動車以外の製造業、たとえば鉄鋼業を見ても、日本の鉄鋼メーカーは古い高炉をスクラップにして、どんどん最新の高炉に切り換えています。これによって可能になったのが、高級鋼板の生産。同じ鋼でも、鉄筋コンクリート用の鋼材価格は、1トンあたりわずか2万8000円しか値がつきません。ところが自動車の外板に使う高級鋼板になると、平均20万円という高値がつきます。

もし設備投資を行わなければ、日本の鉄鋼メーカーは中国企業との価格破壊競争に巻き込まれてしまいます。設備投資に力を入れることで、中国企業がつくれない鋼材を生産することを重視しているのです。

高額費用の捻出に企業努力は続く

もちろんなかには、莫大な設備投資に

景気をよむ指標としても使える

景気と連動して動く

景気がよくなり企業の業績が上がると、設備投資が積極的に行われるようになります。反対に不景気で業績が悪化すると、設備投資を控える傾向があります。つまり、企業の設備投資の動向は景気判断の指標のひとつといえます。

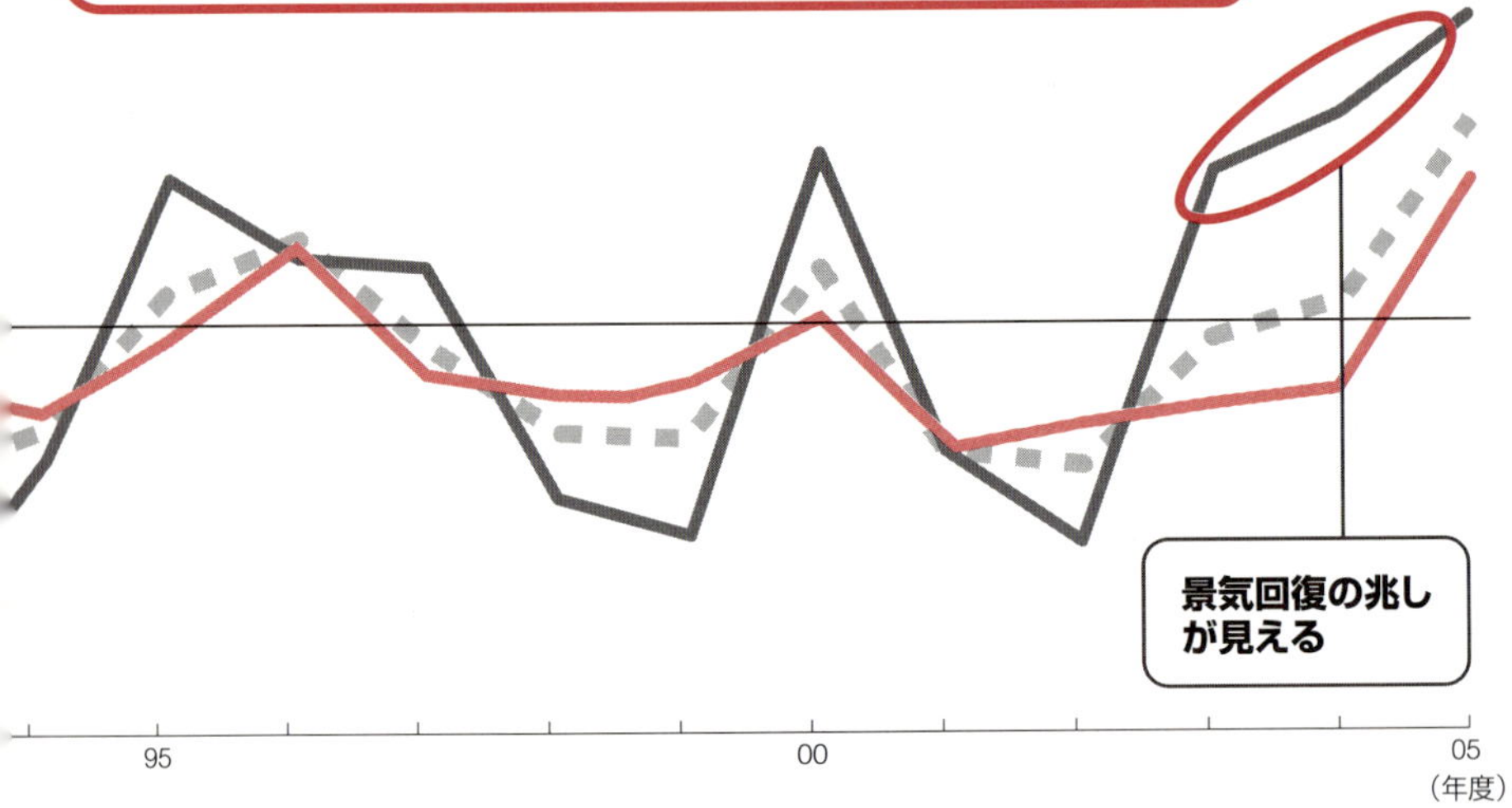

耐えられない企業も出てきます。そこで進められているのが業界再編。かつて6社あった大手鉄鋼メーカーは、現在ではＪＦＥと新日鉄に集約されました。企業規模を大きくすることで、設備投資の原資を調達する能力を身につけたのです。

ただしデフレの時代は、むやみに設備投資を行えばいいというわけではありません。62ページの「キャッシュフロー」の項目でも話したように、デフレ期には資産をモノで持っていても、価値は下落するばかりです。莫大な資金を使って購入した生産設備が、大きな負荷になるリスクもあります。

そこで最近は、設備を直接購入するのではなく、リースを使うケースが目立ちます。リースにすればモノを買う必要がなく、値下がり損を避けることができます。しかも最新設備への転換にも素早く対応できるというメリットもあります。

設備投資
をよむポイント

● **「研究開発費＋設備投資」セットで企業を評価する**

研究開発費と同様に、設備投資への姿勢が企業の将来を左右する。また世界中の企業が、設備投資を行う際に日本の技術力に頼っている。

設備投資増減率の推移

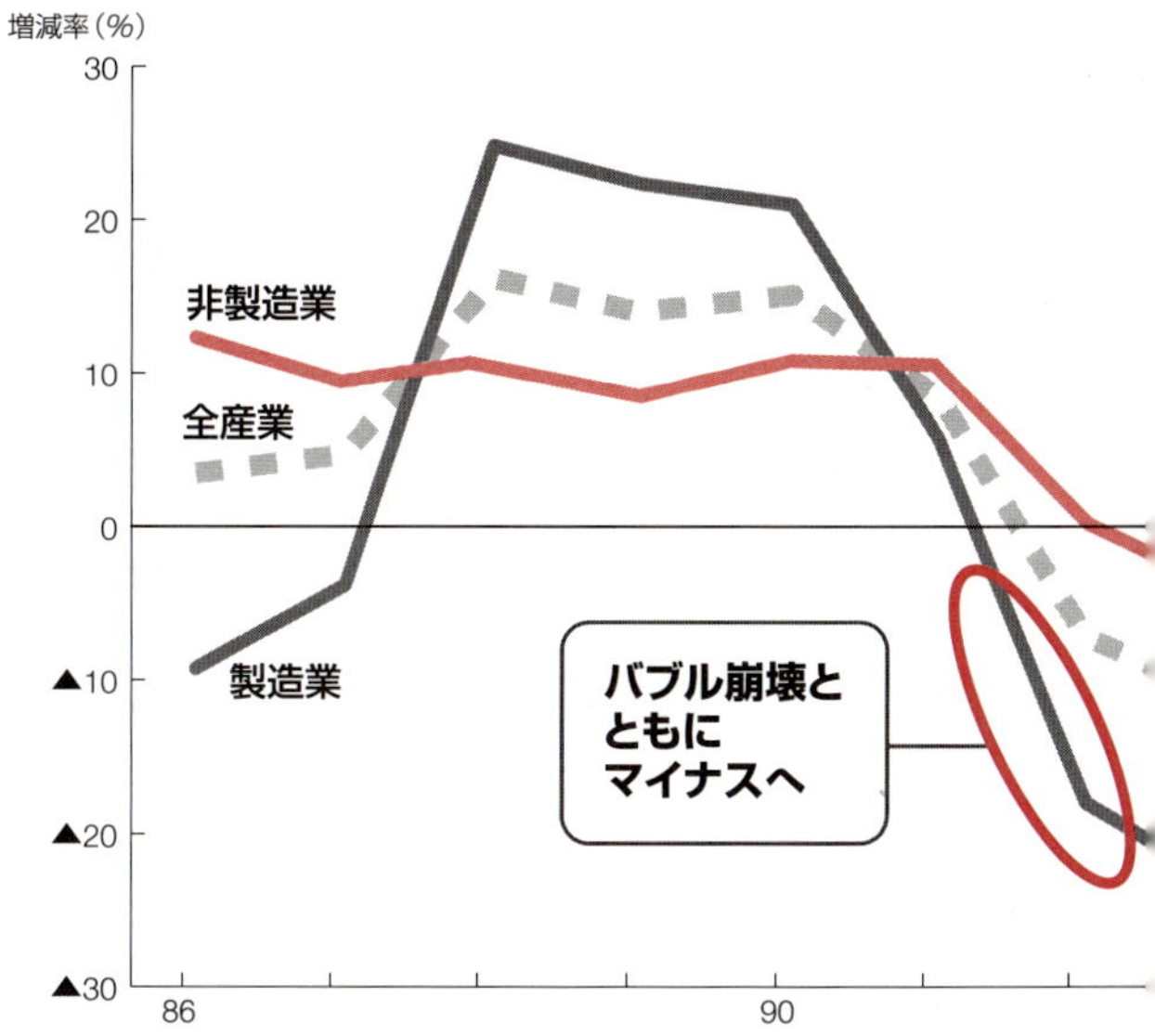

（資料:日本政策投資銀行）

世界の製造の生産設備を日本の技術が支えている

デフレに見舞われているのは、日本だけではありません。世界中の企業が生き残りをかけて、設備投資に力を注ぐようになっています。実はそのときに求められているのが、日本企業の技術力です。

日本の省エネ技術は、世界の企業から注目されています。製鉄を例にとると、1トンの粗鋼生産に要する石炭の量は、日本の場合0・6トンで済みますが、アメリカは1トン、中国は1・5トンも要します。つまりもし海外の鉄鋼メーカーが生産効率の高い設備を導入しようとすれば、日本企業の技術力に頼らざるを得ないわけです。今や世界の製造業は、日本企業のつくる生産設備がなければ成り立たなくなっています。デフレ時代こそ、日本企業が力を発揮するときなのです。

海外生産比率

海外生産は増える。比率の高い企業には一定の評価を

海外での生産割合は過去最高を更新中

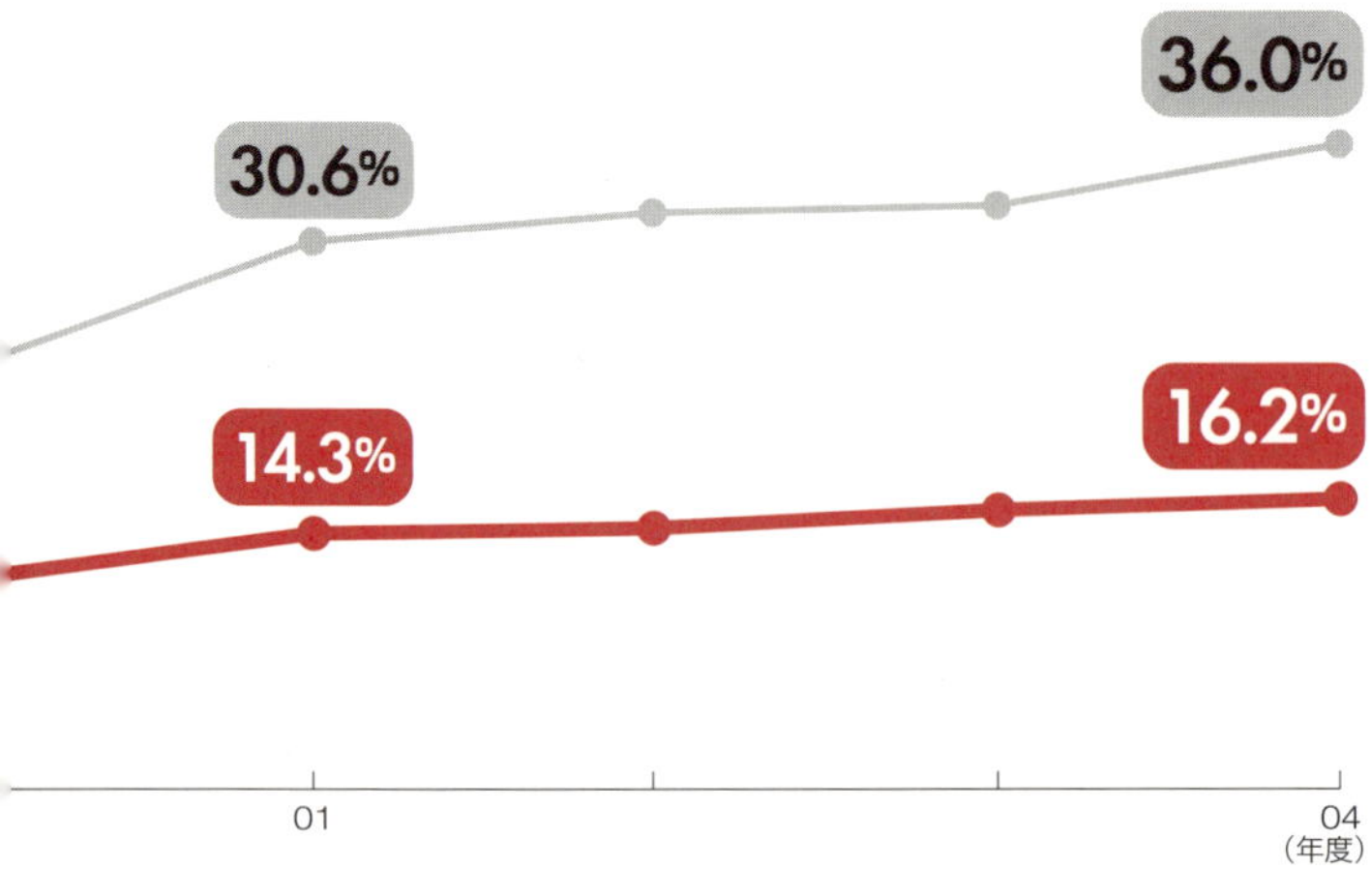

$$\frac{\text{現地法人売上高}}{\text{現地法人売上高}+\text{国内法人売上高}} \times 100$$

＝ **海外生産比率**(%)

日本人の賃金水準は世界一高いレベルに達している

日本企業の海外生産比率が高まっているのは、何といっても日本国内の人件費の高騰が一番の理由です。

日本人労働者の賃金は、世界一高い水準に達しています。私は以前、ホンダのオハイオ州の工場で働くアメリカ人労働者が研修で来日したときに、彼らに話を聞いたことがあります。彼らは口を揃えていいました。

「ホンダは世界一いい会社だ。我々が働いている工場は、オハイオ州の工場のなかでも、最高の賃金を払ってくれる」

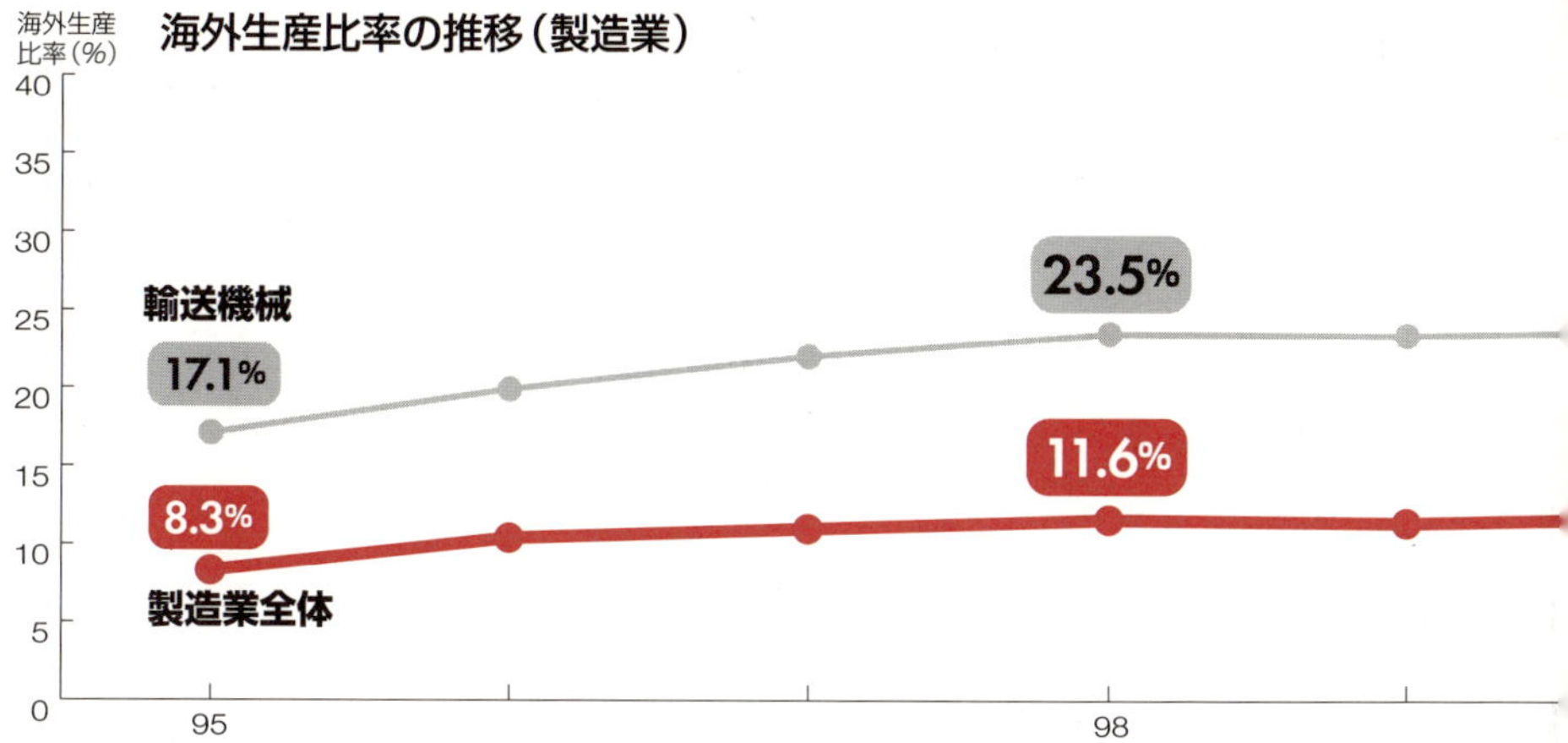

（資料:『第35回海外事業活動基本調査2004年度実績』経済産業省）

自動車など輸送機械で盛ん

日本企業の海外生産比率は毎年上昇しています。製造業のなかでも比率が高い業種としては、輸送機械、電気機械などがあります。自動車メーカーが積極的に海外に生産拠点を移している様子がうかがえます。

ところがそのオハイオ州で最高の賃金は、ホンダの国内の工場で働いている日本人労働者の賃金と比べると、年収にして100万円ほど低いのです。豊かな国の象徴であるアメリカに住んでいる人よりも、日本人の方が高給取りなのです。

そういうわけで日本の製造業は、少しでもコストを抑えるために、海外に生産拠点を求めるようになりました。

中国からベトナム、インドに生産拠点を移す企業も出てきた

人件費抑制のための海外移転というと、みなさんは中国に進出している日本企業を頭に思い浮かべるかもしれません。しかし中国でも急速に経済の拡大が進み、これまで経済成長の中心的な舞台であった沿海地区の経済特区では、労働力の不足が表面化し、賃金水準が急速に上昇しています。

日本から世界へ生産の場が広がる

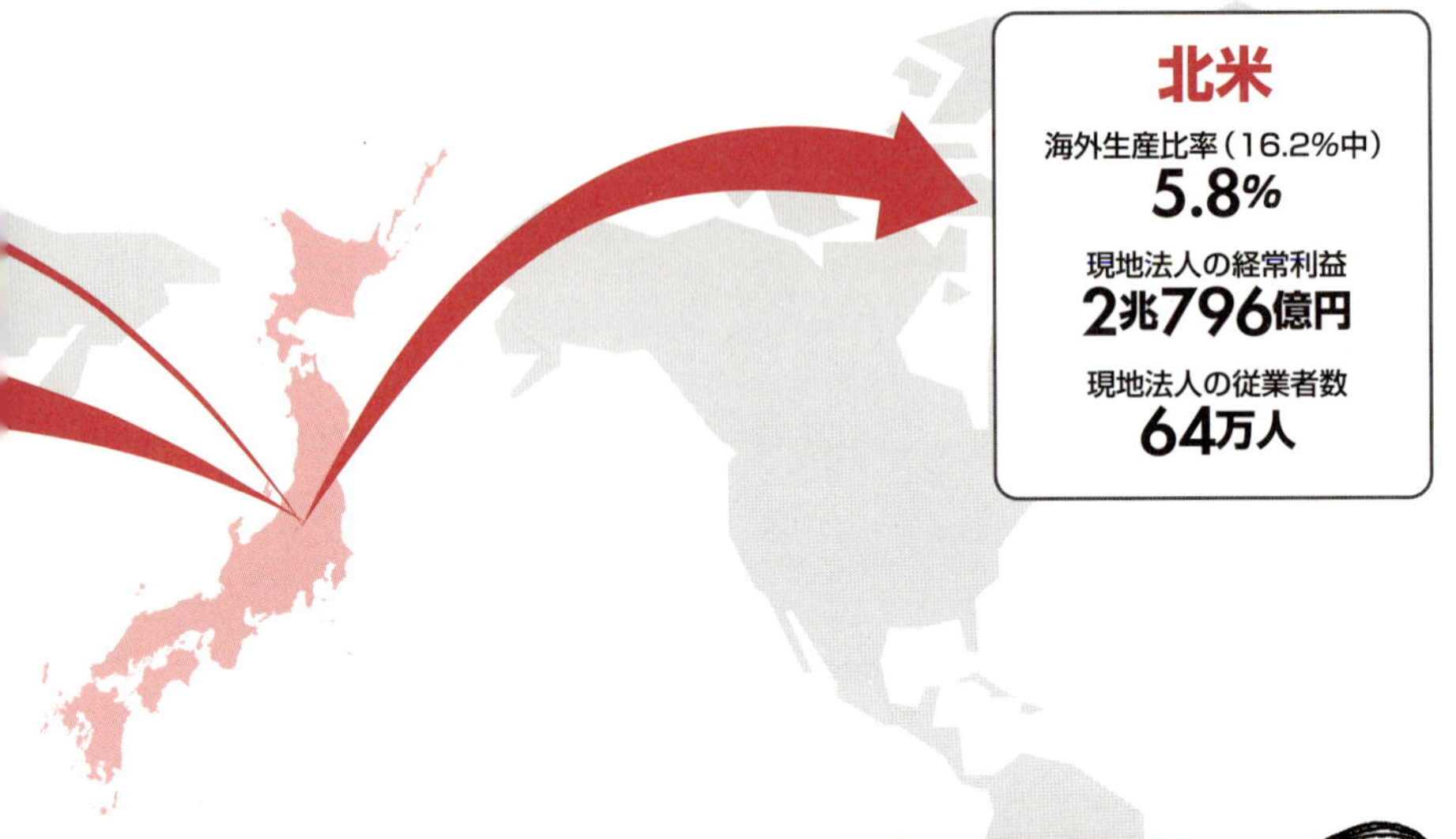

北米中心からアジア中心へ

地域別に見ると、最近は北米の伸びが止まっているのに対して、アジアに生産拠点を持つ企業が増えています。

となると、より低い賃金水準の国、たとえば中国の隣国ベトナムでは、中国の平均賃金に比べてほぼ3分の1の低賃金で大量の労働者を雇用できます。また中国と並ぶ「人口大国」であるインドでは、中国の賃金水準と比べて10分の1という超低賃金で働く労働者が存在しています。そのため日本企業では、ベトナムやインド、さらには遠くアフリカに生産拠点を設けるという案が検討され、実際に本格化しようとしています。

たとえばインドにおけるスズキの年間生産台数はすでに25万台に達していますが、近いうちに大工場を建設することによって、75万台にまで生産力を増強する計画が決定しています。

スズキは、インドの工場でつくった軽自動車を現地だけではなく、イタリアをはじめとしたヨーロッパで販売するという戦略を描いています。

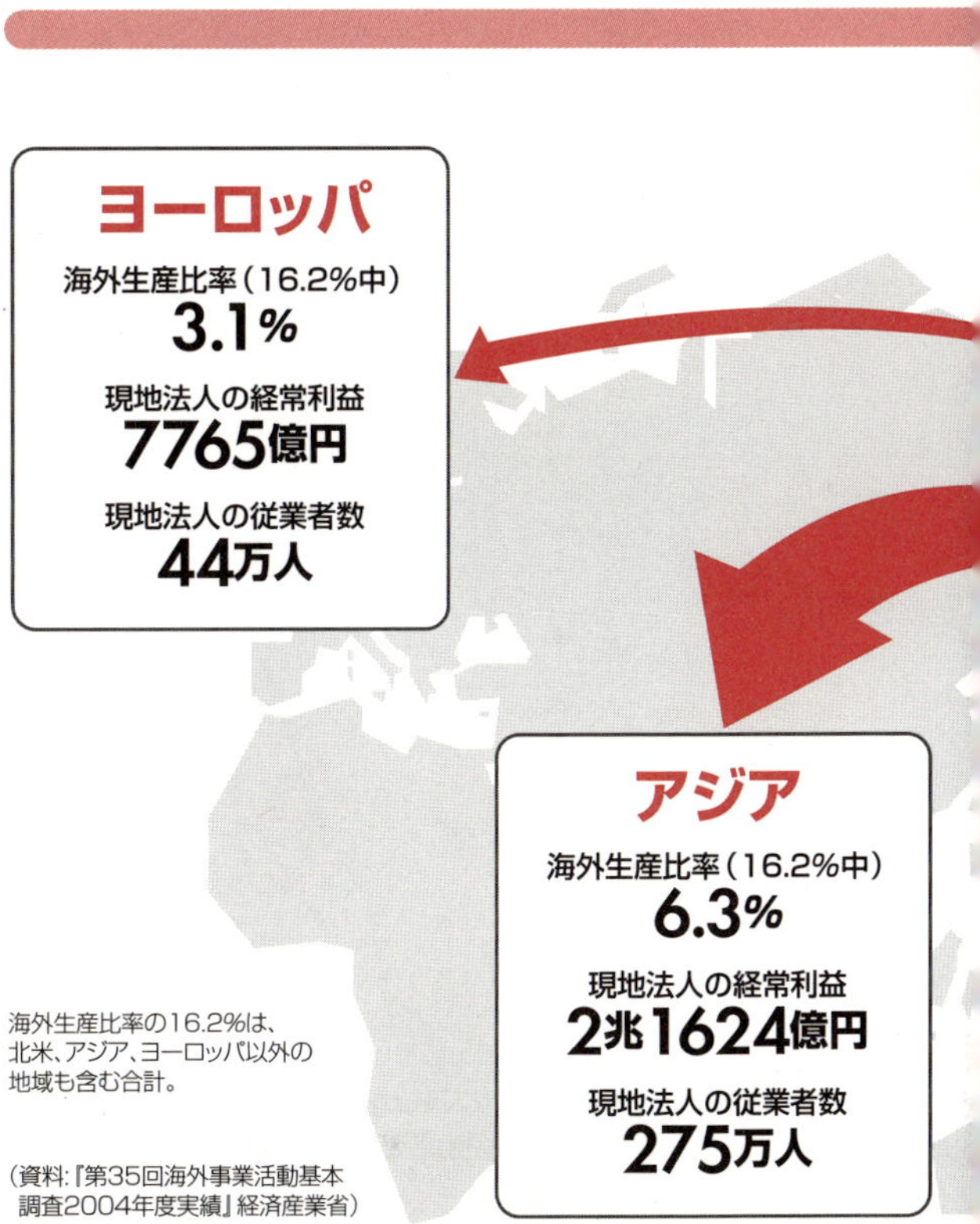

海外生産比率の16.2%は、北米、アジア、ヨーロッパ以外の地域も含む合計。

（資料：『第35回海外事業活動基本調査2004年度実績』経済産業省）

海外生産比率をよむポイント

● 海外生産比率が高い企業は、国際化が進んでいる証拠

全地球的視野で賃金水準、技術水準、販売戦略を考え、生産拠点を決定する時代が到来。海外生産比率が高い企業は一歩先をいく企業といえる。

地球視野で賃金や技術レベルを見ながら生産拠点を決める時代

つまり今の時代、企業の生産戦略は、自国のどこに工場を建設して労働力を調達するかといった視野では収まりきらなくなっているわけです。

地球全体を視野に入れて、それぞれの地域の賃金レベルや技術者のレベルを分析し、さらにはどの地域を販売市場とするかまで考えたうえで、生産拠点を決定することが求められています。

海外生産比率が高い企業は、こうした地球全体を視野に入れた生産戦略、経営戦略にすでに着手している企業と捉えてよいでしょう。もちろんこの数値だけで判断を下してしまうのは早計ですが、一定の評価をしていいと思います。今後も日本企業の海外生産比率は、確実に上昇していくことでしょう。

従業員の平均年齢

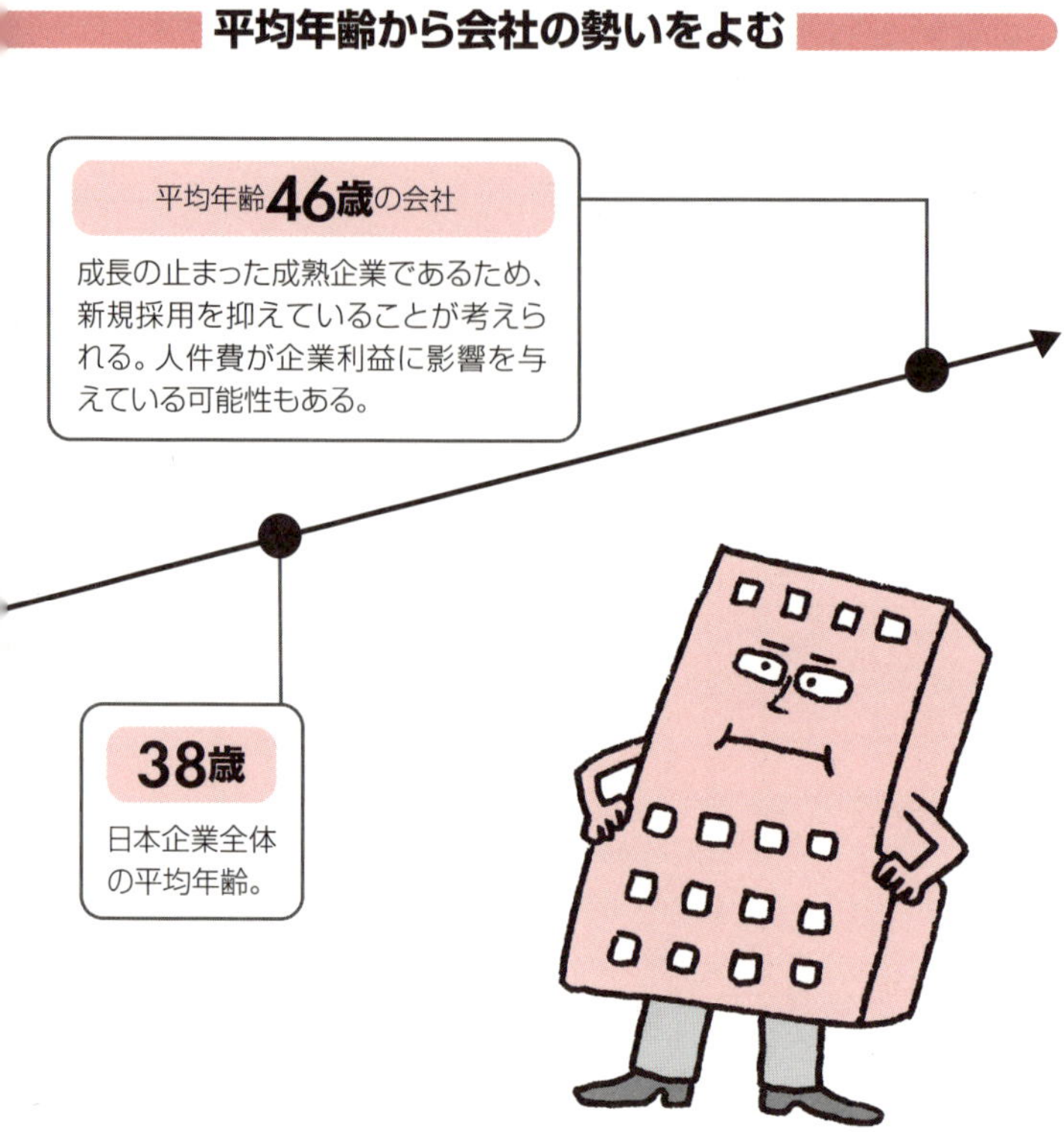
平均年齢から会社の勢いをよむ
平均年齢46歳の会社
成長の止まった成熟企業であるため、新規採用を抑えていることが考えられる。人件費が企業利益に影響を与えている可能性もある。
38歳
日本企業全体の平均年齢。

雇用状況はかならずチェックしたい。投資対象には若さが必要だ

平均年齢が38歳以下かどうかで市場への対応力を判断する

従業員の平均年齢は、私が『会社四季報』を見るときに、もっとも重視している数値のひとつです。

日本企業全体の従業員の平均年齢は、38歳ぐらいとされています。株式投資を検討している企業の平均年齢が38歳より若ければ、市場の変化に対応できる柔軟性や元気を持った企業であることが期待できます。

こんなことをいうと、読者のみなさんからは「歳をとっている人のなかにも、柔軟な発想の持ち主はたくさんいる」と

平均年齢28歳の会社

伸び盛りの企業で、新規採用を積極的に拡大していることが想定される。ただし年齢構成のバランスや若手社員の離職率に問題がないかは、チェックしておきたい。

従業員の平均年齢をよむポイント

● **年齢、性別、国籍の3つの視点でチェック！**

従業員の平均年齢は企業の柔軟性を見るバロメーターとなる。同様に投資にあたっては、女性や外国人従業員の雇用率も調べておきたい。

いう反論が返ってきそうです。

けれども個人の資質は別として、平均年齢が高いということは、人材の流動性に乏しい組織であることが想定されます。10年も20年も同じ顔ぶれで机を並べていても、新しい発想やビジネスはなかなか生まれてこないものです。

女性、外国人従業員の雇用率も参考に

また柔軟性のある企業は、これまでのような男性中心の雇用ではなく、年齢、性別、国籍に関係なく人材を採用しているものです。性別とか国籍といったつまらないこだわりは捨てて、能力のある人を引き抜かないと、企業は生き残れなくなっています。それにごった煮のようないろんな人物がいる組織の方が、環境変化が激しい現代のビジネス環境には適しているといえます。

外国人投資家こそ日本企業の実力を正しく評価している

持ち株比率で外国人の注目度を知る

外国人持ち株比率とは…

企業の発行済株式数のなかで、外国の法人、個人が持っている株式数の比率のことをいいます。外国人持ち株比率はここ数年急速に高まっており、東証1部上場企業で外国人持ち株比率が30%以上の企業は、100社以上に達しています。

『会社四季報』で数字を確認する

000千株	【株主】(単)11,111名〈04.3〉	万株
優待	三井住友海上火災	620(5.6)
(東証)	りそな銀行	533(4.8)
百万円	農林中央金庫	445(4.0)
99,999	新生銀行	341(3.0)
▲2.266	日本証券金融	331(3.0)
2.094	自社(自己株口)	283(2.5)
予 —%	〈外国〉1.3%	〈浮動株〉37.8%
予5.5%	〈投信〉1.3%	〈特定株〉37.8%
—円	【役員】(社)日本太朗 (専)佐藤安	

ココをチェック!

外国人投資家はよく日本企業を見ている

投資は基本的に、多数派の動向に左右されず、自分の判断で行うべきです。しかし外国人投資家の動きには、注意を払っておいてよいでしょう。外国人持ち株比率が高まると、「国際的に認められた銘柄」とみなされ、株価が上昇する傾向があります。

たとえば2003年春、日経平均株価が底値をうって上昇したのは、外国人投資家が牽引《けんいん》したからです。

彼らはデフレが進行するなかで、世界の企業が生産の合理化を行うために、日

外国人持ち株比率をよむポイント

● **外国人投資家が日本の市場を牽引している**

外国人投資家は、日本経済の実態や個々の銘柄についてきちんと研究をしている。彼らの動きには、いつも注目をしておきたい。

外国人投資家の注目株は？

外国人持ち株比率の上昇した会社ランキング

	銘柄名	直近期の比率（%）	1年前の比率（%）
1位	宮越商事	67.5	0.5
2位	リクルートコスモス	65.2	4.4
3位	IBダイワ	60.7	21.8
4位	OHT	32.9	0.7
5位	長谷工コーポレーション	44.5	15.8

67.0ポイントの伸びを記録

（資料:『会社四季報2006年第3集』東洋経済新報社）

本企業に新鋭設備の発注を大量に行うであろうことを見抜いていました。最新設備の注文に応じられるのは、日本企業だけだったからです。

外国人投資家の動きに注目しながら最終的には自己判断を

しかし外国人投資家でも、日本市場を見誤ることがあります。06年初頭、日本銀行の首脳部が「金融緩和の是正」を提唱したとき、外国人投資家はすぐにでも動きがあるのではないかと強い関心を寄せました。しかし日本はアメリカとは違い、官僚が財政運営の実権を握っていますから、官僚の同意抜きには施策の変更はあり得ません。こうした日本の特殊事情を外国人投資家は理解できません。

そこを理解し、投資判断に結びつけるのは、日本的システムを熟知している我々日本人の方なのです。

自分の体を使って物事を捉える

現場を見ること、公開された資料を自分で読み込むことが大切

1970年代前半、私はモスクワに滞在していたことがありました。ちょうど第1次石油ショックの前後です。

市民の生活を見て驚いたのは、ガスも電力も定額制だったことです。ガスは1ヵ月2ルーブル、電力は6ルーブルにも達しませんでした。人々は、ガスや電力を湯水のように使っていました。私はこの様子を見て、「ソ連はダメになる」と確信しました。西側諸国が必死に省エネ製品の開発を進めていたのに比べて、ソ連のような社会環境ではコスト意識は生まれようもなく、技術改善も進みません。西側と東側との差はやがて決定的なものになるはずだと思ったのです。

大切なのは、現場を自分の目で確かめて、その場で起きている事実から自分の考えを組み立てることです。これは資料を読み込むときも同じ。見ようとしないだけで、情報はたくさん公開されています。非公開の資料ではなく、公開されている資料をきちんと読み込むだけでも、独自の予測を立てることは可能です。

第3章

日本の今をよみ、5年後を予測する

雇用の状況、地価の動き、国債の増加、税制の改正……、
刻々と変化している日本を
さまざまな観点から見ることによって、
日本経済の行方を考える。

雇用の変化から地域ごとの景気がよみとれる

同じ国内でも、地域によって有効求人倍率はまったく異なる

あなたの地元の倍率は？

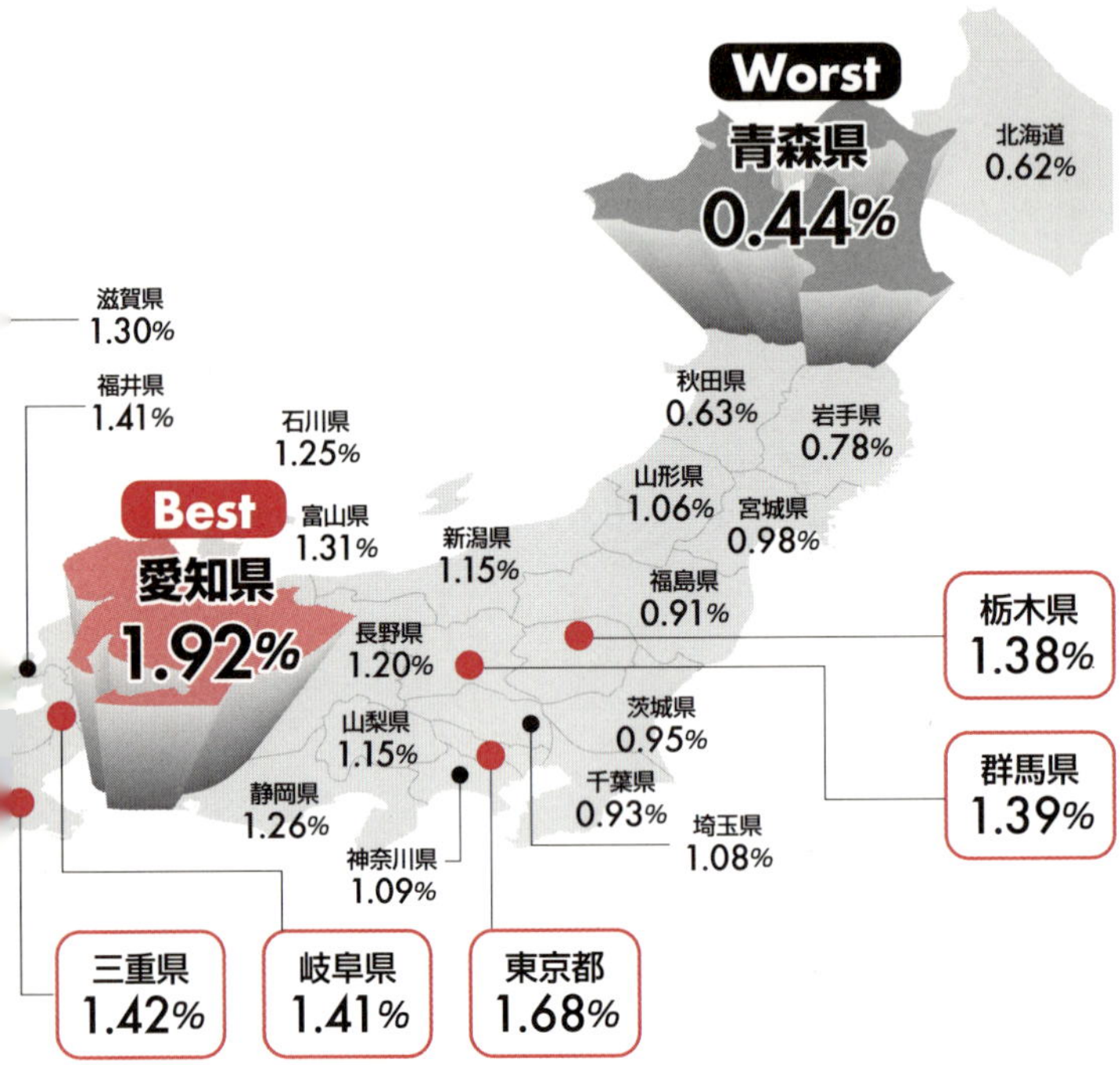

２００６年６月の有効求人倍率は１・０８倍。長らく１・０倍を割り込む状況が続いていましたが、景気の回復によって雇用状況もかなり改善してきました。

しかしこの数値は、あくまでも日本全体の有効求人倍率。都道府県別に見ると、地域によって雇用状況はまったく異なることがわかります。

上の図を見てもわかるとおり、全国でもっとも有効求人倍率が高かったのは、愛知県。隣県の三重県、岐阜県も高い数値を示しています。愛知県といえば、自

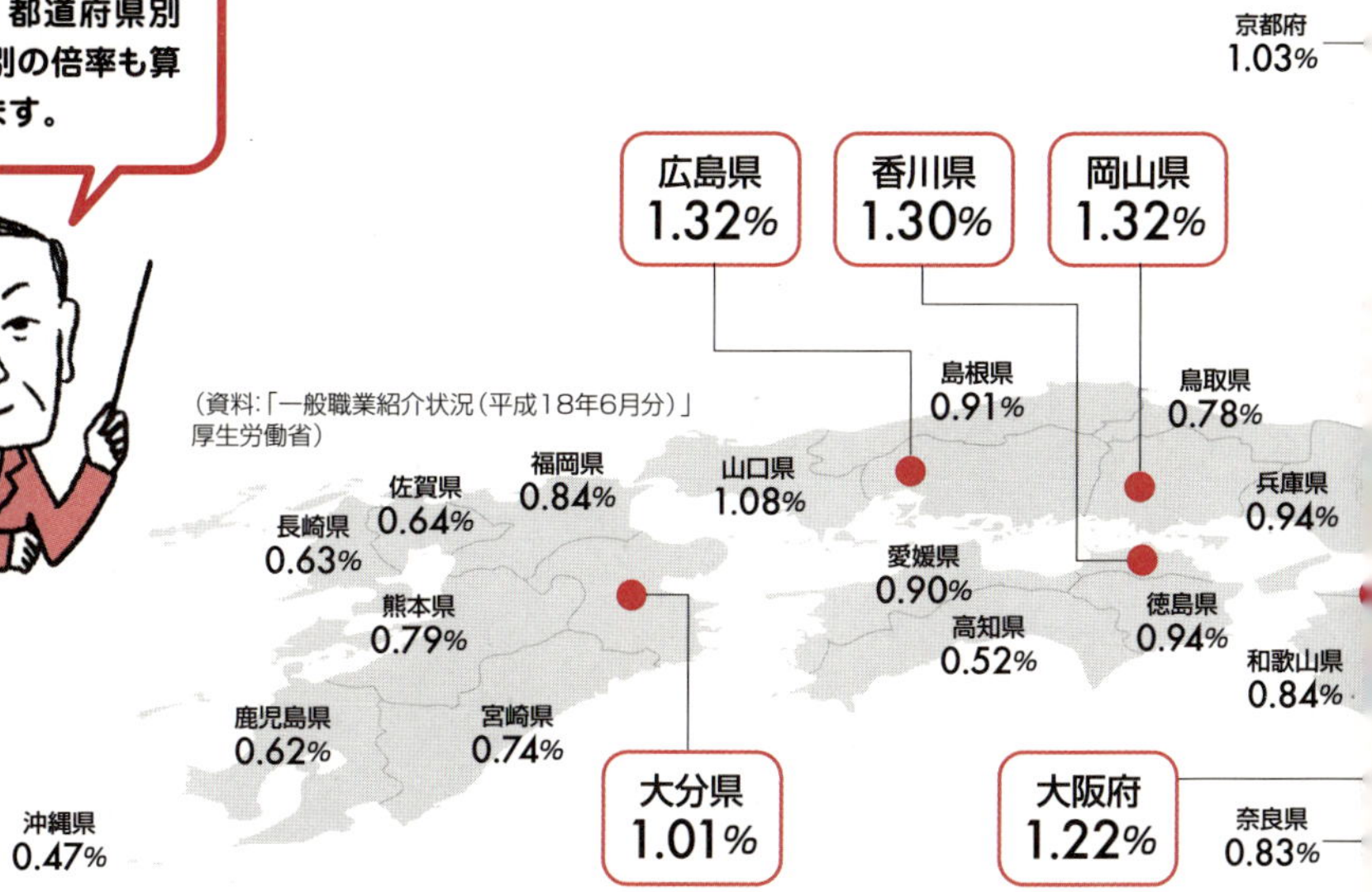

（資料:「一般職業紹介状況（平成18年6月分）」厚生労働省）

動車産業が盛んな地域ですが、この自動車産業の好調さが東海地方の雇用を後押ししているのです。逆に有効求人倍率がもっとも低かったのは、青森県。求職者の2人に1人さえ求人がない状況です。

私たちは日本の雇用状況を、「今は人手不足」とか「今は買い手市場」というように一括りにして捉えがちです。しかし地域によって大きな格差があることを、常に意識しておく必要があります。

なぜ群馬県と栃木県の有効求人倍率は高いのか

都道府県別の有効求人倍率は、地域の経済情勢を考える手がかりとなります。

たとえば関東地方でもっとも有効求人倍率が高いのは、東京都です。東京にはオフィスが集中していることを考えると、うなずける結果です。では2位はどこか。多くの人は「大きな都市がある神

求人倍率を見れば景気がわかる

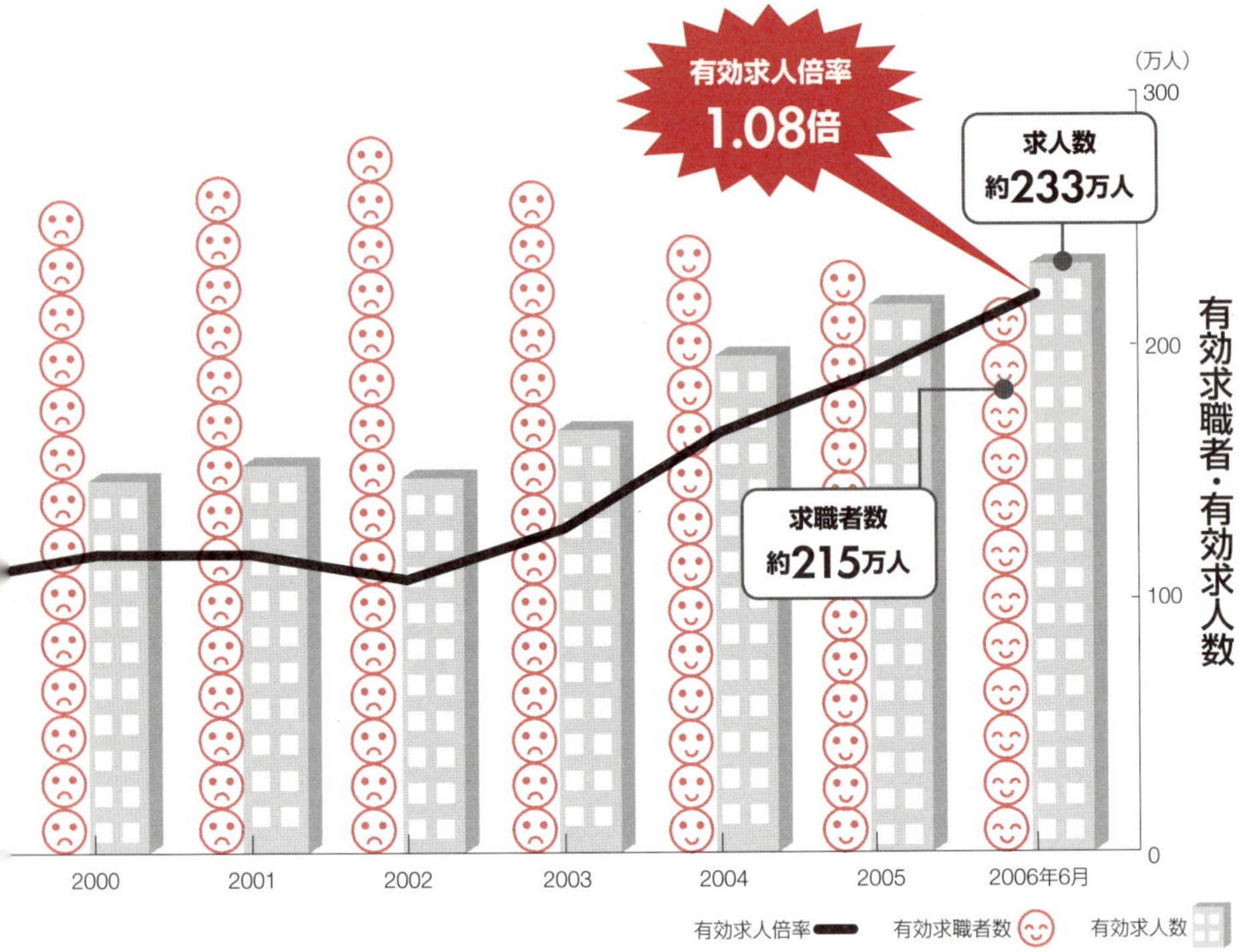

奈川県か埼玉県、あるいは千葉県かな」と思うことでしょう。ところが2位は群馬県、3位は栃木県なのです。神奈川県と埼玉県の有効求人倍率は1・0倍をわずかに超えるに過ぎず、千葉県に至っては1・0倍を切っています。

ではなぜ群馬県と栃木県は高い数値を示しているのでしょうか。その理由は、コマツや日立建機といった現在好調の機械工業分野の企業が、この地域に工場を設置しているからです。

群馬や栃木の工場で、大型ダンプや大型トラックが製造され、国際港湾としての機能を持つ茨城県の常陸那珂港からオーストラリアなどに向けて出荷されています。現在茨城県でも大型工業団地の建設が進められており、さらに北関東自動車道が全線開通すれば、北関東は輸出向け機械工業製品の一大生産拠点になることが予想されます。

有効求人倍率と有効求職者・求人数の推移

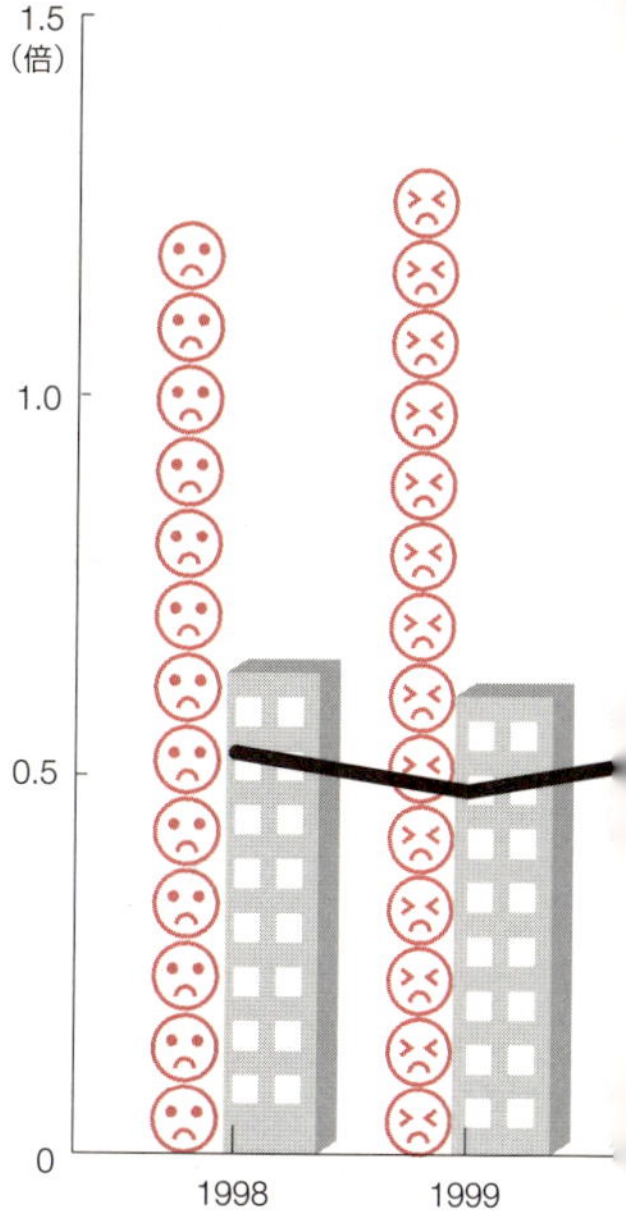

(資料:「一般職業紹介状況」厚生労働省)

●有効求人倍率

ハローワークに登録された有効求人数を有効求職者数で割ったもの（有効とは、前月から繰り越された求人・求職者数に当月の新規数を足したもの）。国内の有効求人倍率は、ここ数年順調に回復が進んでいる。

有効求人倍率をよむポイント

●有効求人倍率を通じて、地域の経済を知る

有効求人倍率は、地域の経済情勢や産業構造を的確に反映している。有効求人倍率の数値を見て、その理由を分析してみよう。

一方神奈川県や埼玉県には、求職者の多さに比して、その数をカバーする雇用を生み出す産業が見当たりません。今後も関東地方については、北高南低の状況が続くことでしょう。

このように各地域の有効求人倍率と推移を調べ、その理由を分析してみれば、それぞれの地域の経済情勢をかなり正確に把握できるはずです。

世代別の有効求人倍率にも注目しておきたい

都道府県別の有効求人倍率とともに、今後動向が気になるのが年齢別有効求人倍率です。終身雇用制の崩壊とともに、第二新卒市場の拡大や、なかには中高年を新たに雇用する企業も現れています。

こうした動きがどこまで本格化するかが、今後の年齢別有効求人倍率の推移を見ることでわかります。

実態を正確には反映していない。参考程度の数値だ

完全失業者とはこんな人だ

仕事がない
仕事さえあれば…
オレはやるゼ!
15歳以上である
仕事を探している
仕事があればすぐに働くことができる
2006年6月の完全失業者数
278万人
完全失業率は
4.2%（季節調整値）

現実には完全失業率以上に失業者はたくさんいる!?

２００６年６月の完全失業率は、４・２％。５・５％を超える月もあった02年や03年当時と比べると、かなり改善されてきました。

しかし実は完全失業率の数値は、あてにならない面があります。有効求人倍率の場合は、ハローワークに登録した求職者と求人件数の実数を集計したうえで算出したリアルな数値です。

一方、完全失業率は、総務省の調査員が全国４万世帯を訪問して面接を行い、その結果をもとに失業率を割り出したも

失業者なのにカウントされない人もいる

ニートC君

学校は卒業したけれど、社会に出て働きたくない。アルバイトもやめてしまった。今は実家で親に食わせてもらっている。

フリーターBさん

正社員の職を探して、現在求職活動中。でも調査期間中だった週に、たまたま3日間ほどアルバイトをした。

主婦Aさん

子育てが一段落したので、再就職しようと思った私。ところが条件に見合った就職口が見つからず、働くのをあきらめてしまった。

彼らを失業者に含めると失業率は10%を超えるともいわれる

の。つまり実数ではなく、推計です。

しかも調査対象となるのは前月の最終週に働いていたかどうかなのですが、この週に少しでも働いていれば失業者とみなされません。企業をリストラされたため、職を探しながらアルバイトで食いつないでいる人は、失業者にあてはまらないのです。

働く意思のないニートは失業者に入る？　入らない？

また職が見つからないので働くことをあきらめてしまった人や、そもそも働く気がない人も失業者とはみなされません。今社会的に問題になっているのは、働く意欲がないニートの増加です。しかしニートの存在は、完全失業率にはカウントされないのです。

こうして見ていくと完全失業率は、雇用の実態を正確に反映したものとはいえ

若年層の高失業率こそ問題だ

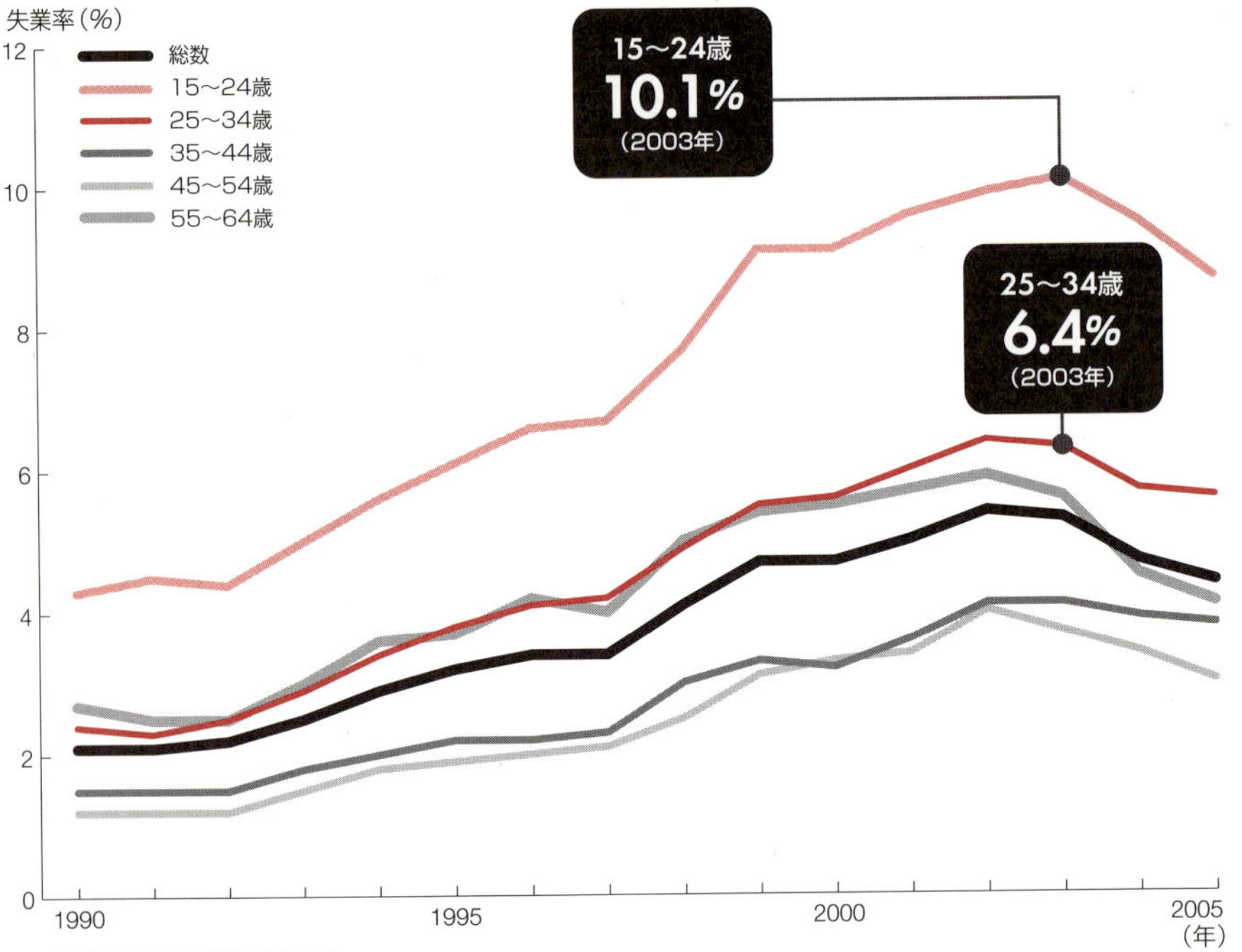

(資料:「労働力調査」総務省統計局)

ません。実際には完全失業率よりもずっと多い失業者が、日本には存在していると考えられます。

完全失業率は、参考程度の数値と捉えた方がいいでしょう。

景気がよくなっても完全失業率は下がらない

一般に完全失業率は、不況のときには上がり、好況のときには下がるものです。事実ここ数年の日本の完全失業率も、景気の回復にともなって改善してきました。しかしその改善のスピードは緩やかなものです。

これは企業が、組織のスリム化の手を緩めないからです。デフレ時代の今、収益を確保するうえで、余剰人員の存在は致命傷になります。

また従来のような現場の会議から始まって、係長、課長、部長、役員の決裁を

完全失業率
をよむポイント

● **ニートの増加によって、ますます実態と乖離《かいり》したものに**

完全失業率は、もともと雇用の実態を反映した数値ではないが、ニート増加によってますますその傾向は顕著に。参考程度に捉えておこう。

テーマごとに失業率を比較する

年齢別完全失業率

↓

若い世代の高失業率に注目

「15～24歳」「25～34歳」の若年層と、「55～64歳」の中高年齢層が高く、グラフにするとUの字型になるのが特徴。ミドル層よりも若者の就職難の方が問題。

男女別完全失業率

↓

女性の失業率の変動をチェック

女性の場合、パートタイマーが多いのが特徴だが、パートタイマーは雇用の調整弁として使われる傾向がある。そのため女性の失業率は男性よりも景気に左右されやすい。

仰がないと物事が進まないような組織では、スピード化に対応できません。好不況に関係なく、企業としては組織の人員を最小限にとどめておきたいのです。

そのため今後いくら好景気が続いたとしても、高度成長期のように完全失業率が1％台になるような状況は、望めそうもありません。

Column

公務員が失業する日も近い

終身雇用制度に支えられたシステムが崩壊して、労働市場は流動化が進んでいます。契約、派遣、パートといった多様な雇用形態が生まれ、能力があれば国籍、性別、人種を問わない採用はますます増えるでしょう。

この流れは、今までリストラがないと思われてきた公務員も例外ではありません。民間企業と同じように成果主義を求められ、失業者となる可能性だってあるのです。

日本の労働生産性は先進国のなかでもっとも低い

日本の生産性は30ヵ国中19位だ

2003年OECD（経済協力開発機構）
加盟30ヵ国の労働生産性

この労働生産性は、各国のGDP（米ドル換算）を就業者数で除して計算されたもの。

（資料:『世界の統計2006』総務省統計局）

かつて銀行は労働生産性が低い代表的な業種だった

日本の労働生産性は、上の図のとおり国際的に見ても高くはありません。先進7ヵ国のなかでは最下位です。製造業の労働生産性は4位と健闘していますが、ほかの業種が足を引っ張っています。

こうしたなかでも、とくに労働生産性の低い代表的業種が銀行でした。過去の銀行は、ある意味で行員の無駄遣いをうんと行ってきました。

新卒行員を大量に採用して、まずお得意さん回りからやらせる。窓口業務にも高給取りの行員を配置する。これでは労

労働生産性をよむポイント

● **労働生産性の低さは日本のウィークポイント**

この10年間、日本企業はリストラを積み重ねることで、労働生産性の改善を行ってきた。しかし国際的には、日本の労働生産性はまだ低い。

徐々に効率化、合理化が進む

日本の労働生産性の推移

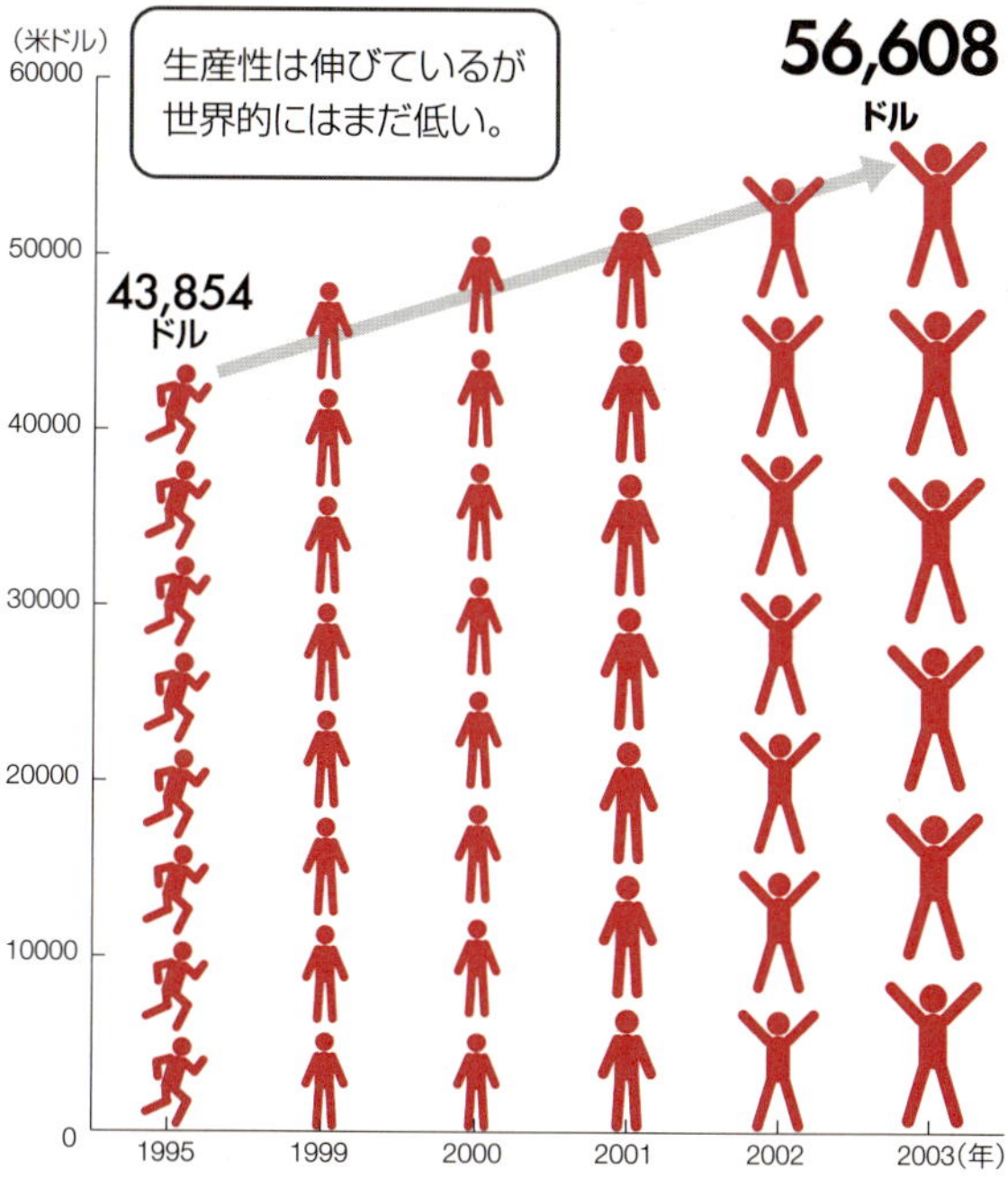

(資料:『世界の統計2006』総務省統計局)

働生産性が落ちるのは当然です。

人間の労働を節約して効率化、合理化を進める

アメリカの銀行は、日本とは対照的です。窓口業務のようなルーティンワークを担当する者と、顧客への融資等の高度な判断を必要とする業務に就いている者との間に、はっきりとした報酬の格差を設けています。アメリカの労働生産性は、世界でもトップクラスです。

しかし日本の銀行もこの10年間でかなり変わってきました。窓口に配する人間を減らすとともに派遣社員に切り換え、ＡＴＭの大量導入も行われました。また支店の統廃合も進みました。これにより労働生産性はかなり改善されました。

私は銀行を例にして話をしましたが、こうした労働生産性向上の取り組みは、さまざまな業界で進められています。

地価が上がるのは一部の地域だけ、二極化はますます進む

住宅地、商業地ともに二極化へ

住宅地 (2006年)

東京都だけが0.8%上昇したが、ほぼすべての都道府県で地価はマイナスを記録。ただし、下落幅は前年よりも改善している。また、各都道府県の市区等の詳細を見ると、地価が上昇している地区は増えている。

全国の変動率は
前年比
▲2.7%

唯一の地価上昇

東京都0.8%

港区18.0%、渋谷区9.2%、品川区4.4%などの高い伸び率を中心に東京全体で0.8%の上昇。

アメリカでは土地は安いが建物は高く売れる

日本人は土地に対する思いが強い国民です。毎年、国土交通省が地価公示価格を発表すると、新聞はこぞってこの話題を取り上げ、人々も注目します。

これがアメリカになると、誰も地価になんて興味を示しません。以前、竹中平蔵さんから聞いた話なのですが、竹中さんはかつてハーバード大学で教鞭を執り、ボストンに住んでいました。冬になると竹中さんの家庭では、暖炉にくべる薪を調達していました。どこから調達するかというと、近所の国有林。ボストン

地価公示価格の変動率

商業地（2006年）

東京、愛知、大阪、京都はそれぞれ上昇したが、そのほかの都道府県の地価はマイナス成長のまま。ただし、住宅地同様に下落幅は改善している。
東京都は港区11.2％、渋谷区11.1％、中央区7.6％などを中心に上昇。愛知県の牽引役は5.0％を記録した名古屋市だ。

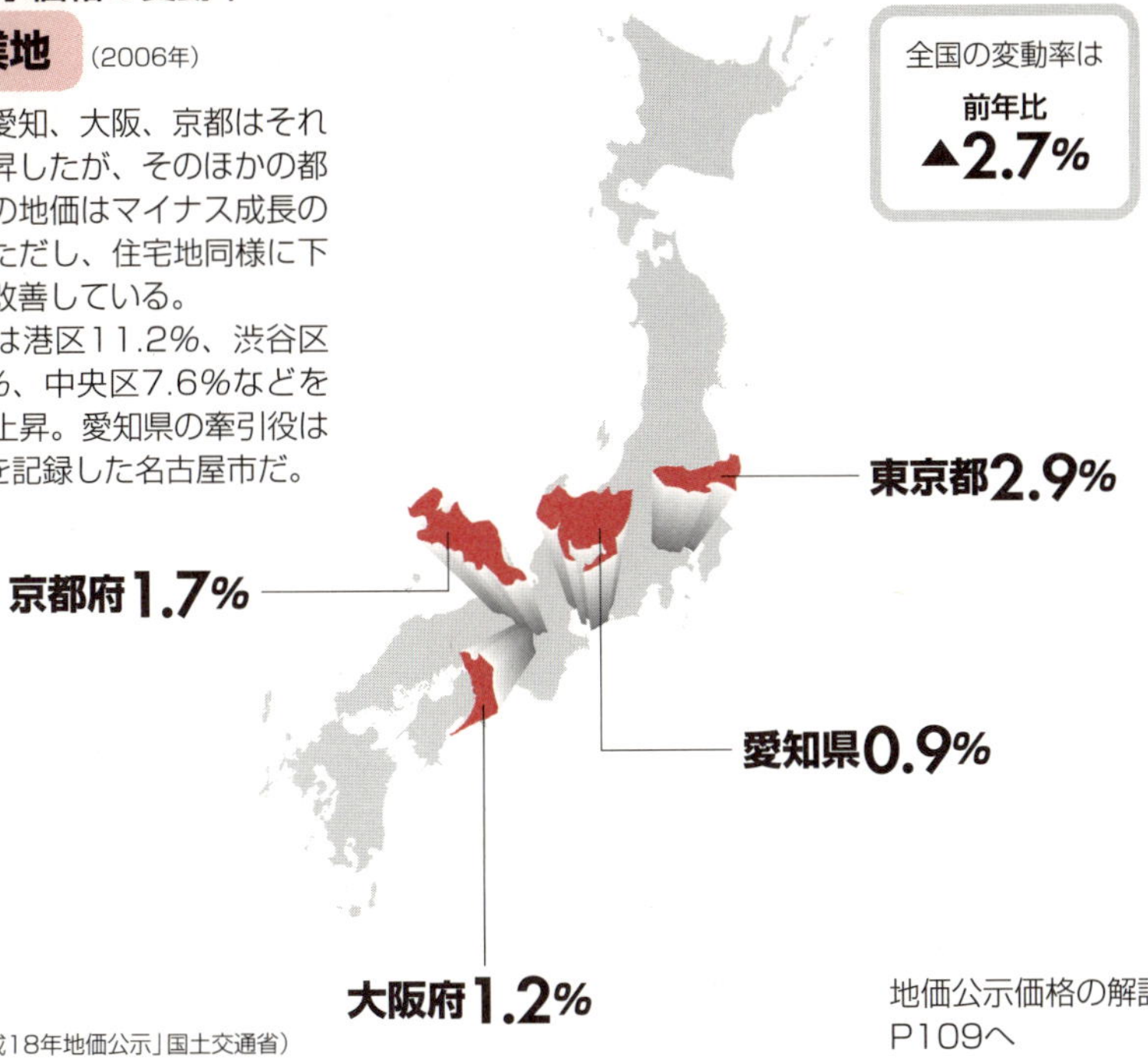

地価公示価格の解説は
P109へ

（資料：「平成18年地価公示」国土交通省）

は人口約60万人の都市ですが、ハーバード大学のすぐそばに国有林が広がっているというのです。

　調べてみると、アメリカの全国土の約65％を国有地が占めています。しかもロッキー山脈やアリゾナの砂漠のようなところだけではなく、ニューヨークやシカゴのすぐ近隣に国有地が点在しているのです。アメリカの住宅供給会社は住宅地を造成するときに、この国有地を非常に安い値段で買い受けます。だからアメリカの地価はただ同然。

　むしろアメリカ人が大切にするのは、土地よりも建物の方です。中古住宅市場が確立しているアメリカでは、メンテナンスをしっかりと行っていれば、中古住宅でも新築並みの価格で売れます。数年経てば建物の価値がゼロになってしまう日本とは正反対です。広大な国土を持つアメリカと、狭い日本との環境の違いと

都内5区の勝ち組に注目する

東京のセンターは上昇する

東京のなかでも、港区、中央区、千代田区、渋谷区、新宿区の地価は注目したいところです。この5区は商業地であるほかに、オフィスの需要が多い地域です（左のグラフを参照してください）。
ビジネスの中心地になっていくことで、これからも地価の上昇は続きます。
都内のほかの地域との二極化は広がるでしょう。

センターは
山手線内で中央線より
南側にある5つの区

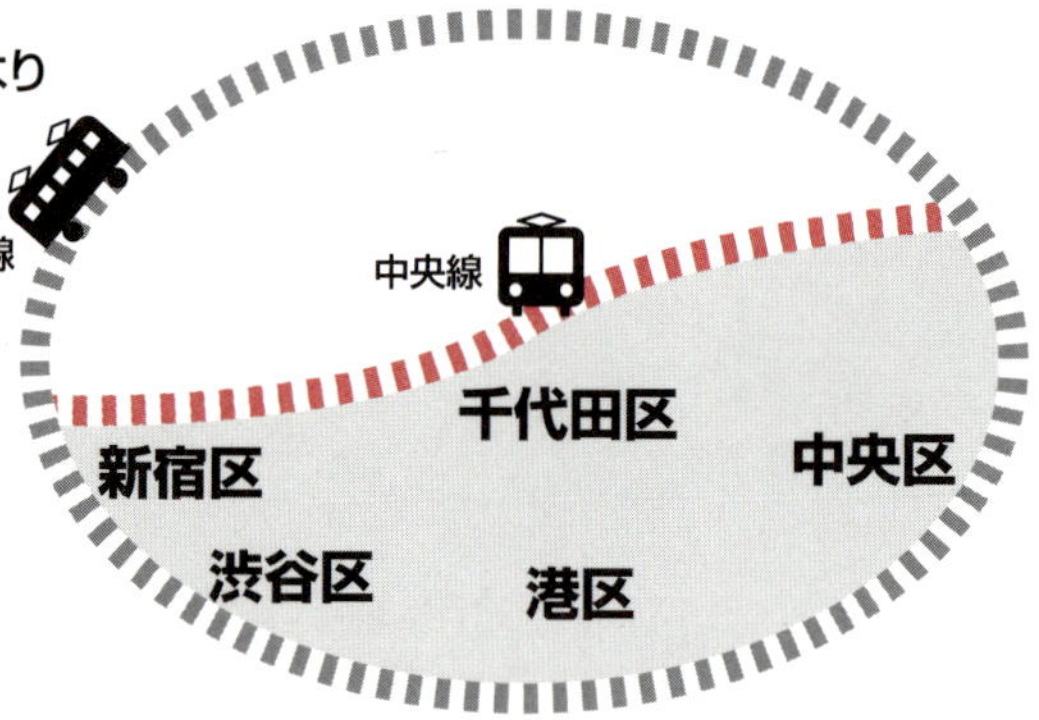

ビジネスではなく住宅地で考えれば臨海副都心なども地価の急上昇が見られる。

いえるのかもしれません。

一部の地域を除いて地価はこれからも上がらない

日本はアメリカに比べて地価が大幅に高く、しかも戦後その地価がずっと上がり続けていました。庶民にとって自分の土地を手に入れることは、大きな憧れとなりました。

そこで生まれたのが〝土地神話〟という言葉です。土地持ちになるのは大変なこと。けれどもたとえ少し背伸びをしてでも土地を購入しておけば、地価は上がり続ける一方なので、自分の資産が増えるという神話です。いわば土地は、勝ち組へのパスポートだったわけです。

しかし現在、この土地神話は完全に崩壊しました。バブル崩壊以降、地価の下落は続いており、住宅地については１９８０年前後、商業地に至っては１９７０

地価公示価格①をよむポイント

●**地価上昇地域と下落地域の格差が鮮明になる**

一部の地域では地価上昇が見られるが、その他の地域では、今後も地価は上がらない。土地を資産運用の対象とする時代はすでに終わった。

センター5区オフィスビル募集賃料の変動率

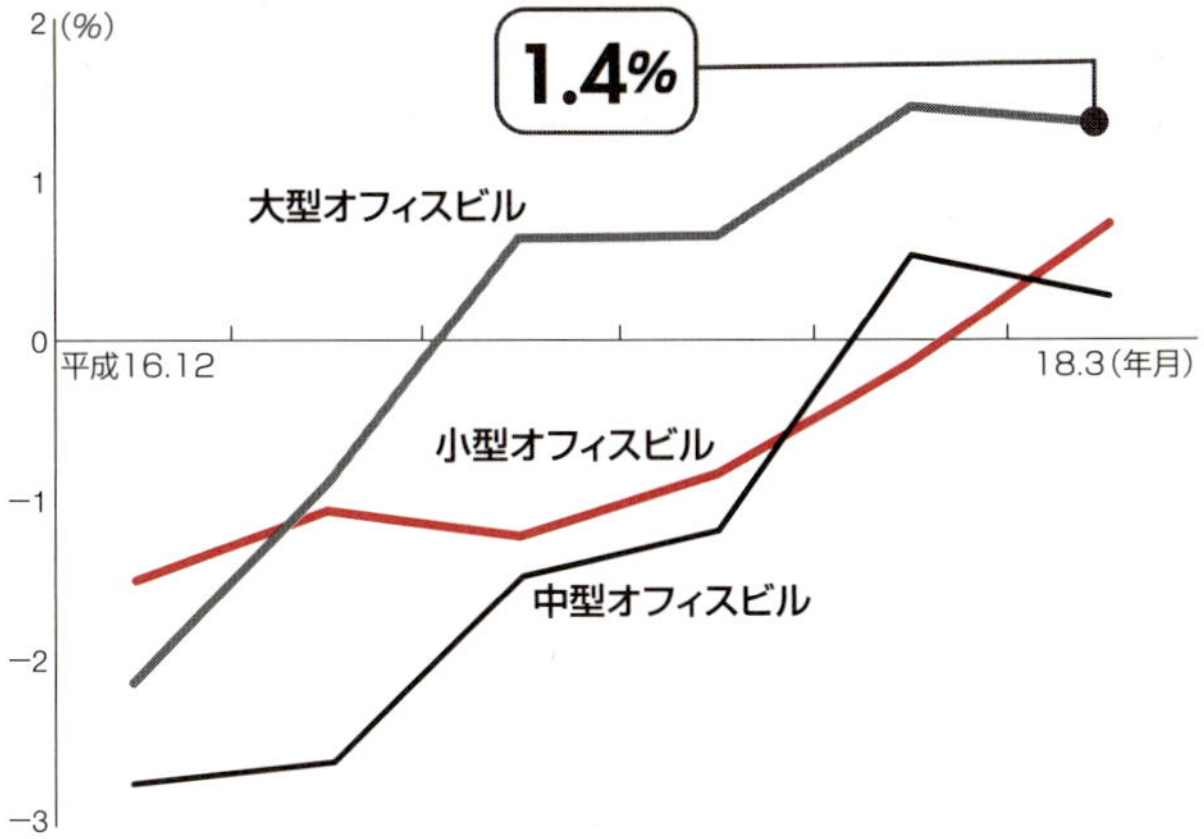

(資料:「平成18年地価公示」国土交通省)

●5区のオフィスビルは高需要

景気の回復とともに、オフィスビルの空室率は減り需要が拡大している。とくに港区、中央区、千代田区、渋谷区、新宿区の需要拡大は上の賃料の上昇を見てもわかる。なかでも大型のオフィスビルの人気が高まっている。

年代前半の地価水準となっています。

デフレ基調がこれからも続くなか、今後地価の上昇が見込まれるのは、一部の地域だけです。東京でいえば山手線の内側でも中央線より南側の部分。つまり港区、中央区、千代田区、渋谷区、新宿区の5区だけです。これらの地域にはＩＴに対応した高度化した機能を持ったオフィスが集中しているため、入居を希望する企業が殺到しています。それが地価を押し上げているのです。

また住宅地においても、地価が上昇しているのは住環境に優れている伝統的な高級住宅街のみです。

逆にいえばこうした一部の地域を除けば地価は上がりません。デフレ時代には土地というモノを所有しても、モノの値打ちはどんどん下がっていきます。インフレ時代と違って、無理をして土地を買うメリットはどこにもないのです。

どれだけの利益が出せるか、収益価格が注目されるようになった

土地の値段は4種類ある

1 地価公示価格	土地を評価するときの中心的な価格。
2 路線価	相続税等を計算するために使う価格。
3 基準値価格	地価公示価格の評価を補うもので、各都道府県が発表する。
4 固定資産税評価額	固定資産税等を計算するために使う価格。

この4つのほかに、実際に売買するときの価格がありますね。

地価公示価格と実際の売買価格は異なる

時々誤解している人がいるのですが、地価公示価格と実際に売買される不動産の価格は、同じではありません。地価公示価格より高い場合もあれば、低い場合もあります。

地価公示価格は、全国約3万2000ヵ所の標準地（公示ポイント）を選定して、その公示ポイントの地価を表示したものです。たとえ公示ポイントの隣の土地だったとしても、土地の広さや形状、利用条件が公示ポイントとは違いますから、実際に売買される不動産価格も地価

❶ 地価公示価格

発表している機関……国土交通省

評価時点……1月1日

発表日……毎年3月

全国約3万2000ヵ所の1月1日時点の土地価格を、不動産鑑定士と不動産鑑定士補の2人以上に評価させて算出したもの。1平方メートルあたりの単価で発表される。

この地価公示価格の値段が、国や自治体が土地を買い上げるときの基準となる。また民間で土地の売買を行うときの参考の数値にもなる。

収益価格が公示価格を決める一因

収益価格は算出された公示価格を調整する参考値のひとつ。その土地からいくらの収益があげられるかを示している。

商業地…売上の見込みを示す
住宅地…家賃収入などの見込みを示す
工業地…売上や製品量などの見込みを示す

公示価格とは異なるわけです。

　また公示ポイントになった土地を売買するとしても、売買価格は地価公示価格とは異なるのが一般的です。

　たとえば商業地で、お店を建ててもお客さんが入りそうにない土地を地価公示価格と同額で売り出したとしても、誰も買う人はいません。当然地価公示価格よりも低い価格を設定しないと、取引が成立しないことになります。

　ちなみに公的に公表される地価には、地価公示価格のほかに路線価があります。この路線価を発表しているのは国税庁。なぜ国税庁なのかというと、相続税や贈与税を算出するときに、路線価を算出の基準としているからです。

　路線価はだいたい地価公示価格の8割程度に設定されています。したがって路線価も、不動産売買の実勢を正確に反映した数値とはいえません。

3つの価格が地価公示価格を支える

② 路線価

発表している機関 ……国税庁

評価時点 ……1月1日

発表日 ……毎年8月

全国の主要な道路に面している土地について1平方メートルあたりの単価で発表される。
国税庁が算出、発表しているのは、相続税や贈与税などを計算するときの基準となるため。路線化をもとに相続税の額が決められる。

高額路線価ランキング

県庁所在地の最高路線価（2006年）

1位	東京	中央区銀座5丁目銀座中央通り	1872万円
2位	大阪	北区角田町御堂筋	496万円
3位	名古屋	中村区名駅1丁目名駅通り	460万円

地価評価は3つの手法を使って行われている

そもそも地価公示価格を公表することの目的は、人々が土地取引や資産評価を行ううえで、目安となる価格を設けることにあります。したがって、いくら地価公示価格と実際の売買価格が異なるのが当たり前といっても、あまりに価格が離れすぎてしまっていては、地価公示価格を公表する意味がありません。

地価公示価格は、取引事例比較法、収益還元法、原価法の3つの手法を使ってそれぞれ出てきた価格を調整することによって決めます。

取引事例比較法とは、その土地の周囲で行われた売買の事例から価格を出すというもの。また収益還元法は、その土地を利用することによっていくらの収益があげられるかを算出することから価格を

③ 基準値価格

発表している機関……都道府県

評価時点……7月1日

発表日……毎年9月

地価公示価格が全国の特定の地域を調査、算出するのに対し、基準値価格はそれ以外の土地も調べて発表している。地価公示価格を補完しているといえる。

④ 固定資産税評価額

発表している機関……市町村

評価時点……1月1日

発表日……3月（3年に一度）

固定資産税は市町村に納めるもの。その税額を決めるための固定資産税評価額は市町村が算出。各市町村の税務課にある固定資産税台帳に登録されている。

地価公示価格② をよむポイント

- **地価の評価方法が変化していることにも注目したい**

土地の価値を正確に地価公示価格に反映するために、収益還元法が重視されるようになった。欧米で一般的な方法で、歓迎すべきものだ。

評価するというもの。そして原価法とは、その土地がどれだけの希少性があるかから価格を評価します。

　このうち最近重視されるようになったのが、収益還元法です。たとえば同じ銀座でも、場所が少しでも違うと収益性は大きく異なるものです。

　こうした傾向は、住宅地や工業地はまだしも、商業地になるとかなり顕著です。商業地の場合、近隣の土地の取引の事例からその土地の価格を評価する取引事例比較法を用いると、実勢と大きく乖離《かいり》してしまうわけです。

　商売を考えている人にとって、「どの土地に店を開けば、収益性があげられるか」を把握することは大変重要なことです。収益還元法の重視によって、その土地の価値が正確に価格に反映されるようになるのだとしたら、これは歓迎するべきことです。

買い手は8割が企業。強い製造業が日本の貿易黒字を支えている

消費者向けより、企業向けの輸出品が多い

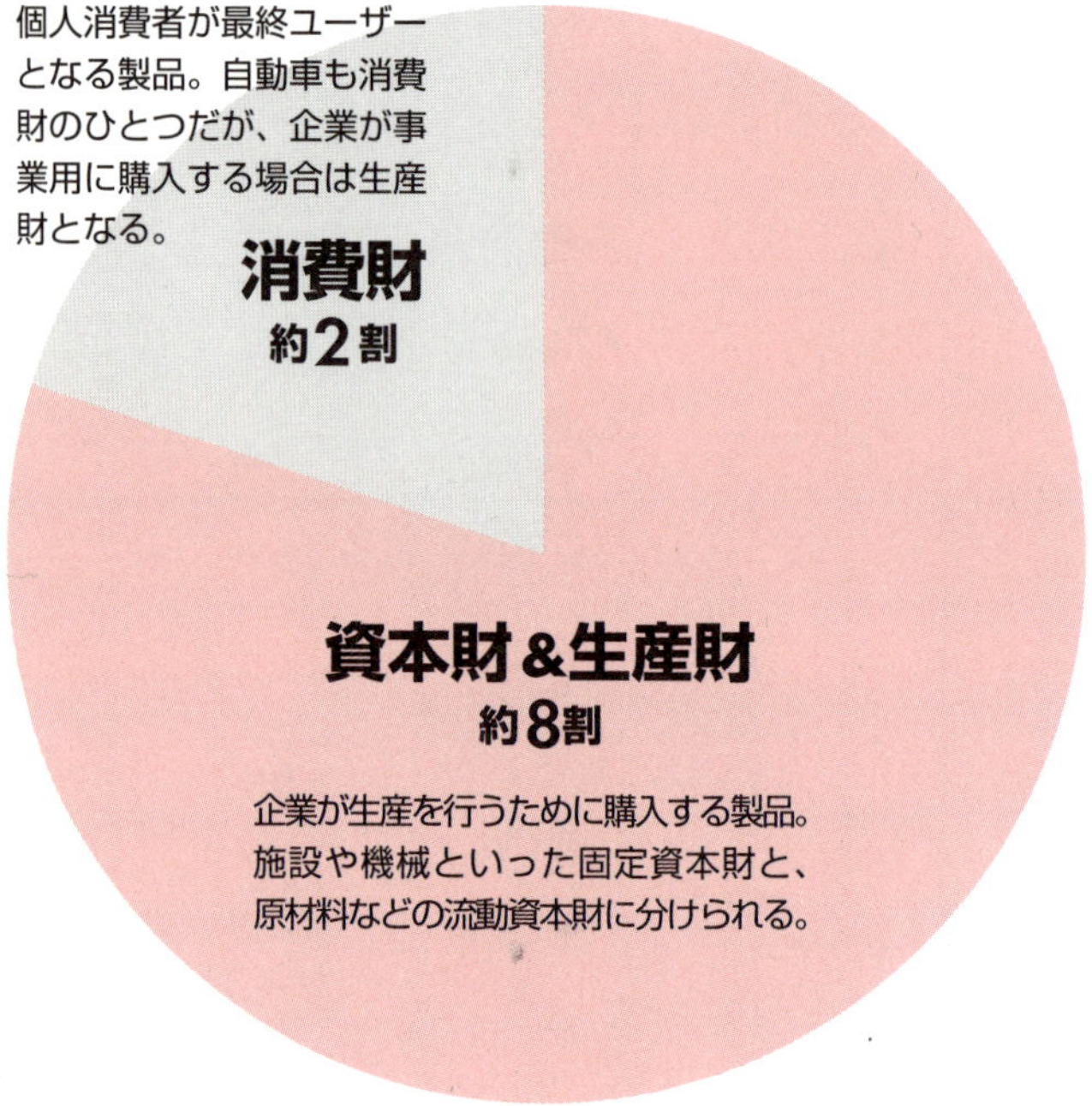
個人消費者が最終ユーザーとなる製品。自動車も消費財のひとつだが、企業が事業用に購入する場合は生産財となる。
消費財
約2割
資本財＆生産財
約8割
企業が生産を行うために購入する製品。施設や機械といった固定資本財と、原材料などの流動資本財に分けられる。

日本の輸出産業の主力は消費財ではなく資本財

日本を代表する国際的企業というと、読者のみなさんの多くはトヨタやホンダ、あるいは最近はちょっと元気がありませんが、ソニーを頭に思い浮かべることと思います。

もちろんトヨタやソニーが国際的企業であることは間違いありません。でも「日本の輸出品目の割合」を示した上の表を見てください。たとえばトヨタが扱っているのは乗用車、ソニーは家電で、いずれも消費財として購入されることが多い製品です。しかし日本の輸出品目構

輸出額は安定して伸びている

輸出額の推移

（資料：「貿易統計」財務省）

成では、実際には消費財は全体の約2割しかなく、約8割を資本財と生産財が占めています。

トヨタやソニー以外の企業も、かなり頑張っているわけです。実はここに、日本の製造業の強さが隠されています。

「資本財の購入者＝企業」は高くても質のよいものを買う

消費財の場合、製品の売れ行きが価格変動の影響を受けやすいという特徴があります。どんなにいい製品でも、価格が高すぎると消費者は手を出しにくくなってしまいます。そのため円高は、消費財を扱っているメーカーにとっては大きな痛手です。

しかし資本財や生産財は、価格変動の影響をそれほど受けません。企業にとっては、頻繁に故障する安物の工作機械を購入するよりは、少々高くても頑丈で生

日本は非価格競争力が強い

非価格競争力①
品質・性能
ライバルがつくれない高品質と、最新の機能を装備した商品を生み出している。エネルギー効率のよい製品であることも強さの一因。

非価格競争力②
信頼性
日本の製品は、不良品が少なく故障も少ない。"安かろう悪かろう"より、たとえ高額でも信頼性のある製品が強い。

円高になっても怖くない
非価格競争力が強ければ、中国などを相手にした国際的な価格競争に巻き込まれる心配はありません。非価格競争力の強さがあるから、円高で日本製品の輸出価格が上がっても、買い手は買わざるを得ないのです。

産性の高い最新鋭の機械を導入した方が、生産計画が立つからです。

日本の製造業が生み出す資本財は、品質・性能、信頼性、確実な納期の３つの点で他国の製造業をしのいでいます。そのため、たとえ円高によってドルでお金を払うときに金額が高くなっても、外国の企業は日本のメーカーから製品を購入せざるを得ないわけです。

事実１９８５年当時42兆円だった輸出総額は、その後円高が大幅に進んでいるにもかかわらず、２００５年には65兆円に伸びています。これが日本の製造業の強さです。

中国からの安売り商品攻勢に日本の製造業は影響を受けない

今度は輸入に目を転じてみましょう。輸入において近年顕著なのが、中国などからの安価な消費財の流入です。

非価格競争力③
納期

日本の製品は納期が確実。生産計画を立てるうえで納期をきっちり守る日本企業は信頼されている。

アメリカの国内向け製造業のなかには、中国からの安売り商品攻勢の大打撃を受けている業種が少なくありません。たとえばウエストバージニア州やアラバマ州は衣料産業が盛んな地域なのですが、中国から安い衣服が大量に輸入されるようになったことで、産業が立ちゆかなくなっています。

一方日本は、アメリカほどの打撃は受けていません。というのは日本の製造業の場合、安売りで勝負するというビジネスモデルからはすでに脱却しているからです。

中国から安売り商品が大量に流入しても、日本の製造業は中国の技術力では実現できない高級品の製造をフィールドとしていますから、中国製品と競合しません。

ここにも日本の製造業の強さが表れています。

輸出入動向
をよむポイント

● **素材、工作機械などの資本財メーカーが日本を支える**

日本の主力は資本財。輸出入動向によって、日本企業の輸出の特徴をつかんでおけば、日本の輸出産業がなぜ円高に強いかが見えてくる。

経常収支の大幅黒字は国の魅力の表れだ

国際収支は国の家計簿だ

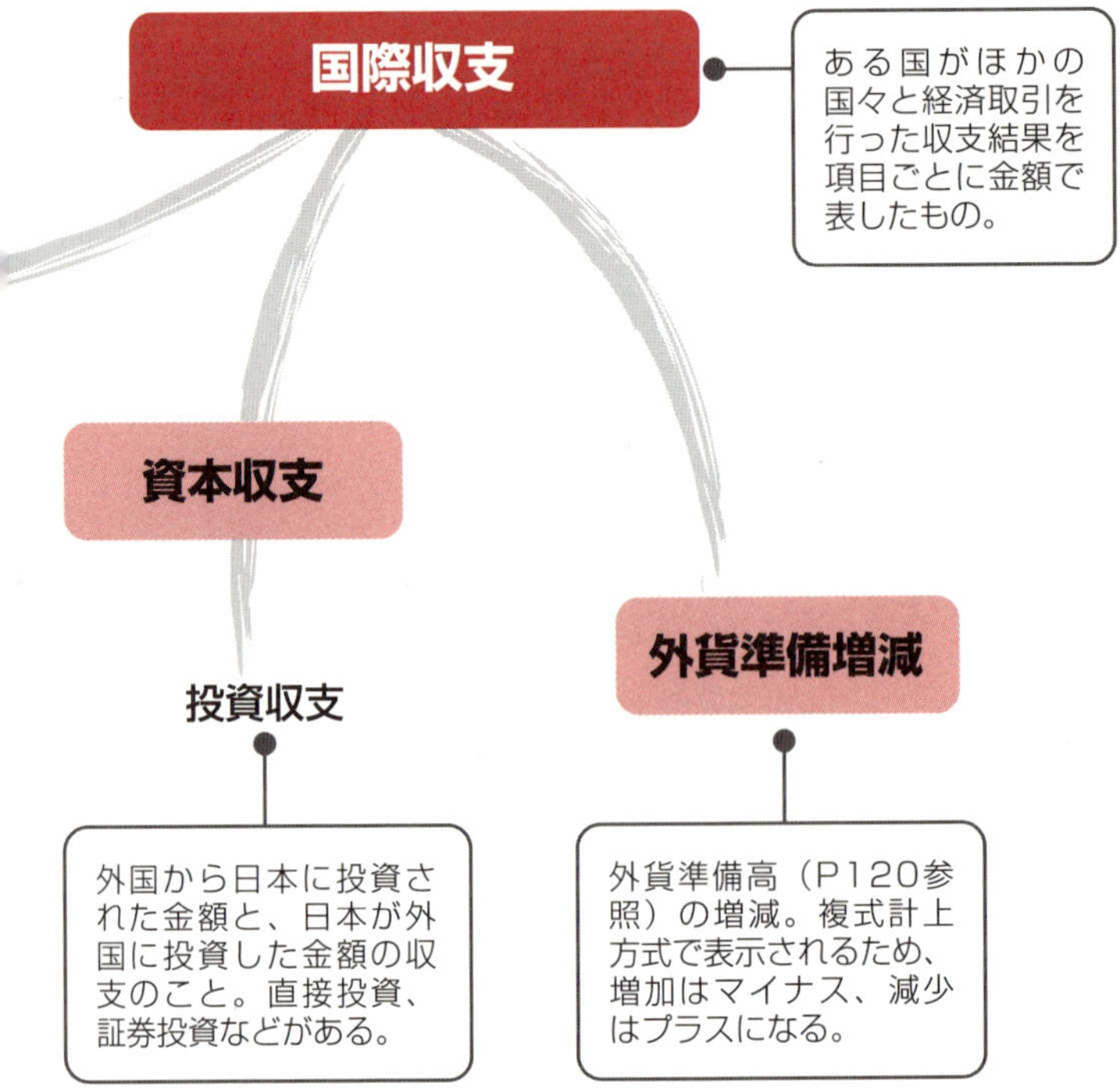
国際収支
ある国がほかの国々と経済取引を行った収支結果を項目ごとに金額で表したもの。
資本収支
投資収支
外国から日本に投資された金額と、日本が外国に投資した金額の収支のこと。直接投資、証券投資などがある。
外貨準備増減
外貨準備高（P120参照）の増減。複式計上方式で表示されるため、増加はマイナス、減少はプラスになる。

日本はずっと貿易黒字が続いている

国際収支とは上の説明のとおり国の家計簿のようなものです。収支統計の項目をひとつひとつ見ていくと、日本の収支構造の特徴がつかめます。

１１８ページのとおり、２００５年の貿易収支は、約10兆３０００億円の黒字です。１９６５年から日本の貿易は黒字が続いています。「日本はやはりモノづくりを強みとする国だ」ということがわかるでしょう。

反対にサービス収支は赤字が続いています。そのなかでも赤字額が大きいのが

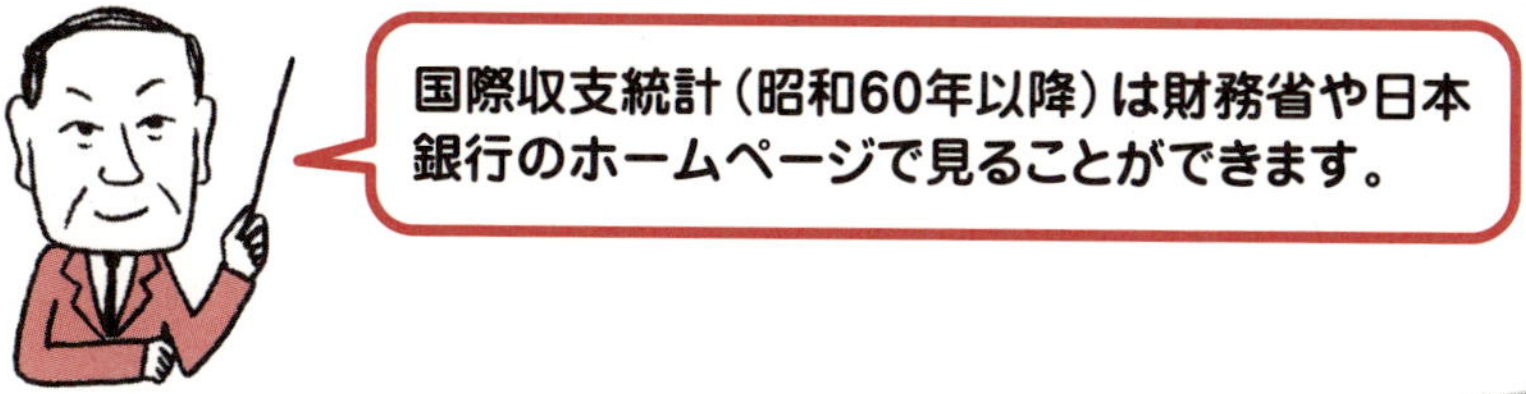
国際収支統計（昭和60年以降）は財務省や日本銀行のホームページで見ることができます。

経常収支

貿易収支

一般商品や加工用財貨などモノの国際間取引の収支。輸出産業の発達した日本は例年黒字である。

サービス収支

運輸や旅行、通信、情報、特許等使用料など形にならないサービスの国際間取引の収支。日本はずっと赤字。

所得収支

国際投資による利益の収支である投資収益と雇用者報酬（非居住者への報酬と居住者が海外で得た報酬の収支）。

旅行収支です。確かに日本人は海外旅行好き。旅行収支の赤字は、日本人が外国でたくさんのお金を落としていることを表しているのです。

日本の技術力の高さが特許等使用料からわかる

ただしサービス収支のなかでも、黒字のものはあります。とくに注目したいのが、特許等使用料。外国が日本の、日本が外国の持つ特許権や意匠権、著作権、実用新案権などを使用する場合に発生するお金です。

特許等使用料は２００３年から黒字になっていて、今の日本にはほかの国々が「お金を払ってでも、ぜひ使いたい」と思う優れた技術がたくさんあることを示しています。このことは、総務省統計局が算出している「科学技術研究調査」の技術貿易の輸出入額の推移を見てもわか

貿易収支と所得収支が二大黒字を担う

2005年の国際収支

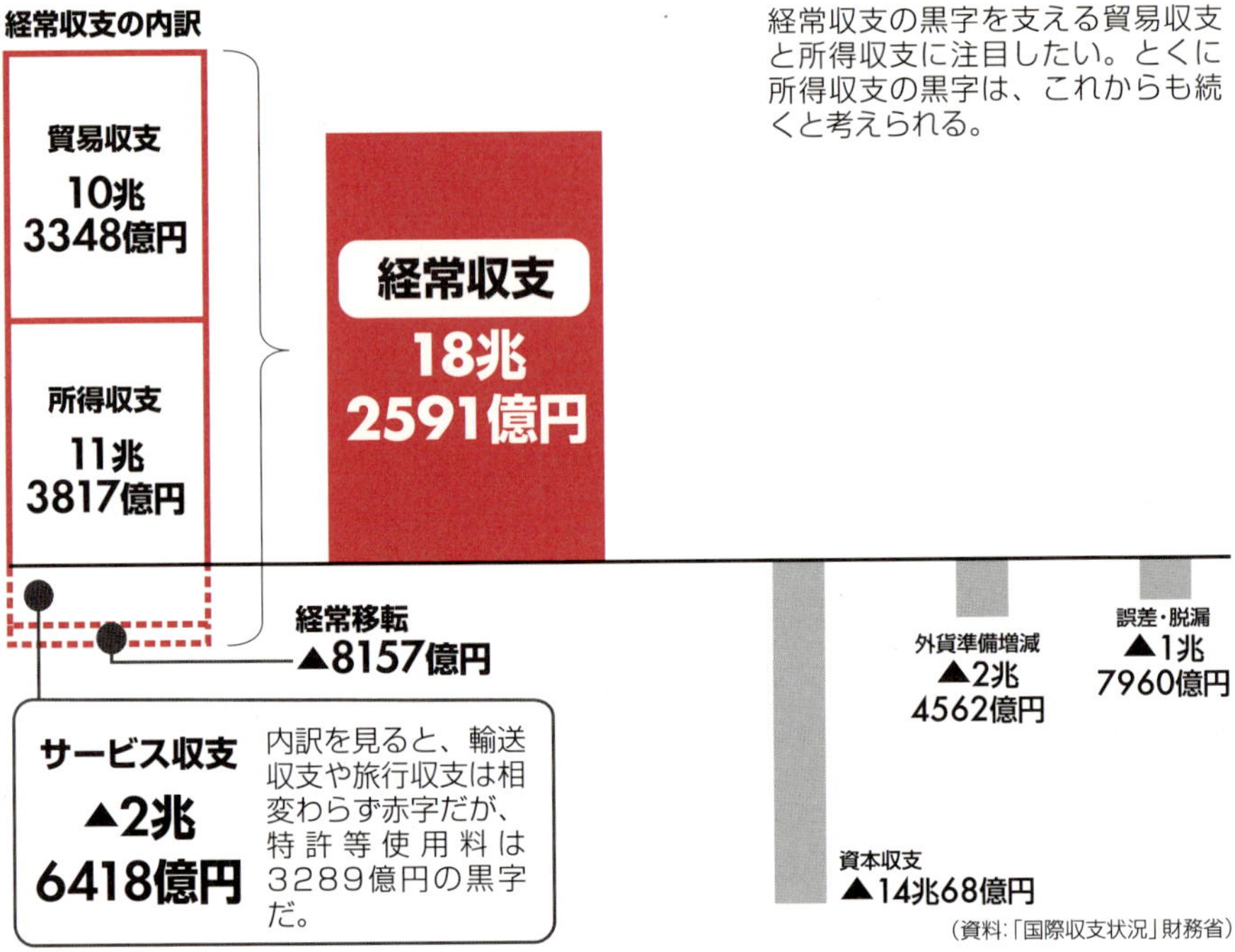

経常収支の黒字を支える貿易収支と所得収支に注目したい。とくに所得収支の黒字は、これからも続くと考えられる。

（資料:「国際収支状況」財務省）

ります。

技術貿易の輸出入額は、国際収支の特許等使用料と同じように、特許権などを使用するときに発生するお金のやり取りの金額です。地域別の技術貿易の輸出入額を見ると、１９９７年度以降、すべての地域で輸出が輸入を上回っています。つまり、日本が外国の技術を輸入するよりも、外国が日本の技術を輸入する総額の方が多いということなのです。

国際収支と統計上の違いはありますが、どちらも日本の技術がいかに必要とされているかを示している点では同じです。日本が高い技術力を持ち、国際競争力のある製品やサービスを生み出し続けてきている証拠といえるでしょう。

貿易もすごいが所得収支の黒字が目立ってきた

安定した貿易黒字の一方、年々力強い

10年前は貿易がメイン

1995年の国際収支

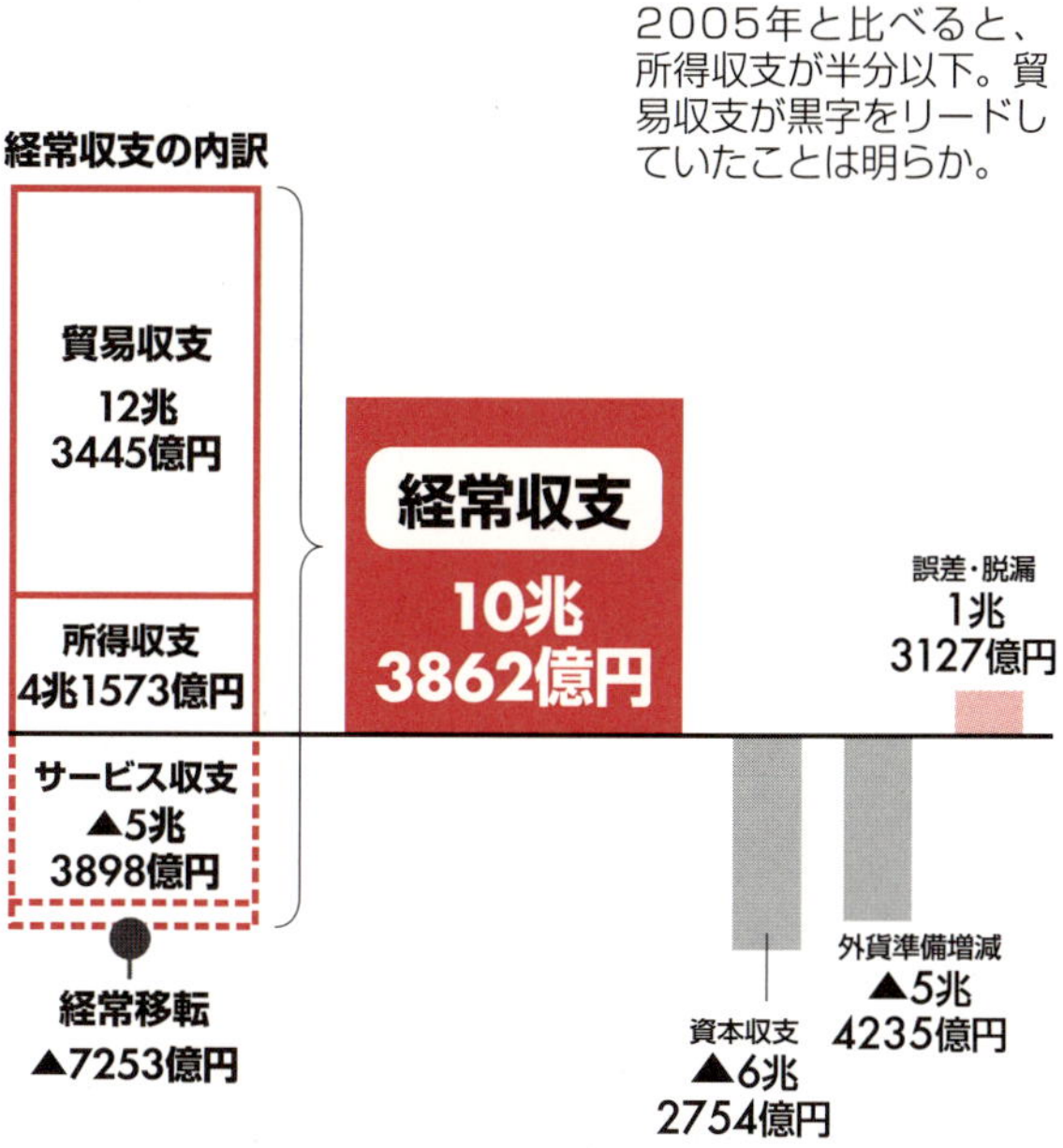

2005年と比べると、所得収支が半分以下。貿易収支が黒字をリードしていたことは明らか。

（資料：「国際収支状況」財務省）

国際収支統計をよむポイント

● **各項目の収支をチェックして経済、貿易の特徴をつかむ**

貿易の結果が黒字か赤字か知る基礎的な数字。国力を測定すると同時に、項目ごとに見ることでその国の持ち味を知ることができる。

伸びを見せているのが、所得収支です。2005年度には初めて、所得収支の黒字額が貿易収支の黒字額よりも多くなりました。

　ここ数年は日本の低金利を背景に、投資家の海外への投資が増えました。そのため、受け取る配当金などの収益が増え、所得収支の黒字が増加したのです。

　貿易立国と表現されてきた日本ですが、貿易に加えて投資が新たな支えになってきているといえるでしょう。

　こういった視点で外国の国際収支に目を向けてみると、その国のあり方が見えてきます。

　たとえば、アメリカの国際収支は、日本とは反対に貿易収支が赤字です。一方で投資収支を中心とした資本収支は真っ黒。つまりアメリカは「モノづくりではなく金融でもっている国だ」と見ることができるのです。

急増した外貨準備高。その変動から日本経済、世界経済がよめる

日本と中国が多額を保有している

外貨準備高	
1995年	約1850億ドル
2002年	約4620億ドル
2003年	約6650億ドル
2004年	約8350億ドル
2006年6月	約**8700**億ドル

外貨準備には2つの目的がある

外貨準備高とは、国が所持している外貨の残高のこと。為替銀行や民間が保有する外貨は含まれません。外貨は輸入代金の支払いや、外国への借金の返済を行うときなどに必要となります。日本の外貨準備高は、世界一の水準に達しています。

国内事情・国際情勢によって外貨準備高が増えた

２００６年７月末現在の日本の外貨準備高は、約８７００億ドル。過去10年間で４倍以上にふくれあがっています。

外貨準備高が増えたのは、円高を抑えるために、日本銀行が円売り介入を続けたからです。日本はバブル以降、不況に苦しんでいました。ドル高を維持することで、日本経済の稼ぎ頭である輸出産業・企業が、有利な条件でドルを円に換金できる環境を支えようとしたのです。

もうひとつの要因は、01年９月に起きた同時多発テロ。テロによって、米ドル

外貨準備高をよむポイント

● **外貨準備高から世界経済と日本が見えてくる**

ドル高維持のために、米ドルの信用を支えるために外貨準備高が増加した。外貨準備高を通じて、日本の経済政策と世界の経済情勢がわかる。

中国

外貨準備高

1995年	約760億ドル
2002年	約2920億ドル
2003年	約4090億ドル
2004年	約6160億ドル
2006年6月	約9400億ドル

主なヨーロッパの国の外貨準備高

イギリス（2004年）	約460億ドル
フランス（2004年）	約410億ドル
ドイツ（2004年）	約550億ドル

（資料:『世界の統計2006』総務省統計局、日本銀行等）

に対する信用が揺らぎかねない事態となりました。そこで日本も含めた世界各国が、外国為替市場でのドル買い介入を行うことで、米ドルの信用を支えたのです。

アメリカの短期金利引き上げで世界経済の流れが変わった

しかし04年6月以降、状況は変わりました。アメリカが短期金利の引き上げを開始したことで、世界中のお金が一気にニューヨークに向かって流入したのです。強いドルが復活し、日本を含めた世界中の中央銀行が、ドルを買い続ける必然性が消滅しました。

現在世界各国のなかでも、ドル買いを積極的に行っているのは、元安を維持することによって輸出産業を保護する必要のある中国ぐらいです。

外貨準備高の変動から、グローバルな経済をよみとることができます。

体質の改善が赤字国債をなくす最短ルートだ

国債は麻薬と同じ 一度使うと手放せなくなる

日本は戦後のある時期まで、国債の発行を自らに厳しく禁じていました。

戦時中の日本は、戦費調達のために戦時国債を乱発しました。ところが終戦直後のインフレにより、これらの国債の価値をほとんど無価値にしてしまったという苦い経験があったからです。またマッカーサーの経済顧問として来日したドッジの財政政策により、「国の歳出は国債や借入金に頼らず、歳入によってまかなう」という方針が定められました。無借金財政でやっていこうというわけです。

国債とは国の借金のことだ

日本は借金大国

国債は、国が財源の一部を確保するために発行する債券のこと、つまり国の借金です。日本は1965年以来国債の発行を続けており、2004年には発行残高が500兆円を超えました。

普通国債

赤字国債

一般会計予算の経常経費の歳入が不足しているときに、それを補うために発行される公債。特別公債ともいい、本来は特例として発行される公債だが、1965年以降バブル期を除き毎年発行されている。

建設国債

公共事業などの財源を補うために発行される国債。社会資本の拡充のために発行される国債ではあるが、国の借金であることには変わりない。

財政融資資金特別会計国債

一般的には財投債と呼ばれる。政府が財政投融資を行う資金を、金融市場から調達するために発行する国債のこと。

交付国債

土地の買収や保証金の支払いなどで現金を支払わなくてはいけないときに、現金の代わりに交付される国債のこと。現金の支払いは後年に先送りされる。

個人向け国債

大量発行が続く国債の消化を促進するために、2003年より発行が始まった個人投資家向けの国債。年4回発行。個人が国債を購入しやすくするために、1万円からの購入が可能になっている。投資家が受け取る利息が金利情勢によって変動する「変動10年」と、固定金利の「固定5年」の2つのタイプがある。

国債の種類は、償還期間が1年未満の短期国債、2～6年の中期国債、10年の長期国債、15年以上の超長期国債と分類されることもあります。

ところが１９６５年、この禁が破られました。当時日本は大不況に陥り、税収が落ち込んだため、あくまでも特例として国債の発行に踏み切ったのです。

本当はここですぐにやめておけばよかったのですが、国債は一度発行すると、常習性のある麻薬と同じです。なにしろ税収は伸び悩んでも、お金は湯水のように使えるわけですから。こうして日本の国債残高はふくらみ続けました。

政治が行政を支配する仕組みづくりが必要

２００５年度末現在、国債残高５３８兆円、地方債を合わせると７７４兆円という数値は、誰がどう見ても異常です。

国債は国の借金なのですから、いずれ返さなくてはいけません。国の返済能力が限界に達したときに起きるのは、現在の放漫財政から一転した財政規模の縮小

借金はなかなかやめられない

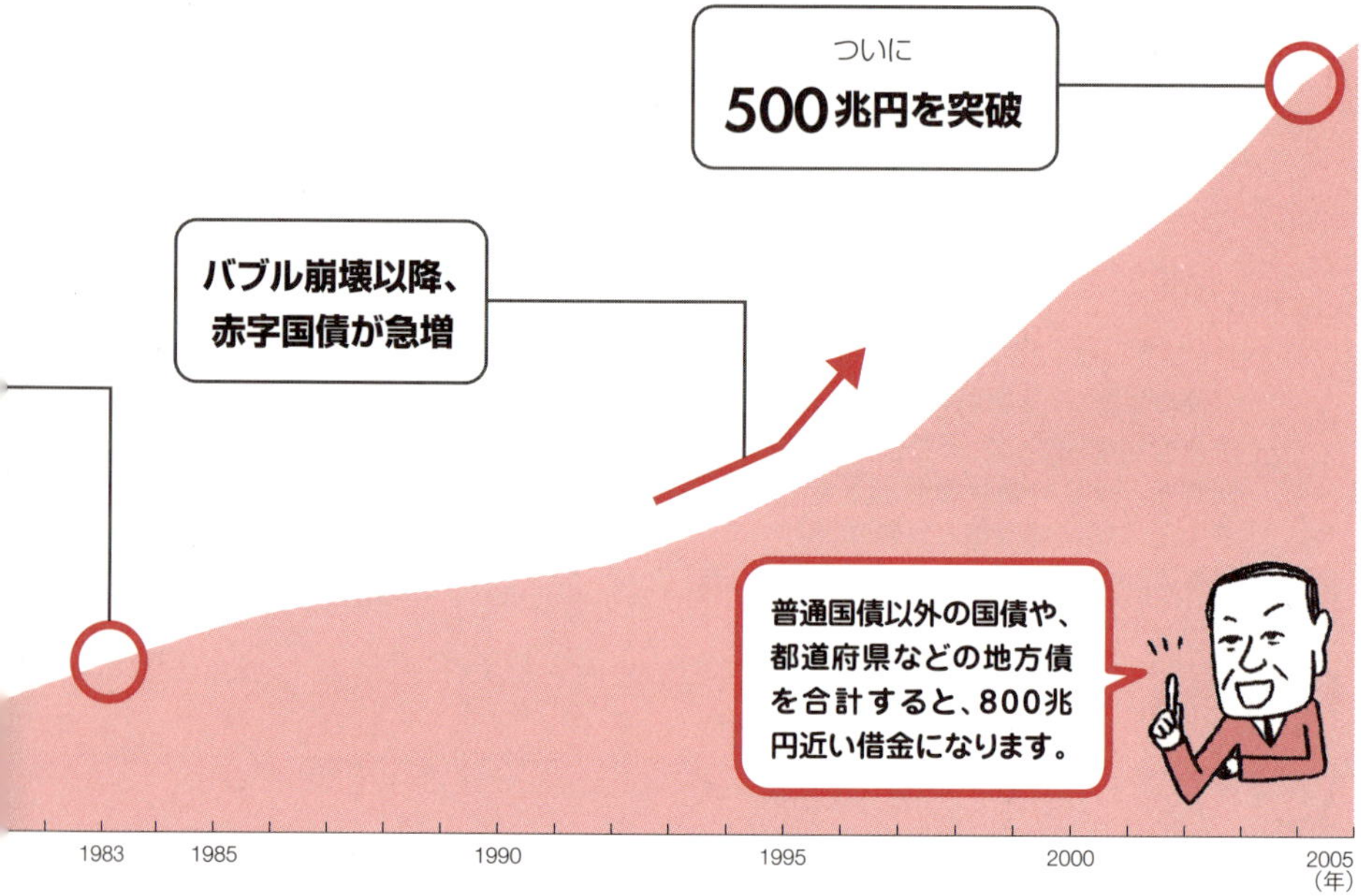
ついに
500兆円を突破
バブル崩壊以降、
赤字国債が急増
普通国債以外の国債や、都道府県などの地方債を合計すると、800兆円近い借金になります。
1983
1985
1990
1995
2000
2005
（年）

です。同時に消費税の大幅引き上げなどの重税も課されます。国民の生活に与える影響は甚大です。

日本が国債依存体質から抜け出すには官僚が国政をコントロールするのではなく、政治家が国政をコントロールする体制を築き上げればいいのです。

クリントン政権の財政再建を見習う

たとえば93年、クリントンが大統領に就任したとき、アメリカの財政赤字は約４０００億ドルでした。それが任期終了時には財政赤字はなくなり、黒字が約５０００億ドルに達していました。

８年間で９０００億ドルもの財政の好転を成し遂げたのは、クリントンが大胆な財政再建政策を打ち出したからです。

アメリカでは大統領が替わると、地方の郵便局長まで含めて４０００名の官僚

国債残高
をよむポイント

● **小泉改革を継承することが、国債残高問題を解決に導く**

官僚主導の行政コントロールが、節度ない国債発行につながった。国債依存体質からの脱却は、政治が行政を支配する体制をつくり出すこと。

国債残高の推移（普通国債残高）

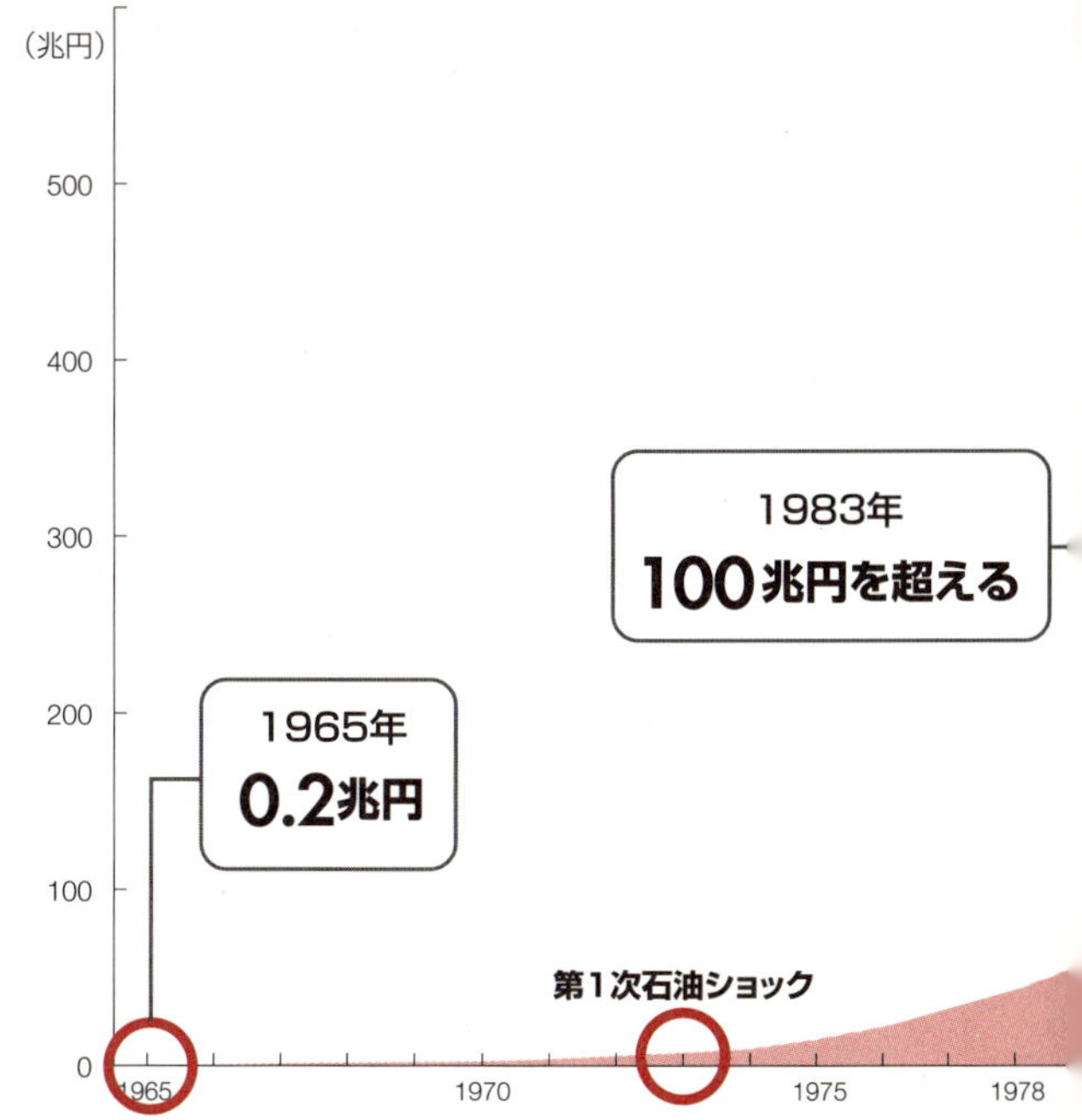

（資料:財務省）

のポストが入れ替わります。だから大統領が「財政赤字を改善するために、あらゆる方策をとれ」と各省庁のトップに命令したら、トップは万難を排して赤字改善に努めるわけです。アメリカの構造改革は徹底しています。たとえばエネルギー省という省庁は一時期2万名もの職員を抱えていましたが、現在の職員数はわずか４００名にまで減っています。

一方日本は、官僚が国政を支配している国です。抜本的な財政再建改革に乗り出そうとすると、既得権を失うことを恐れる官僚の抵抗にあいます。

この体制を変えようとしたのが小泉純一郎でした。政治家が国政をコントロールできるシステムへの端緒を開いた点で、小泉改革は高く評価できます。日本が国債依存体質から抜け出せるかどうかのカギは、リーダーの姿勢と力量にかかっています。

上昇を防ぐには小さな政府を志向するしかない

国民負担率を比べる

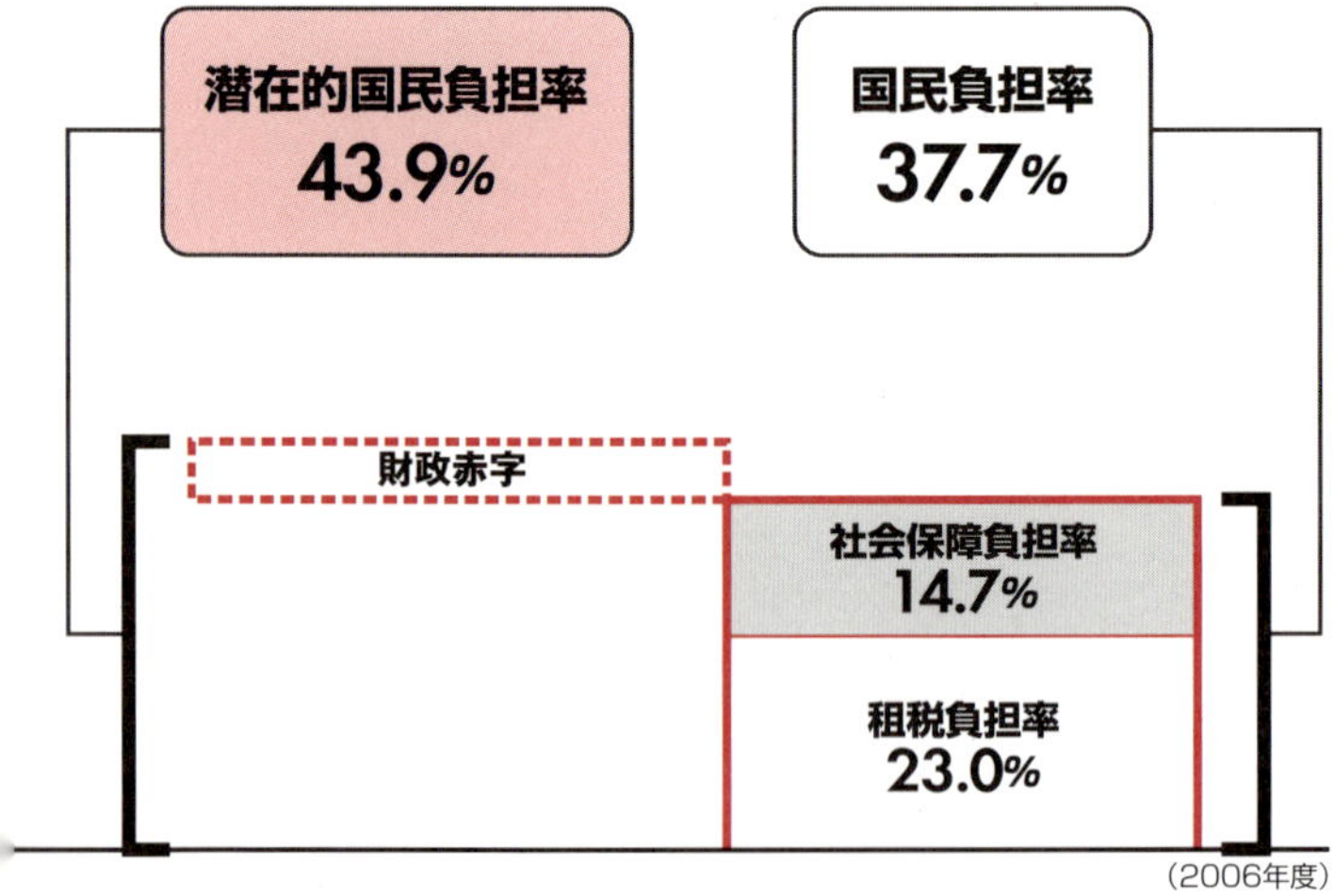

潜在的国民負担率は税負担額と社会保険負担額の合計に、財政赤字額を加えて、国民所得額で割ったもの。

国民負担率とは、税負担額と社会保険負担額の合計を国民所得額で割ったもの。国民が所得の何割を税金と社会保険料に支払うかを示す。

年金保険料の負担増と財政赤字二大不安がのしかかる

上の表を見てもわかるように、日本の国民負担率は他国と比べてけっして高い数値ではありません。しかし多くの人は、「今は低くても、これからどんどん高くなって、働いても働いても税金や保険料に持っていかれるのではないか」という不安を抱いています。

不安の根拠のひとつは、少子高齢化の進展によって、今後年金保険料の負担増大が予想されること。そしてもうひとつは、国の財源を国債という借金でまかなっているつけを、いずれ国民が背負わさ

国民負担率をよむポイント

● 官から民への流れを止めないことが重要だ

今の国民負担率は低いが、今後上昇する可能性がある。上昇を止めるには小さな政府を実現して、税金の無駄遣いを改める以外にない。

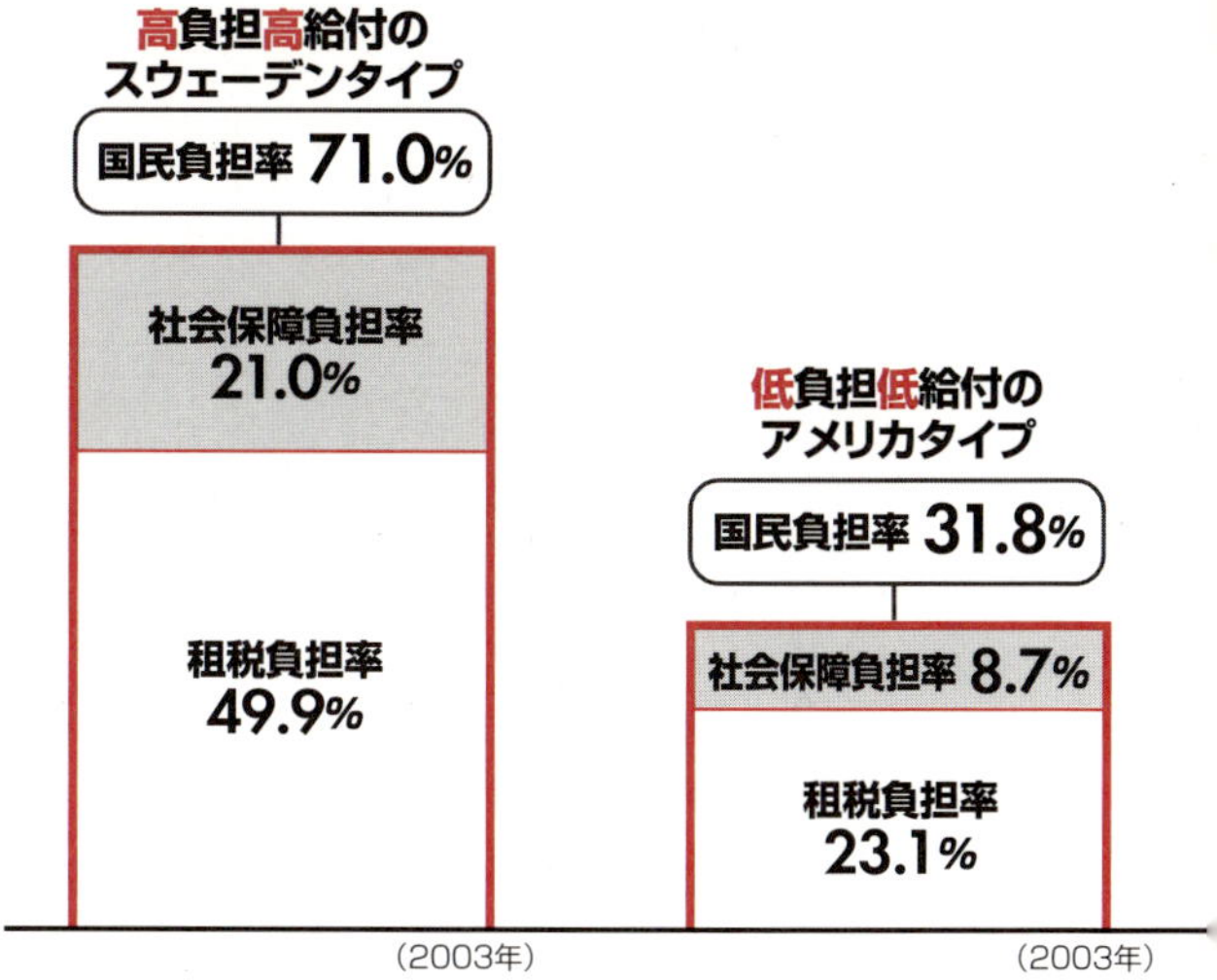

所得の約7割を社会保障と税金に支払っている超高負担国。その分教育、医療、老後等、社会保障が充実した福祉国家。

国民負担が少ない分、社会保障の水準も低い低福祉国の代表例。公的医療保険もなく、医療福祉、介護なども自己責任になる。

（資料:財務省）　四捨五入の関係上、各項目の和が合計値と一致しないことがある。

れるのではないかということです。

国任せにせず最善の方法を考えよう

国の財政赤字解消については、「国債残高」の項目で述べたとおり、官僚主導の国政を政治家主導に変えるしかありません。そして膨大な税金の無駄遣いをカットするために官から民への移行を進め、小さな政府を志向すること。つまり小泉改革の流れを継承していくことが重要になります。

一方年金については、いずれにしても今までのような少ない負担で高い給付が得られる環境は望めません。

高負担高給付を選択するのか、それとも低負担低給付を選ぶのか。私たちはそのどちらかを選択する必要に迫られていますが、まだ議論は十分に煮詰まっているとはいえません。

所得税中心から消費税中心へ。高額所得者が損しない社会になる？

累進課税から均一課税への移行は世界的な動きでもある

消費税率アップをめぐる議論が高まりつつあります。現在5%の消費税は、数年後には確実に引き上げられるでしょう。とくに少子高齢化が進むなかで、社会保障制度維持のための財源として、消費税がクローズアップされています。

しかし消費税率の引き上げは、日本だけの特殊な政策ではありません。従来は所得税に代表される、所得が多いほど税率が上がる累進課税を採用している国家が多数を占めていました。しかし累進課税を廃止し、所得にかかわらず税率を一

日本の消費税はこれから上がる

各国の消費税

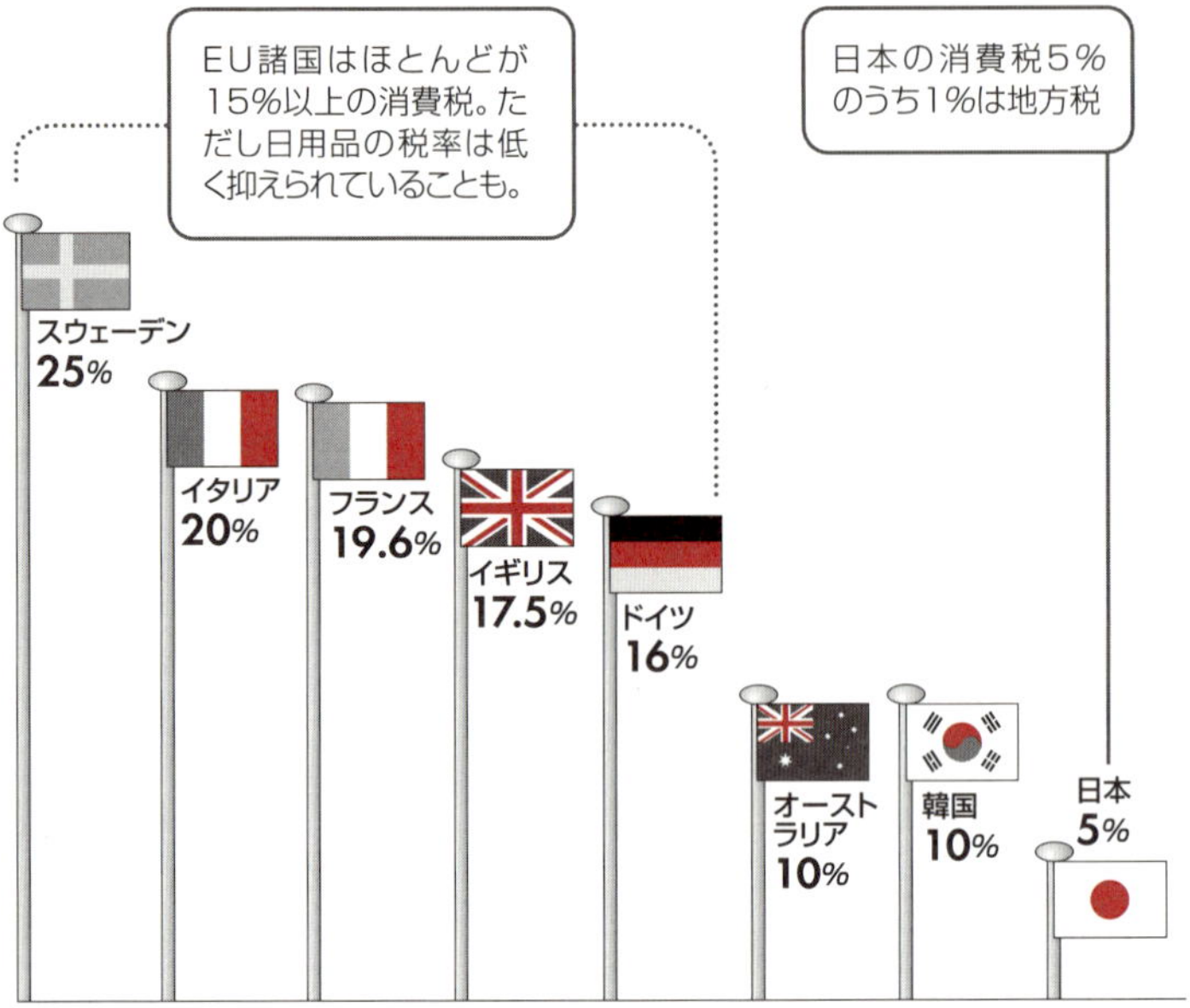

（資料：財務省）

ちなみに

アメリカでは州、郡、市によって小売売上税が課される。アメリカの消費税は地域によって異なる。

日本の消費税の推移

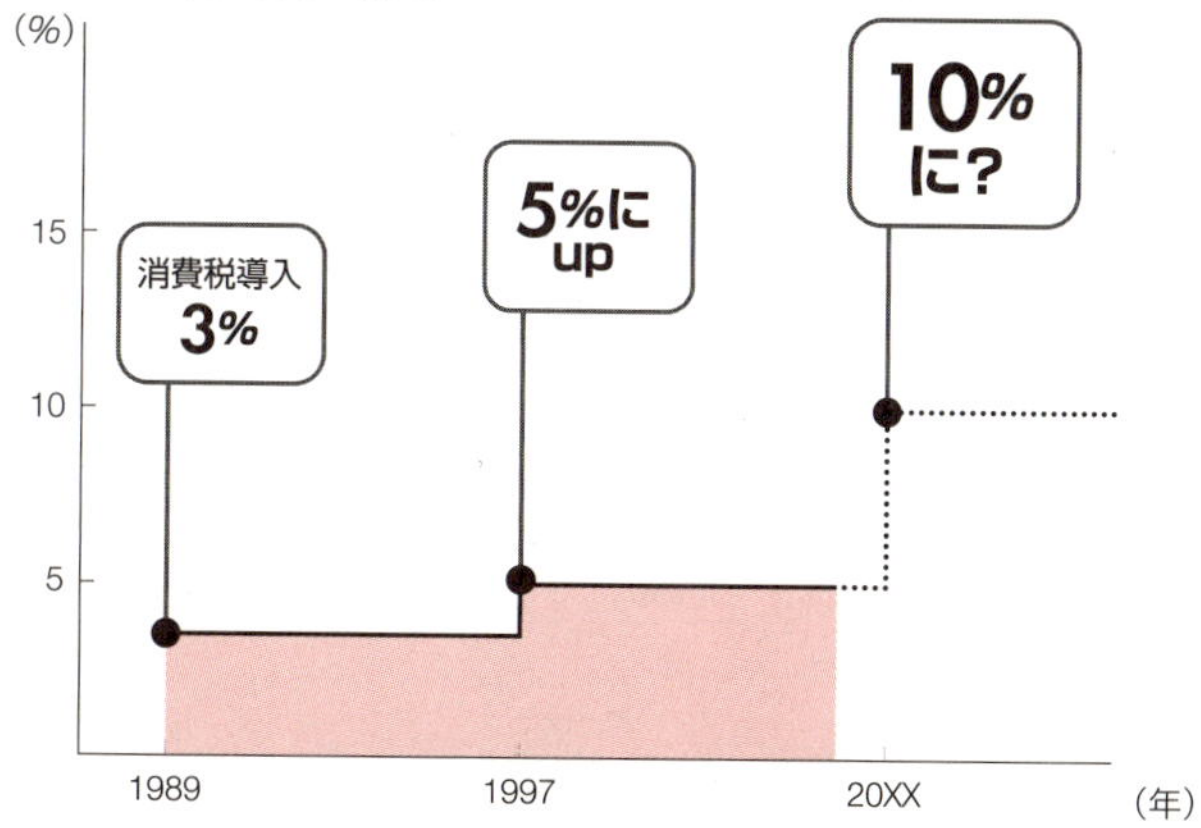

消費税
をよむポイント

● **世界的潮流のなかで、日本の税制にも変化が表れている**

日本は所得税中心の累進課税重視から、消費税を中心とした均一課税重視に税制度が変わる。高額所得者が意欲的に働ける社会になる。

律にする均一課税へと税制を変更する国家が増えてきています。その均一課税を代表する租税制度が、消費税です。

高額所得者が日本を見捨てると国全体の活力がなくなる

均一課税は、高い所得をあげている人にとっては、魅力的な税制度です。逆に累進課税の傾向があまりに強すぎると、高額所得者の勤労意欲が減退したり、お金持ちが国から逃げ出してしまうことになりかねません。そうなると国全体の運営が問題になってしまいます。

デフレの時代には勝ち組と負け組がはっきり分かれます。均一課税の重視は、いい意味でも悪い意味でも平等だったこれまでの社会から、高い所得をあげている人が意欲的に働ける社会に移行しつつあることを意味しています。この流れを止めることは不可能です。

ODAは日本の交際費。使い道から外交の行方が浮かび上がる

日本のODAは途上国の経済発展に貢献してきた

日本は政府開発援助（ODA）によって、アジア諸国を中心に世界の国々の経済発展に多大な貢献をしてきました。

たとえば今、インドで大きな問題となっているのが都市交通の整備です。深刻な渋滞問題を解決するために、インドではニューデリーとカルカッタに地下鉄をつくったのですが、この建設費の多くが日本のODAによってまかなわれています。インドではさらにチェンナイやムンバイ、ハイデラバードなどの大都市に地下鉄網を整備する計画を立てています。

アジアへの援助が中心になっている

中南米へ
約3億930万ドル

政府開発援助とは、先進国が発展途上国に対して行う有償、無償の援助や出資のことをいいます。ちなみに終戦直後は日本も援助を受けていました。

日本の二国間ODAの地域別実績（2004年）

（資料:『政府開発援助白書2005』外務省）

その建設費の約3分の1にあたる380億円が、円借款によって調達されることになっています。

ちなみに円借款というのは、ドルではなく円で発展途上国にお金を貸与することです。返済期間25年、利率5％という長期かつ低金利という融資条件は、これらの国々にとって大きな魅力です。通常、発展途上国のような政情や経済状態が安定していない国は、高金利でないとお金が借りられないからです。

日本はお隣の韓国にも巨額の経済協力を行いました。1965年に成立した日韓条約に基づいて、有償2億ドル、無償3億ドルの供与および貸付を実施しました。ちなみに当時の韓国の国家予算は3億5000ドル。国家予算の1・5倍にあたる巨額の経済協力でした。

韓国ではこの5億ドルを原資として、鉄鋼業、高速道路の建設、国際港湾の整

アピールしないとメリットが少ない

備などに着手。経済発展を遂げることができたのです。

もうひとつ明記しておきたいのが、国際機関に対する貢献です。国連の運営資金の19％を日本が負担しています。イギリスやフランス、中国の負担率が1ケタ台であることを考えると、傑出した数値であるといえます。

中国人のほとんどは日本からの経済援助を知らない

日本のＯＤＡの出資額は、アメリカに次いで世界第2位です。しかし日本のＯＤＡ戦略には、いくつかの課題があります。

ＯＤＡは、ある意味で世界の国々との交際費です。交際費を使うのであれば、それによって日本の国際的地位の向上に貢献したり、外交に有利に働くなどのメリットがなくてはいけませんが、どうも日本はＯＤＡの使い方が下手です。

政府開発援助（ODA）をよむポイント

● **ODAという交際費をもっと上手に使うべき**

日本はODAによって世界の国々の経済発展に貢献してきた。今後は日本の国際的地位向上や国益に結びつく戦略的ODAの構築が不可欠。

ODAは3種類に分けられる

1 無償資金協力

相手国に返済義務を課さないで、資金を供与すること。発展途上国のなかでもとくに所得水準が低い国を中心に、医療・保健、教育などの分野に対して行われることが多い。

2 技術協力

開発途上国の社会発展、経済発展の担い手となる人材を育成するため、日本の技術や知識を途上国に移転する取り組み。具体的には留学生の受け入れや、青年海外協力隊の派遣などがある。

3 政府貸付

二国間で行われる有償資金協力のこと。ある程度の経済発展を遂げている国に対して、長期の返済期間、低金利という条件で資金の貸し付けが行われる。円借款とも呼ばれる。

たとえば中国へのODA。日本は中国に3兆円以上の経済援助を行っています。しかしこの事実を中国人のほとんどが知りません。もちろん日本から巨額の経済協力を受けていることを国内向けに公表しない中国政府に一番の問題があるのですが、それにしても日本はODAのアピールがうまくできていません。

ODAの供与・貸与先が、東アジアに偏っていることも課題です。交際費の使い道としては、アフリカや中南米の国々などもっと手を広げるべきです。

またODAを資源外交に結びつけることも重要です。その点中国はやり手で、天然ガスを確保するために、その供給国への経済協力を積極的に行っています。一方日本は、役所の縦割りのなかで経済協力と資源外交を別個の取り組みとして扱ってきたために、「ODAを国益に生かす」ことが十分にできずにいます。

現象には連関性がある

地球全体を視野に入れて政治・経済を考える習慣を

「有効求人倍率」（P94参照）のところで、「関東地方では、群馬県と栃木県の有効求人倍率が高い」と話しました。北関東には機械工業分野の工場が数多く進出していて、これが有効求人倍率を押し上げているからです。この工場で製造された大型シャベルなどの機械は、オーストラリアなどに向けて出荷されています。

オーストラリアでは2004年に大陸横断鉄道が完成したこともあり、これまで手つかずだった鉄鉱石などの鉱山の開発が急ピッチで進められています。そのために大型機械が求められているわけです。

そしてオーストラリアの鉱山で採掘された鉄鉱石は、現在大量のエネルギーを消費している中国に向けて主に輸出されています。

つまり北関東の有効求人倍率というローカルな事象が、実は世界経済の動きに結びついているわけです。どんなに小さな経済現象でも、背景で何が起きているのか、世界を視野に入れて考えることが大切です。

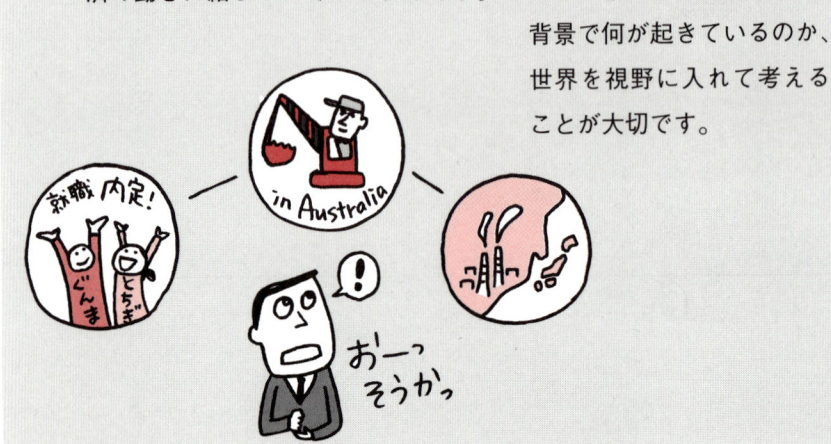

第4章

景気をよみ、ビジネスチャンスをつかむ

経済の現況をきちんと把握することによって、
人より半歩先を行く判断が可能になる。
情報収集を怠らず、ニュースだけに頼らない
判断基準を持とう。

格差問題を考えるうえで重要な基礎データになる

詳細な家計簿と同じ

家計調査で調べること

- 世帯構成、年齢、職業、住居などについて
- 日々の収入・支出、購買数量
- 過去1年間の収入
- 貯蓄、負債、不動産について　　など

アタル確率は宝くじ並み!?

家計調査は、総務省統計局が毎月実施しています。学生の単身世帯や、まかない付きの同居人がいる世帯などを除いた全国の世帯から抽出された約9000世帯が調査対象になります。

国勢調査同様に回収率の維持が大きな課題となっている

家計調査と聞いても、ピンとこない人も多いはずです。国勢調査であれば、5年に1回は調査員が訪ねてくるので、「今回もまた始まったのだな」とわかります。しかし家計調査については、「うちに調査員が訪ねてきたこともないし、調査表が送られてきたこともない」という人がほとんどでしょう。それもそのはず。家計調査では、1回につき全国約9000世帯のサンプルしかとっていないのです。

サンプル数が少ないうえに、最近では

経済指標の基礎データに使われる

家計調査の結果は社会政策や経済政策を立てるための分析資料としても、国や各省庁で幅広く活用されます。

たとえば

GDPの速報推計に

GDP（国内総生産）の約55%は家計消費部門が占めている。家計調査の結果は、家計消費支出の速報推計に用いられる。

GDPについては
P160へ

たとえば

消費者物価指数の作成に

家計調査の結果をもとに消費者が購入する物価の変動を示す指標（消費者物価指数）がつくられている。

消費者物価指数については
P140へ

調査協力を拒否する世帯も増えています。やはり協力拒否が増加している国勢調査と、同じ問題に直面しています。

　家計調査の場合、「単行本を１２００円で購入、野菜ジュースを１０５円で購入」というように、６ヵ月間のすべての収入と支出をこと細かく書かなくてはいけないため、国勢調査よりもさらに心理的抵抗が大きいと思います。調査手法の見直しが今後必要になってくるでしょう。

　家計調査でこれだけ細かい調査を行うのは、これによって国民の生活の現状を知り、国や自治体の施策に生かすという狙いがあります。

　とくに近年大きなテーマになっているのが〝格差〟です。格差は本当に起きているのか。起きているとしたら、どの地域で、どんな世代で、どれぐらいの格差が広がっているのか。こうしたことを国

食費と教育費はどのくらい？

年収別1ヵ月の食費と教育費

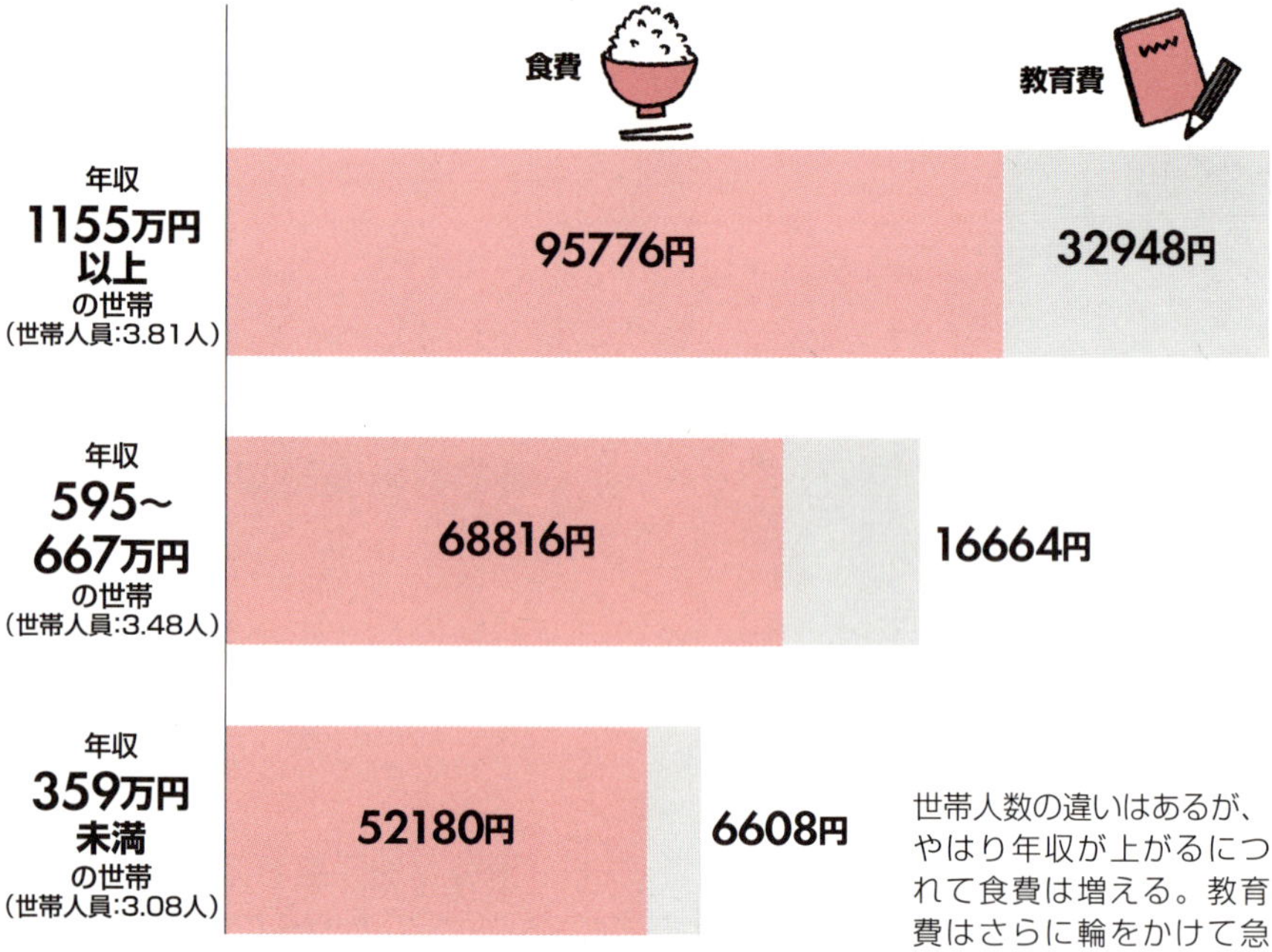

（資料:『日本の統計2006』総務省統計局）

世帯人数の違いはあるが、やはり年収が上がるにつれて食費は増える。教育費はさらに輪をかけて急増する。

や自治体、専門家が分析し、対策を講じるためには、家計調査のデータが重要になります。

格差社会の到来は避けることができない

格差の実態は専門家によって見解が分かれますが、私は確実に格差は広がっていると考えています。しかもこれは世界的な現象です。

デフレ時代で起きているのは、安売り競争に巻き込まれ〝負け組〟に転落していく企業と、高い技術力を身につけて〝勝ち組〟のステップを上っていく企業とのはっきりとした差です。

この勝ち組と負け組の明暗は、個人についても同じことがいえます。企業がデフレ時代の激しい競争にさらされているなかで、そこで働く人材に対しても厳しい選別をせざるを得ないからです。

家計調査をよむポイント

● **格差社会の議論は、まず国民の実態把握から**

家計調査は国民の実態を知るための調査。さまざまな指標の基礎データに用いられるが、今後は、格差社会の現状を分析するうえでも重要。

時代とともに衣食住が変わった

消費支出のうち衣食住の占める割合

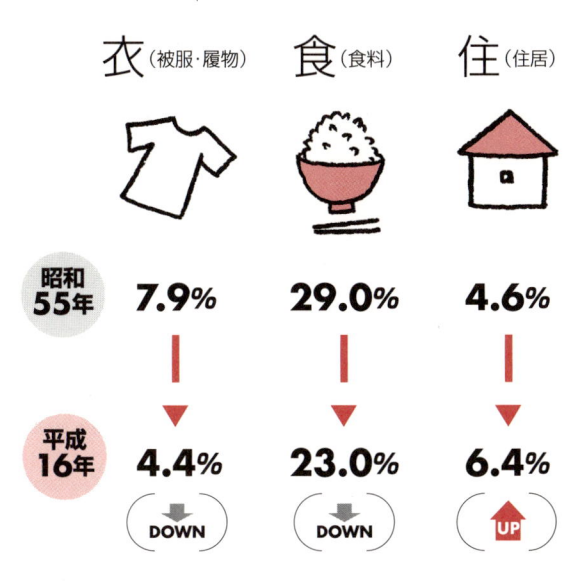

	衣（被服・履物）	食（食料）	住（住居）
昭和55年	7.9%	29.0%	4.6%
平成16年	4.4%	23.0%	6.4%
	DOWN	DOWN	UP

生活水準が高くなり、食費の占める割合は低くなった。昭和55年は住居よりも衣服にお金がかけられていたが、現在は住と衣の割合は逆転している。

格差はすでに、小学校を公立にするか私立にするか選択する段階から始まっています。格差が広がる要因には、本人のやる気だけでなく、親の経済力や教育力、そして運にも左右されます。大切なのは一度挫折をした人にも、再挑戦できるチャンスを与えることです。

ともあれ誰も望まないとしても、こうした格差社会の到来は止めることができないものです。そうであるかぎり、個人としては現実を受け止め、これに積極的に参加していくしかないと思います。

もちろん私の現状認識に、異を唱える方もおられるでしょう。しかし話は戻りますが、そこで重要になるのが家計調査のような基礎的データです。格差社会をどのように捉え、論じていくか。そうした議論や分析は、まず数字に表れた事実をきちんと踏まえることからスタートするべきです。

消費者
物価指数

商品やサービスの価格の変動を示す。生活水準を測る物差し

消費者の生活の変化に応じて調査対象品目も入れ替えている

物価を正確に把握するのは、案外難しいものです。終戦直後のテレビもクーラーもなかった時代と、今のような誰もがパソコンを持っている時代とでは、消費者が買う商品項目もまったく変わってしまいました。

そのため消費者物価指数では、調査対象商品の見直しを随時行っています。しかし商品の入れ替えに遅れが生じるため、消費者物価指数は、物価の動向を見る参考にはなりますが、決して正確とはいえません。

「経済の体温計」といわれている

消費者物価指数の推移

指数（平成12年=100）

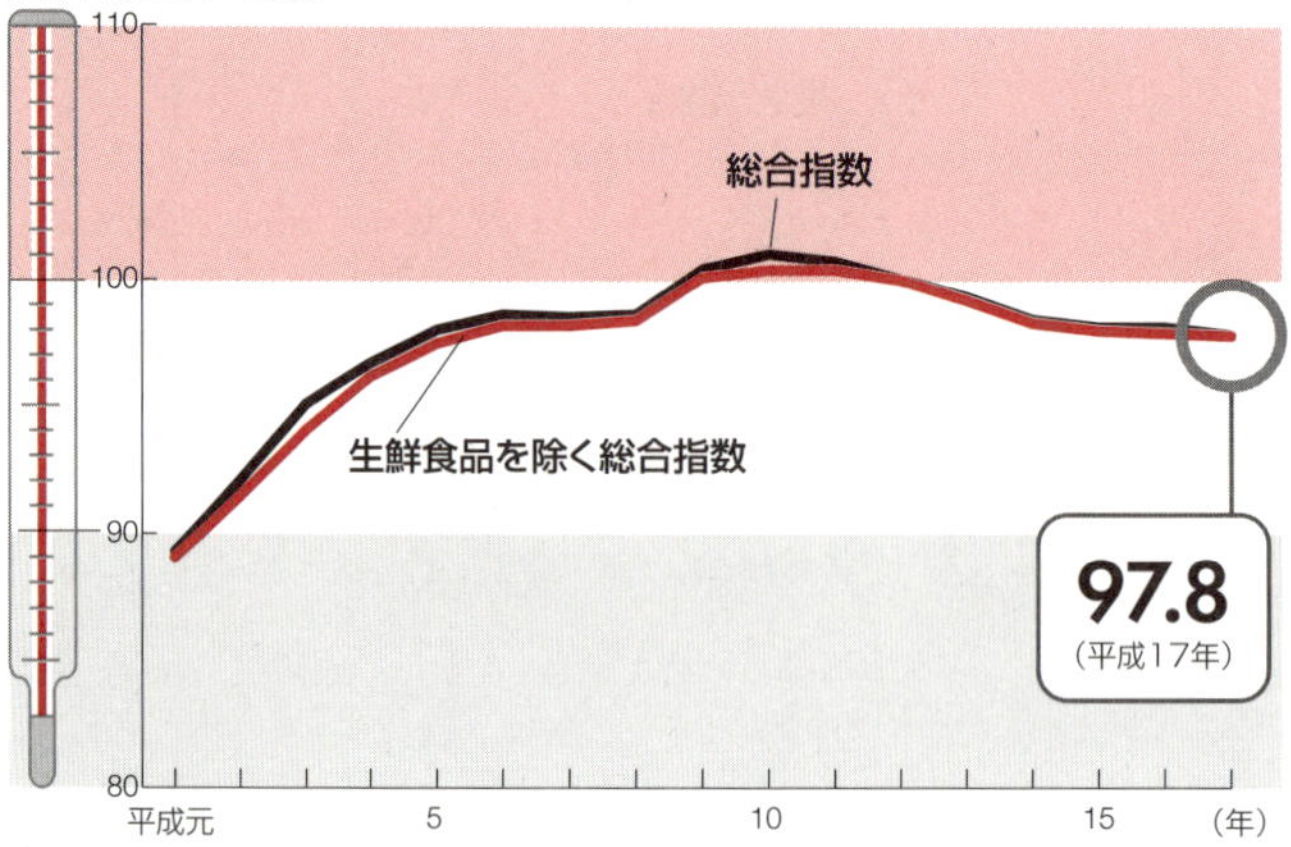

（資料:『消費者物価指数年報2005』総務省統計局）

●消費者物価指数とは

消費者が購入する商品やサービスの小売価格の変動を指数化したもので、経済の体温計といわれることも。
商品を598品目に区分して、品目ごとに毎月の価格変動を調査し指数を算出。発表は総務省によって毎月行われている。

いろいろな物価指数がある

国内企業物価指数

国内生産品が企業間で取引されているときの価格の変動を、2000年を基準年として指数化したもの。かつては卸売物価指数と呼ばれていた。

輸出物価指数

海外市場向けの商品が、日本から海外に向けて積み出されるときの価格を調査し、その結果を指数化したもの。2000年を基準年としている。

輸入物価指数

日本市場向けの商品が、海外から日本に運び込まれるときの価格を調査し、その結果を指数化したもの。国内企業物価指数、輸出物価指数とともに、日本銀行が調査、作成している。

消費者物価指数をよむポイント

● **売り手に地獄、買い手に極楽の時代がやってきた**

消費者物価指数は、今後もプラスマイナスゼロの状態が続く。好況になっても、かつてのような急激な物価上昇はあり得ない。

物価は低価格水準を維持「売り手に地獄、買い手に極楽」が続く

世界的にデフレである今、消費者物価指数は若干の変動があるとはいえ、基本的にはプラスマイナスゼロの状態が続くでしょう。私はこうした状況を「売り手に地獄、買い手に極楽」と表現しています。買い手は自分の好みにあった商品を、非常に安い価格水準で手にすることができ、まさに極楽です。売り手は厳しくコストを切り下げ、ぎりぎりの利益率を確保しながら、商品を売らないと生き残っていけません。こちらは地獄です。

国は景気を見るバロメーターとして消費者物価指数を使っています。物価が上昇すれば好況、下落すれば不況というわけです。しかしたとえ好況になっても、かつてのような急激な価格上昇はあり得ません。それがデフレ時代の特徴です。

エネルギー効率を高めた結果、以前より少ない石油で製品ができる

省エネが進み、需要は安定してきた

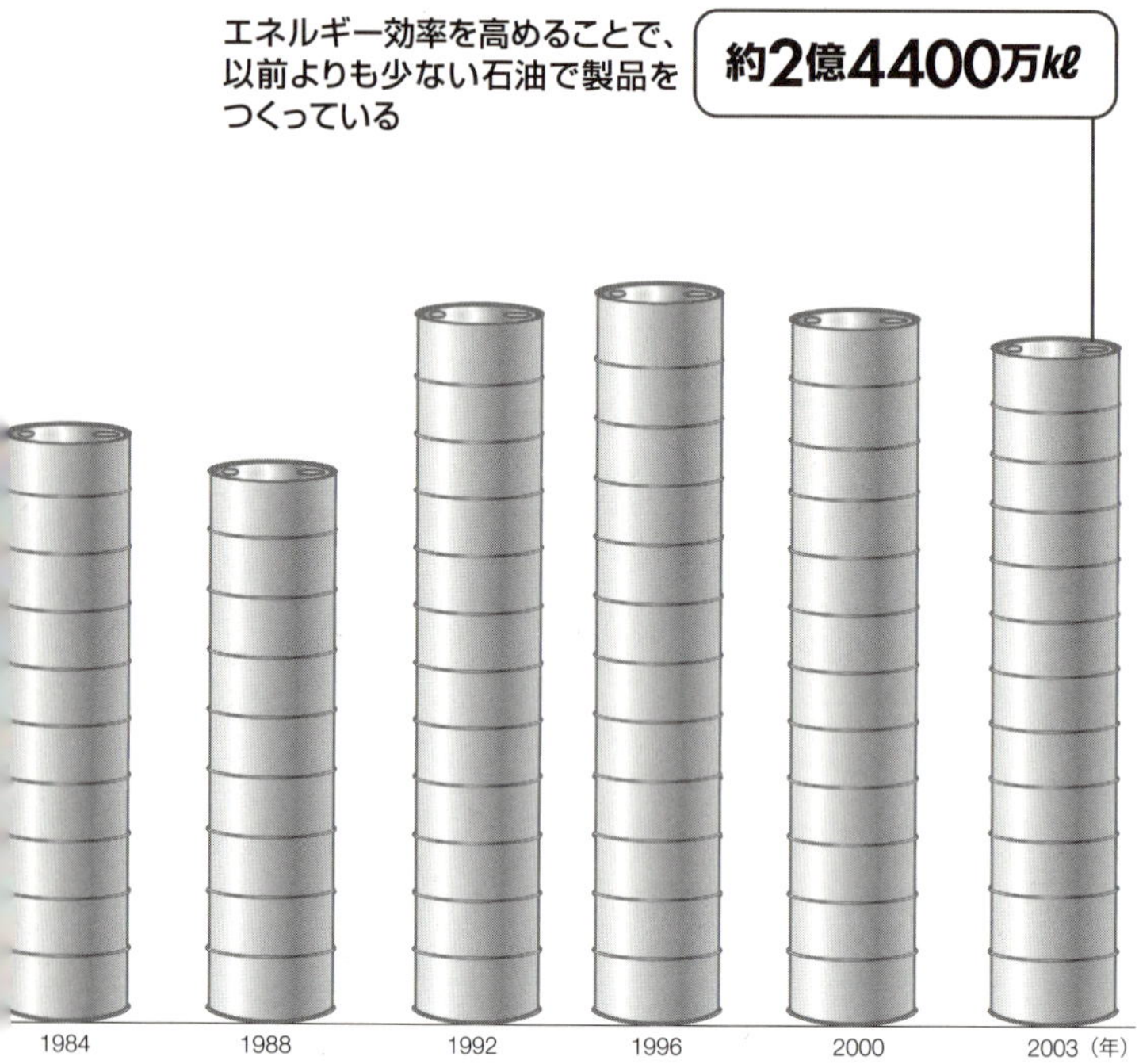

第1次石油ショックの狂乱物価はまやかしだった

日本の原油輸入量がピークを記録したのは、１９７３年のことです。

これは第１次石油ショックが起きた年。ＯＰＥＣ（石油輸出国機構）に加盟している中東6ヵ国が、原油価格の大幅な引き上げと、原油生産の削減を発表。これによりエネルギー資源の大部分を中東に依存している日本はパニックに陥りました。石油関連商品だけでなく便乗値上げも起こり、消費者物価指数が20％以上も上昇。国民の間にはモノ不足に対する不安が高まり、主婦は生活物資の買い

原油輸入量の推移

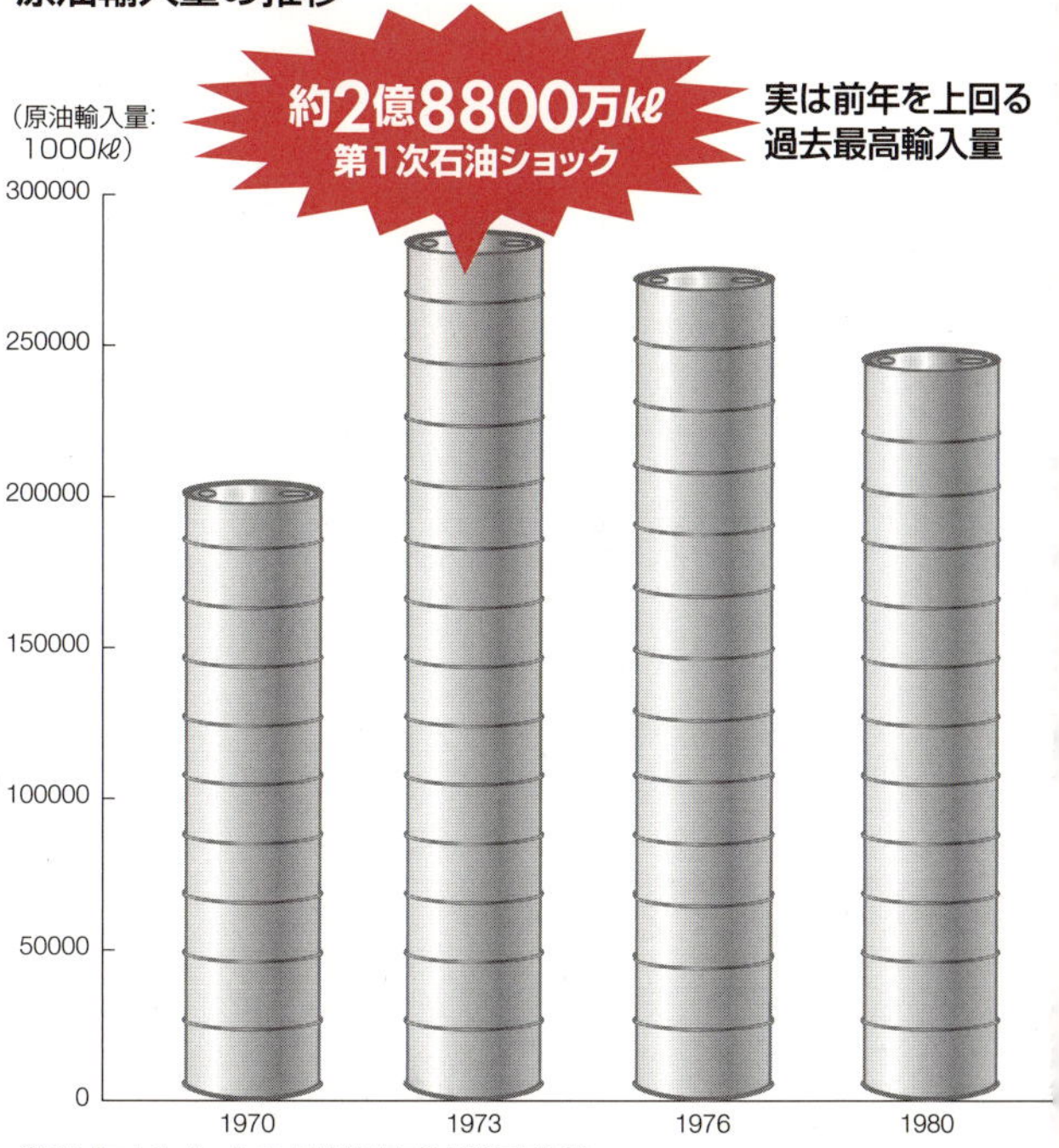

（資料：「エネルギー生産・需給統計年報」経済産業省）

原油の輸入量をよむポイント

●**ブームに流されず、冷静に数字をよむことが肝要だ**

第1次石油ショックのパニックは、数字を客観的によむ大切さを教えてくれた。原油の輸入量が横ばいなのは、エネルギー効率を高めた結果。

占めのためにスーパーに殺到しました。

しかしその年、日本の原油輸入量は、史上最高の2億8800万キロリットルに達していたのです。この数値を正しく把握しておけば、「モノ不足なんて起きるはずがない」と判断できたはずです。

効率を高めて原油高に強くなった

日本は、この第1次石油ショックを教訓として、原油価格の引き上げや生産量の削減が起きても経済が揺らぐことがないように、徹底した省エネに着手しました。上の表のとおり、日本の原油輸入量はこの30年間、ほぼ横ばいの状態が続いています。これはエネルギー消費効率を高めることで、かぎられた石油量でも製品をつくれるようになった結果です。日本は、少々の原油高でも耐えられる体質を獲得したのです。

需給バランスは崩れていない。投機が原因で原油高が進んだ

世界中で原油が採掘されている

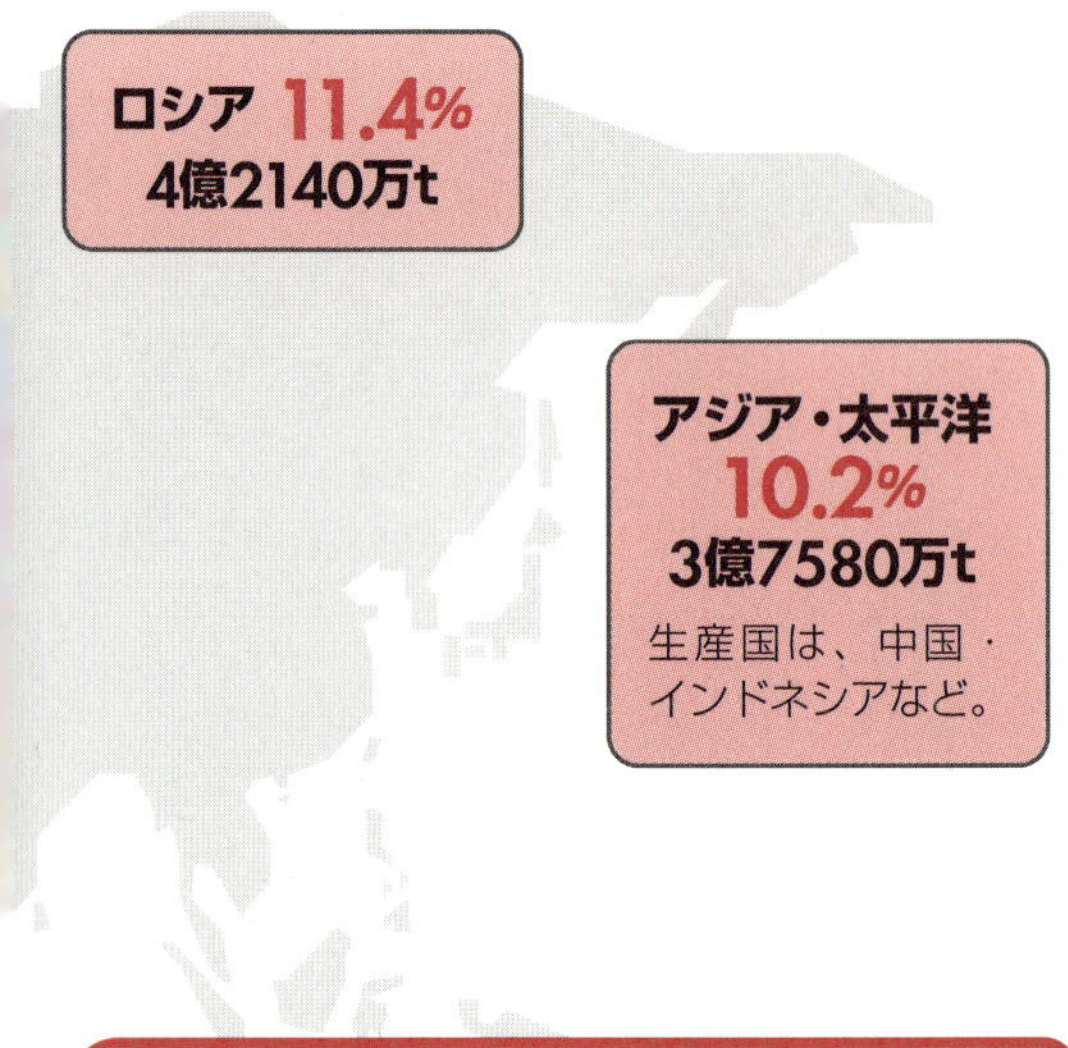

北海ブレントやアラビアン・ライトなど、世界にはさまざまな油田で産出される原油があり、価格は異なります。しかしニューヨーク商品取引所のWTI（P146参照）の原油価格に大きな影響を受けます。

原油高が進んでも第3次石油ショックは起きない

2005年以降、原油価格の高騰が大きな社会問題となっています。ニューヨーク商品取引所の原油の先物相場では、1バレル70ドルを超える高値を記録しました。読者のみなさんも、ガソリン代の値上げという形で、原油の価格が上がっていることを実感されたことでしょう。

「原油価格の高騰」というと、ある年齢以上の方は第1次石油ショックのときのイヤな思い出がよみがえってくると思います。あのときは石油関連商品以外の物価も急激に上昇し、人々の生活に大きな

地域別原油生産量（2003年）

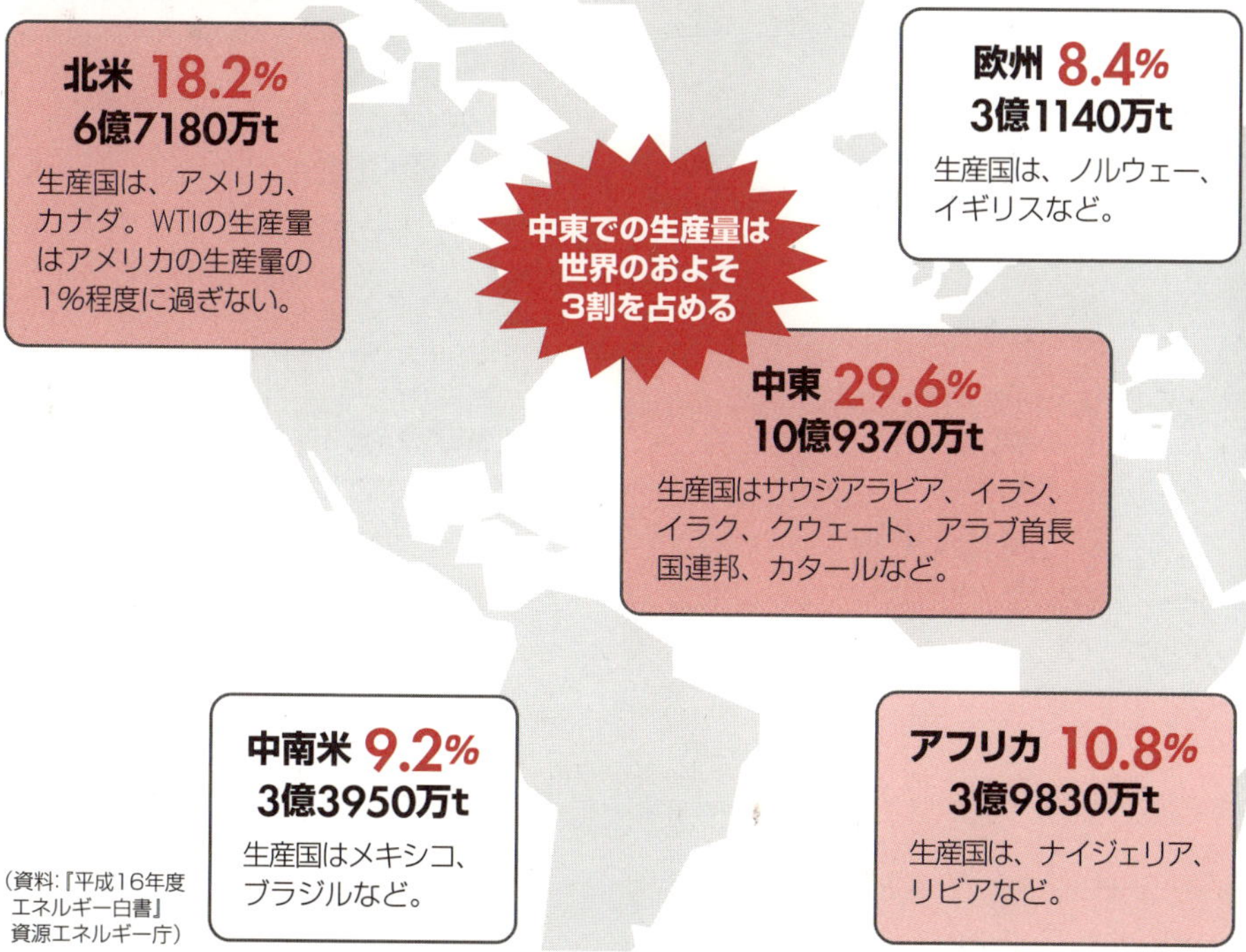
北米 18.2%
6億7180万t
生産国は、アメリカ、カナダ。WTIの生産量はアメリカの生産量の1%程度に過ぎない。
中東での生産量は世界のおよそ3割を占める
欧州 8.4%
3億1140万t
生産国は、ノルウェー、イギリスなど。
中東 29.6%
10億9370万t
生産国はサウジアラビア、イラン、イラク、クウェート、アラブ首長国連邦、カタールなど。
中南米 9.2%
3億3950万t
生産国はメキシコ、ブラジルなど。
アフリカ 10.8%
3億9830万t
生産国は、ナイジェリア、リビアなど。
（資料:『平成16年度エネルギー白書』資源エネルギー庁）

打撃を与えました。しかし今回の原油高は、「石油ショックには結びつかない」と断言できます。

普通モノの値段は、需要と供給のバランスによって決まります。ところがこれだけ原油高が進んだにもかかわらず、需給バランスが崩れたという数値はどこにも出ていません。

現在の世界全体の原油消費量は、１日平均８４００万バレルでほぼ安定しています。供給側も、これに見合うだけの原油の生産を行っています。むしろロシアなどの新興産油国では、現在大規模な油田の開発が進められています。原油は上がるどころか、下がってもおかしくないはずなのです。

それにもかかわらず原油高が続いたのはなぜか。実は現在の原油の価格は、需要と供給のバランスとは違う要因で決定されているからです。

投機マネーが原油価格を押し上げた

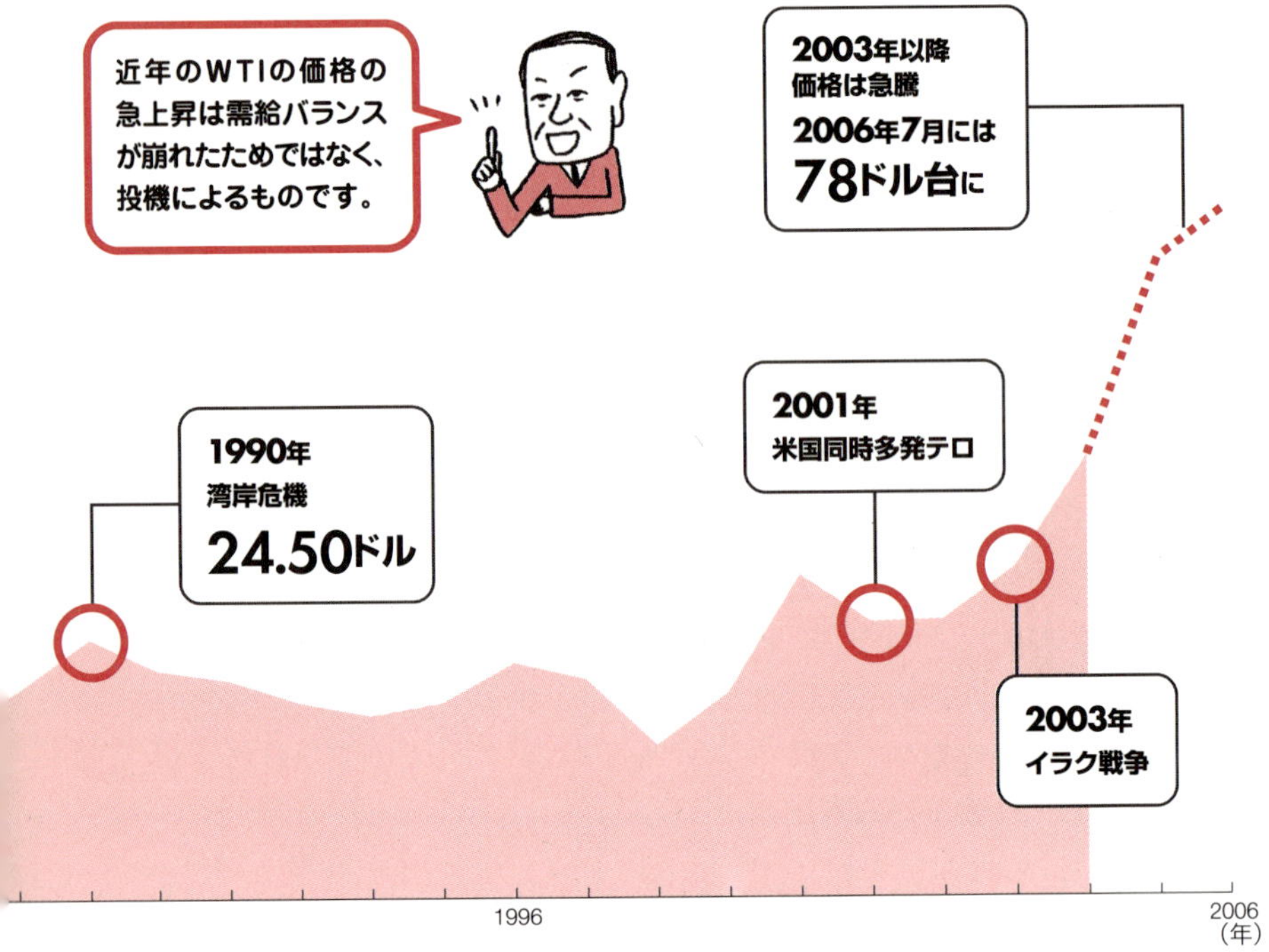

生産量の数百倍の取引高がある ニューヨーク商品取引所

ニューヨーク商品取引所で原油の先物相場が成立したのは、１９８２年のこと。そんなに昔のことではありません。しかしここで決定される原油価格が、世界の原油価格に影響を及ぼしています。

ニューヨーク商品取引所で扱われているのは、ＷＴＩ（ウエスト・テキサス・インターミディエート）と呼ばれるテキサス州西部の油田で産出される原油です。この油田は82年当時は１日約２００万バレルの原油の生産を行っていましたが、今は50万バレル程度です。

先物取引では、「空買い」「空売り」といって、原油の生産量には関係ない形で取引が行われます。ニューヨーク商品取引所で活発な取引が展開されている日には、２億５０００万バレルという膨大な

WTI原油スポット価格の推移

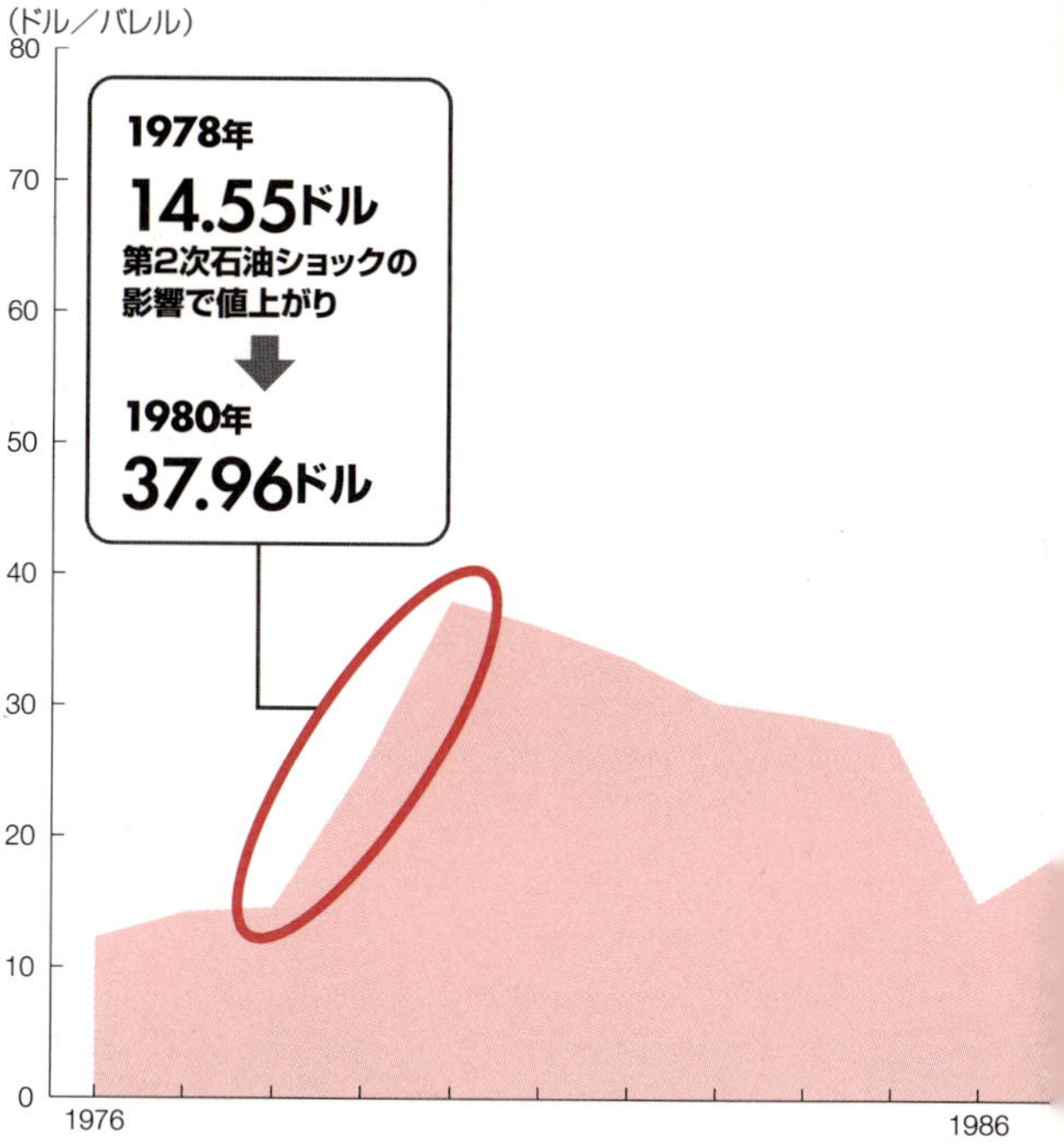

(資料:「原油スポット価格の推移」外務省)

原油価格①
をよむポイント

● **原油価格が現実を反映していない場合がある**

需給バランスは崩れていないのに原油高が進んだのは、ニューヨーク商品取引所での投資家の投機が理由。この状態は長くは続かない。

取引高を記録することもあります。実際のWTIの1日の生産量を何百倍も上回る取引が行われているわけです。

これは「投機」以外のなにものでもありません。現実の需給バランスとは無関係に価格が決まっているのです。

しかし無関係とはいっても、ニューヨーク商品取引所の原油価格に、世界のほかの油田で産出されている原油の価格が影響を受けます。こうして世界的な原油高が起きるのです。

ただし現実の需給バランスの逼迫に原因がない値上がりは、かならず一定の水準に達した後、反転して値下がりするものです。私が「石油ショックは起きない」と断言できるのは、そのような理由によります。そしてもうひとつ重要なことがあります。「エネルギー商品は、石油だけではない」ということです。くわしくは次ページ以降で述べましょう。

エネルギー商品は石油だけじゃない。原油高は続かない

エネルギー資源はいろいろある

石油

原油を精製したものが石油。
石油からはガソリン、灯油、軽油、重油、アスファルト、液化石油ガスなどが得られる。
世界で年間約30億トンの石油が産出されている。

石炭

主に製鉄や発電の燃料として使われている。現在石炭の生産が活発に行われているのは、中国とアメリカ。日本はオーストラリアや中国などからの輸入に頼っている。

天然ガス

発電や都市ガス、自動車の燃料などとして使われている。ロシアでは天然ガスの産出が盛んで、主にヨーロッパに供給されている。日本への大型輸送プロジェクトも進行中。

第1次石油ショック後に石油から石炭への切り替えが進んだ

しばしば忘れられがちですが、石油は独占的なエネルギー商品ではありません。石炭や天然ガスなどの競合商品があります。もし原油が大幅に高い値をつけるようなことがあったら、これらの競合商品に市場を奪われてしまいます。

事実、第1次石油ショックの後、各国は高値が続く石油に代わるエネルギーを求め、石炭への転換が急速に進みました。1973年当時10億トンの石炭の生産量は、現在50億トンに達しています。

また従来の原油の生産方法とは、違う

石油はあくまでも、さまざまなエネルギー商品のうちのひとつに過ぎません。そのため石油だけが突出して価格が上がることは、あり得ないといっていいでしょう。

原子力

主に発電に用いられる。しばしば安全性が問題視されるが、二酸化炭素の排出量が少ないエネルギーでもある。世界で400基以上の原子力発電所が稼動している。

水力

主に発電に用いられる。エネルギー資源の主力ではないが、クリーンなエネルギーであること、再生可能であること、自国で調達できることなどのメリットがある。

やり方で石油を生み出す技術の開発も進められています。カナダではオイル・サンドと呼ばれる炭化水素を含む砂から合成石油をとる技術が実用化されていますし、石炭を液化してガソリンにする技術の開発もいくつかの国で取り組まれています。また炭層と炭層の間にある頁岩《けつがん》といわれる岩から石油を取り出す技術も、やがて実用化されるでしょう。

　こうした現実の動きとは無関係に、原油高が持続するはずがないのです。私は競合商品とのバランスを考えると、１バレル50ドル程度が適当だと思います。

原油高が続いても日本はそれを追い風にできる

　しかし、もし万が一、原油高が続いたとしても、日本はその逆境をチャンスに変える力を持っています。

　２００３年度の内閣府の発表によれ

エネルギー源にお国柄が出る

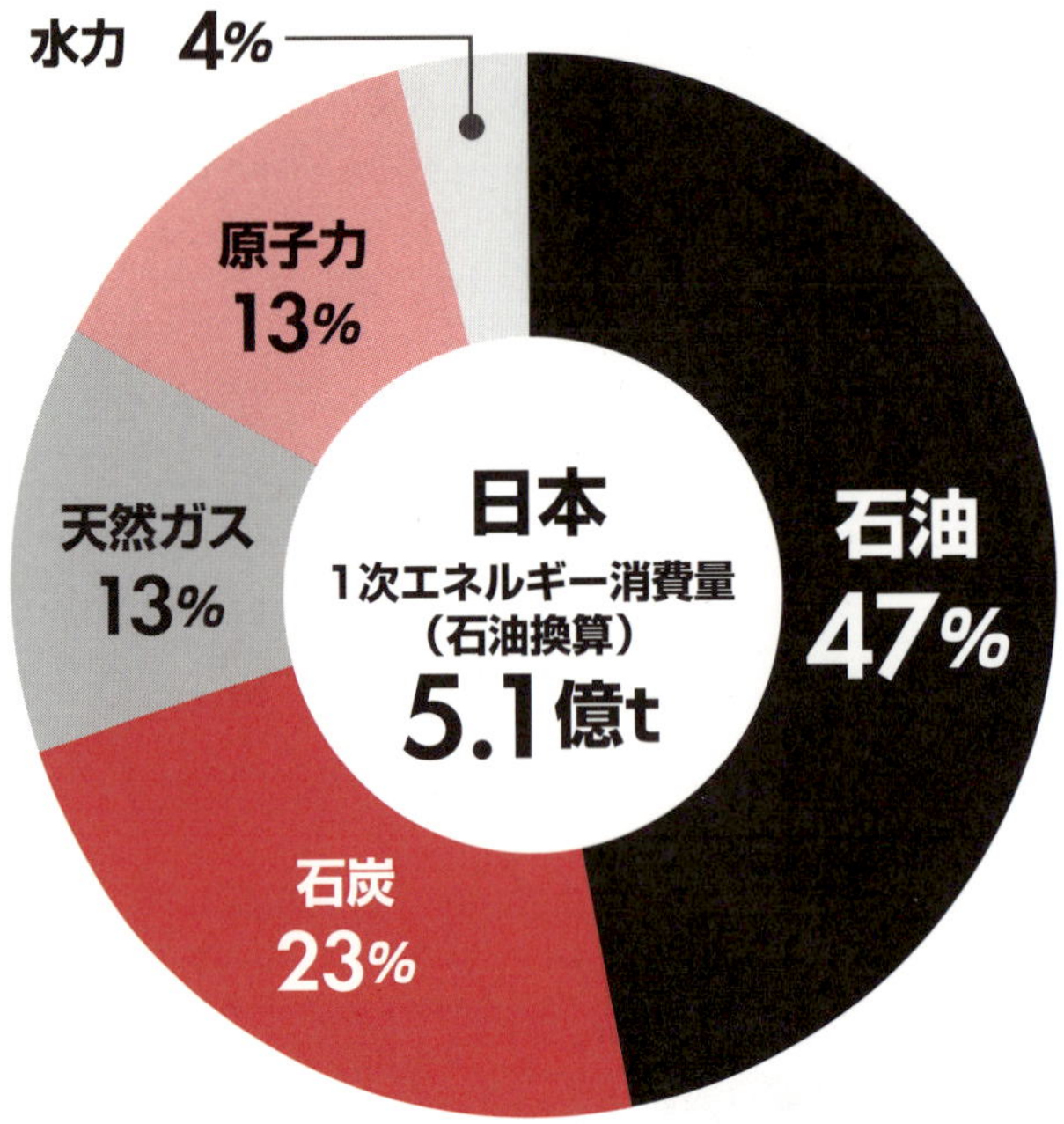

（資料：（財）日本原子力文化振興財団）

ば、日本は実質ＧＤＰ１単位を生み出すのに要する原油消費量（90年のアメリカの消費量を１００とする指数）が、わずか35。省エネの努力により、世界トップレベルのエネルギー消費効率を実現したのです。対照的なのが中国で、数値は１７４。中国の経済成長は「石油のがぶ飲み」状態によって成り立っているわけです。こうしたなかで原油高が続けば、打撃を受けるのは中国のような国です。逆にダメージの低い日本は、原油高が国際競争力を高めていく契機となり得ます。

ガソリン価格の急騰を税金が和らげている!?

また原油高が国民の生活に与える影響も、比較的最小限度にとどめることができます。たとえばアメリカでは、05年初頭からの１年数ヵ月で、ガソリン代が２倍近くに跳ね上がりました。アメリカではガソリンに税金がかけられていません。だから卸値の変動が、ダイレクトに給油所のガソリン代に反映します。

一方日本はガソリン税がきわめて高く、1リットルあたり53・8円もします。そのため卸値が少々上がっても、高い税金が緩衝装置になっているために、値上げ率は結果的に低くなります。「ガソリン税をもっと下げて欲しい」と思うかもしれませんが、税金のおかげで、原油高によってガソリン代が大幅に変動するというリスクからは免れているわけです。

最後に夢のある話をひとつ。日本周辺の深海には、メタンハイドレートと呼ばれる地下資源が豊富に眠っています。このメタンハイドレートは、化石燃料に代わる新しいエネルギー源として注目されています。いずれこの採掘技術と利用技術が確立されれば、日本は資源大国に生まれ変わるかもしれません。

エネルギー源別構成比

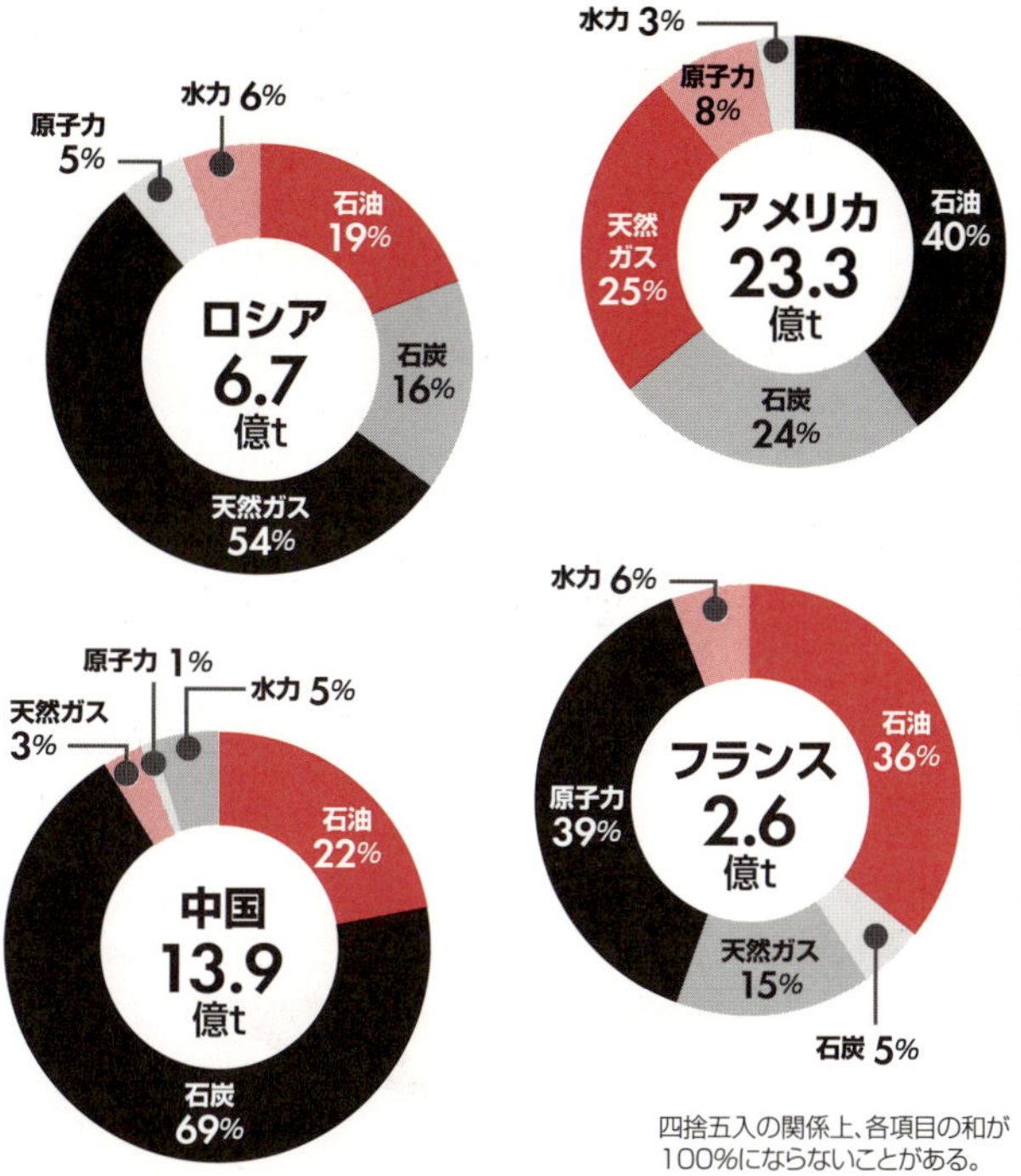

四捨五入の関係上、各項目の和が100%にならないことがある。

原油価格②
をよむポイント

●競合商品の存在も視野に入れて原油高を分析しよう

もし原油高が続いたら、競合商品に市場を奪われてしまうことになる。近年はさまざまなエネルギー資源の開発が活発に行われている。

50%以上で好況、以下で不況。一般の人にはあまり役立たない

役人が金融政策を行う根拠に使っているだけ

30個の指数をひとつに統合している

3タイプの指数に分かれる

景気の現状把握と今後の動向を予測することを目的としてつくられた指数。さまざまなデータを元に先行指数、一致指数、遅行指数の3つの指数を出し、先行指数と一致指数が50%を超えていれば好況、50%以下であれば不況とみなされる。

景気を先取りして動く**先行指数**

一致指数より数ヵ月先行するため、景気の動きの予知に使える。

- 最終需要財在庫率指数
- 新規求人数
- 鉱工業生産財在庫率指数
- 長短金利差
- 消費者態度指数
- 新設住宅着工床面積
- 耐久消費財出荷指数
- 東証株価指数

など計12項目

世の中では数々の経済指標が発表されていますが、私はそのすべてを参考にしているわけではありません。なかにはほとんど役に立たないものもあります。景気動向指数も、「役人が金融政策を行うときの根拠として使っているに過ぎない」と思っています。

内閣府経済社会総合研究所が景気動向指数を出すときの根拠としているのは、上の表にあるとおり、さまざまな指数です。たとえば「今後景気がよくなっていくかどうか」を見る先行指数では、景気

景気動向指数をよむポイント

● **経済指標には参考にならないものもある**

とくに参考になる指数ではない。元データとなっている実数をあたり、自分なりに分析した方が経済をよむ力が鍛えられる。

景気と並行して動く 一致指数

現在の景気の動きを表している。

- 大口電力使用量
- 生産指数(鉱工業)
- 所定外労働時間指数(製造業)
- 中小企業売上高(製造業)
- 百貨店販売額(前年同月比)
- 有効求人倍率(除く学卒)

など計11項目

景気に遅れて動く 遅行指数

一致指数から半年から1年遅行するため、景気の転換点などの確認に使える。

- 家計消費支出(全国勤労者世帯)
- 国内銀行貸出約定平均金利(新規)
- 法人税収入
- 完全失業率

など計7項目

の動向を先行的に示す指数について、3ヵ月前と比べて好況の数値を示している指数の割合を調べ、これが50%以上であれば「今後景気がよくなる」、以下であれば「景気が悪くなる」と判断します。

機械的に合成された指数では生きた経済の動きはよめない

しかし「先行指数75%」といわれても、それがどの程度のものであるのか、まるで実感がつかめません。むしろ先行指数を出す元データとなっている「新規求人数」や「実質機械受注」や「新設住宅着工床面積」などの実数に直接自分であたり、自分なりに日本経済の動向を分析する方がよほど正確であり、また経済をよむ目も鍛えられます。

景気動向指数と似たような指数として景気合成指数というのもありますが、これも役には立ちません。

日銀短観

企業が答えたアンケートの統計。景気がいいか悪いかを知る

海外でも「TANKAN」の名で知られる

●景気に対してどう思っているかアンケート

日本銀行が民間企業１万社以上を対象に、企業活動や経営状態についてのアンケートを実施。四半期に１回、年４回発表している。
企業担当者に経営状態を「よい」「さほどよくない」「悪い」の３つの選択肢で答えてもらい、今の企業の経営状態を指数化した「業況判断 DI」の推移に注目したい。

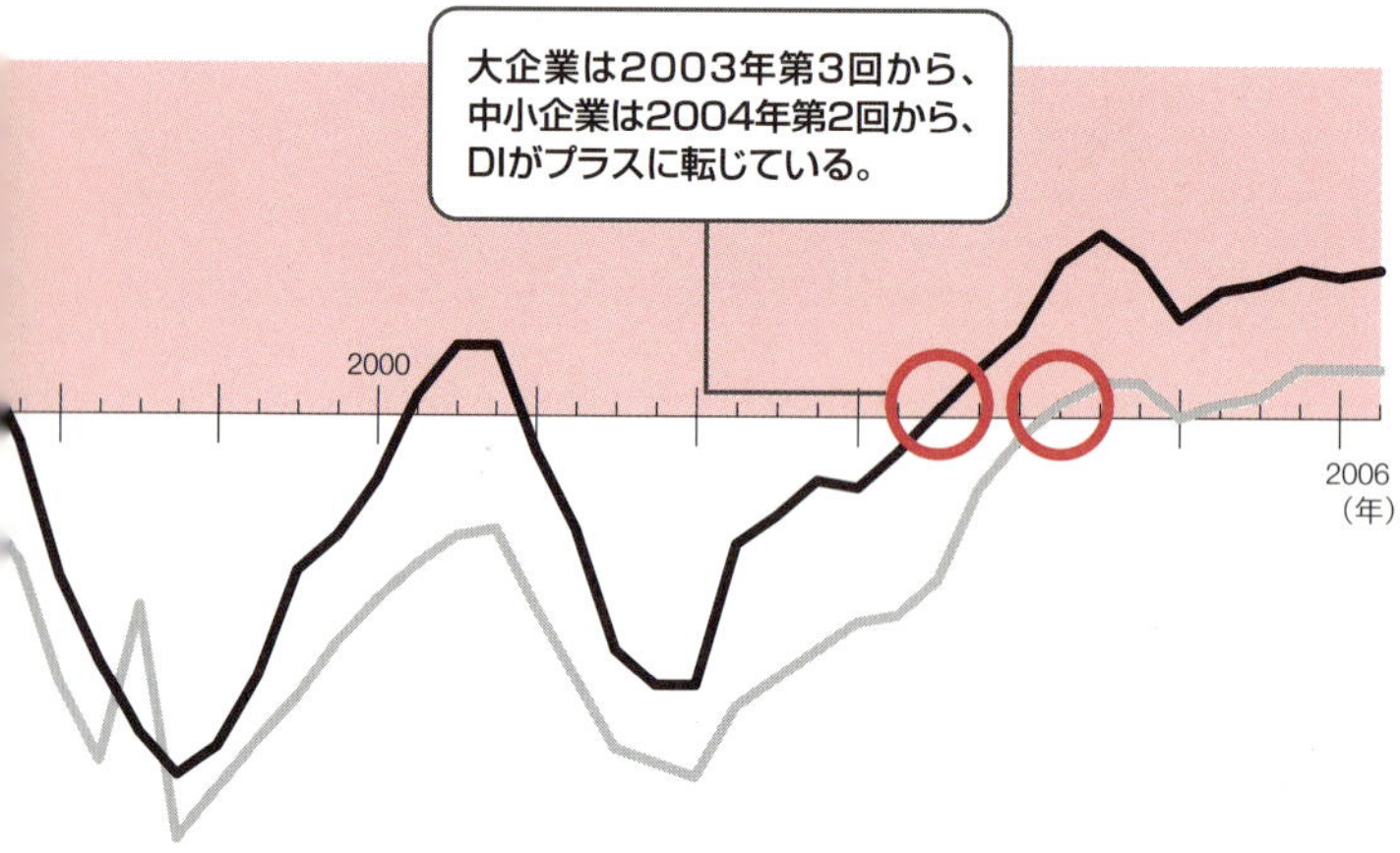

大企業は2003年第3回から、
中小企業は2004年第2回から、
DIがプラスに転じている。
2000
2006
（年）

発表日には日本銀行の裏門に列ができていた

日銀短観では、企業の担当者から直接経営状態の良し悪しを聞くため、今の日本企業の実態が正確につかめます。業種や会社の規模のバランスをとりながら1万社以上にアンケートを実施しているわけですから、信頼性もあります。

日銀短観で「経営状態はよい」と答える企業が増えたら、日本全体の景気が好転している証拠。これに反応して日経平均株価も上昇する傾向があります。

そのため日銀短観が発表される日には、証券会社やマスコミはいち早くこの

日銀短観をよむポイント

●**経営者から見た今の景気の実態がわかる**

経営者の生の声を集計した指数であり、景気の実態を見るうえでは重要なデータ。ただし投資の指標としては参考程度でよい。

経営状態を「よい」と回答した企業が多いほど業況判断DIの指数は高くなります（指数の単位は%ポイントです）。

業況判断DIの推移

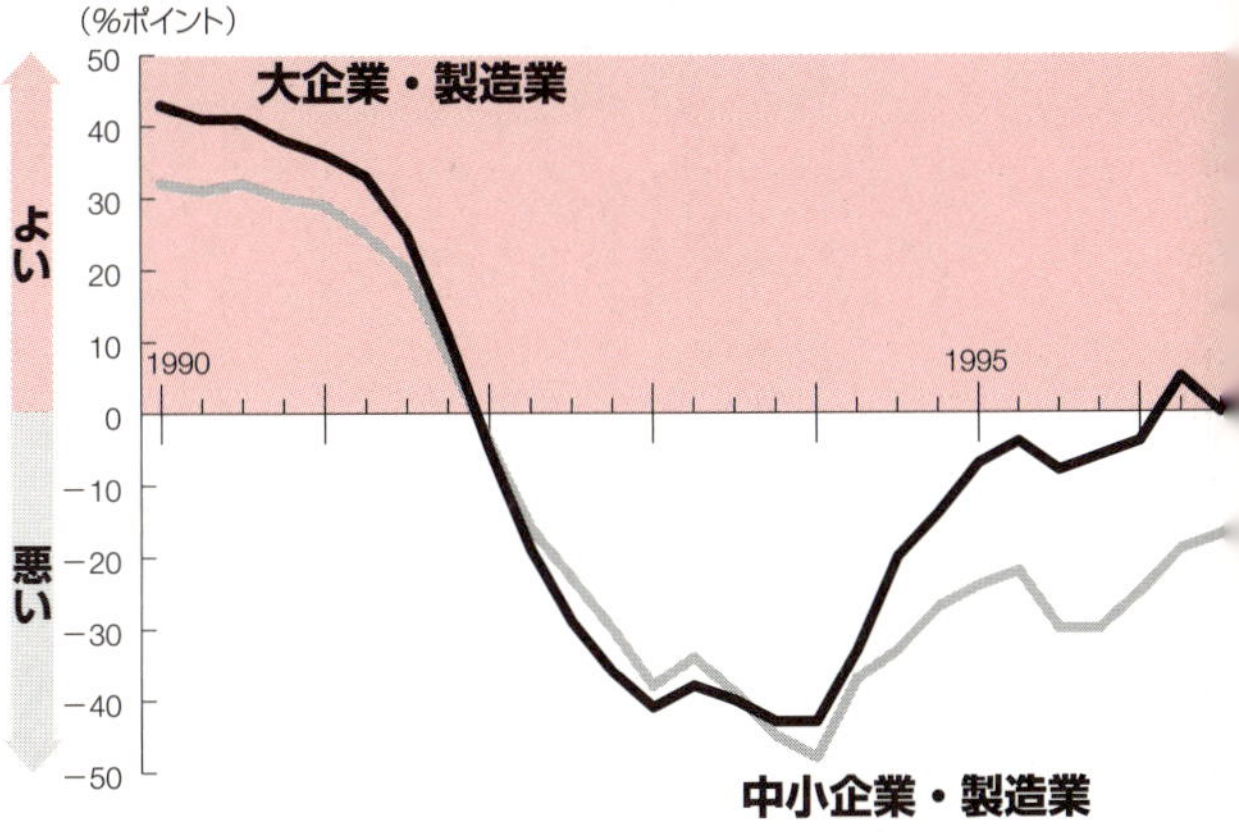

（資料:「日銀短観」日本銀行）

情報をつかもうとします。

日銀短観の発表は、毎回8時50分。昔は発表日の8時30分にもなると、日本銀行の裏門に証券会社の社員やマスコミ関係者が長い列をつくっていたものです。さすがに今はインターネットで発表されるようになったので、このようなことはなくなりましたが……。ちなみに8時50分に発表されるのは、株式市場が9時から始まるのにあわせてのことです。

投資の指標としては参考程度に日本企業全体の景気をチェック

証券会社は日銀短観をもとに、今後の戦略を組み立てます。もちろん個人投資家も目を光らせておく必要はありますが、日銀短観では個々の企業のアンケート結果までは発表されないので、自分が株を持っている企業の経営状態まではわかりません。

消費者の懐事情から景気を探る大切な指標

届け出のあった新設住宅の戸数を集計したものです。国土交通省が報告している「建築着工統計調査報告」のなかに、新設住宅着工戸数の項目があります。地域別、利用関係別などにかなり細かく項目を分けて発表しているのが特徴です。

詳細なデータで消費動向を知る

構造別

「木造」「非木造」に分け、さらに「非木造」を「鉄筋コンクリート造」「鉄骨造」などに分けて着工数を集計。

利用関係別

「持家」「貸家」「分譲住宅」などに分類して、それぞれ着工数を集計している。

地域別

「首都圏」「中部圏」「近畿圏」の着工戸数と、これらの圏内の各都府県の着工戸数を集計。

景気がよくなると住宅に対する需要も高まる

新設住宅着工戸数は、景気を見るバロメーターのひとつになります。住宅は「一生に一度の大きな買い物」といわれるぐらいの高額商品。基本的には景気がよければ売れ行きは伸びるし、悪くなれば下がります。ただし住宅購入は、その時々の金利や税制の変更に左右されやすい面もあるので、そこは注意を払わなくてはいけません。

新設住宅着工戸数が伸びると、家電や家具などの消費財の伸びも期待できます。そう考えると社会の経済活動に与え

企業の動向からも景気がわかる

機械受注実績

工作機械や原動機などの機械メーカーが、設備用の機械を受注した金額を公表したもの。「民需」「官公需」「外需」「代理店」の需要者別、機械の種類別に数値が集計される。

大口電力使用量

電力会社と500kW以上の契約を結んでいる組織の電力の使用量を集計したもの。ただし官公庁やショッピングセンターは除かれる。製造業が全体の8割を占めている。

設備投資調査

主要企業を対象に、設備投資実績額や今後の設備投資計画、設備投資目的、資金調達動向などを調査。項目ごとに、業種別や企業規模別などに分けて数値を集計している（P80参照）。

新設住宅着工戸数をよむポイント

●**着工戸数が伸びれば、景気が上向いている証拠**

景気や消費者の所得額の変動に左右される住宅需要は、景気をよむ重要な指標のひとつ。ただし金利や税制の影響も受けやすい。

る影響は大きいといえます。

　発表資料のなかには、「首都圏」「中部圏」「近畿圏」の地域別のデータも含まれています。そのため地域の経済の実状を把握する材料としても使えます。

もっと細かなデータにも気を配りたい

　また私は新聞に掲載される発売予定不動産物件の広告記事にも注目しています。物件を手がけている会社名と、物件ができる街、その規模が記されています。これを見ていくうちに、「この街は最近再開発が進んでいるな」といった感触を得ることができます。さらに気になるときには、自分で実際にその街にまで足を運ぶこともあります。

　このように現場の生の情報と数値になって表れた情報の両方を見ると、事実をより正確につかむことができます。

6カ月遅れで反応する。経済活動の水準を示すバロメーター

景気の上がり下がりがはっきりわかる

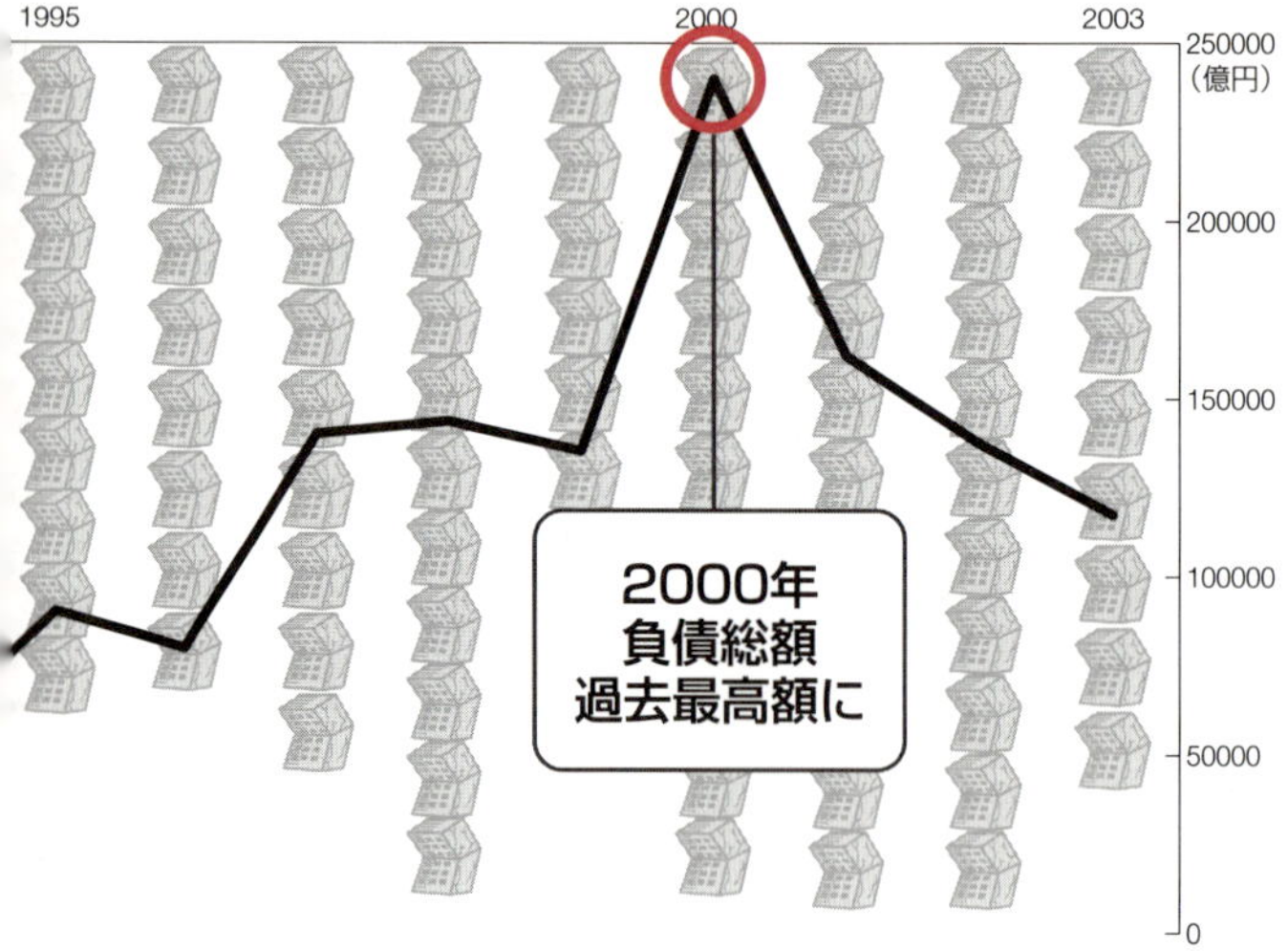

帝国データバンクでは、負債額1000万円以上の企業倒産を集計、月単位や年単位で発表。「倒産」の法的な定義はないが、企業が裁判所に会社更生法や民事再生法、破産、特別清算を申請したとき、2回目の不渡りを出し銀行取引停止処分を受けたとき、代表が倒産を認めたときのいずれかに該当する場合を「倒産」とみなしている。

景気を先取りするか、遅れるか数値の特徴を知っておきたい

数値から経済をよむときは、その数値が、景気の動向を先行的に示すのか、遅行的に示すのかを把握したいもの。

たとえば日経平均株価は先行的な数値の代表格で、株価が上がれば日本経済はやがて回復する、下がれば失速すると判断できます。反対に企業倒産件数は、遅行性の数値。だいたい景気の動きに対して、6ヵ月ぐらい遅れて反応します。

なぜ6ヵ月間遅れなのかというと、企業の経営者は経営が傾いてからしばらくの間、必死になって事業の立て直しを図

企業倒産件数
をよむポイント

● **経済の変動を後から確認するデータとして活用できる**

企業倒産件数は遅行性の数値。倒産件数・負債総額によって、市場でいわれている好況・不況が本当に確かなものなのかを確認できる。

企業倒産件数の推移

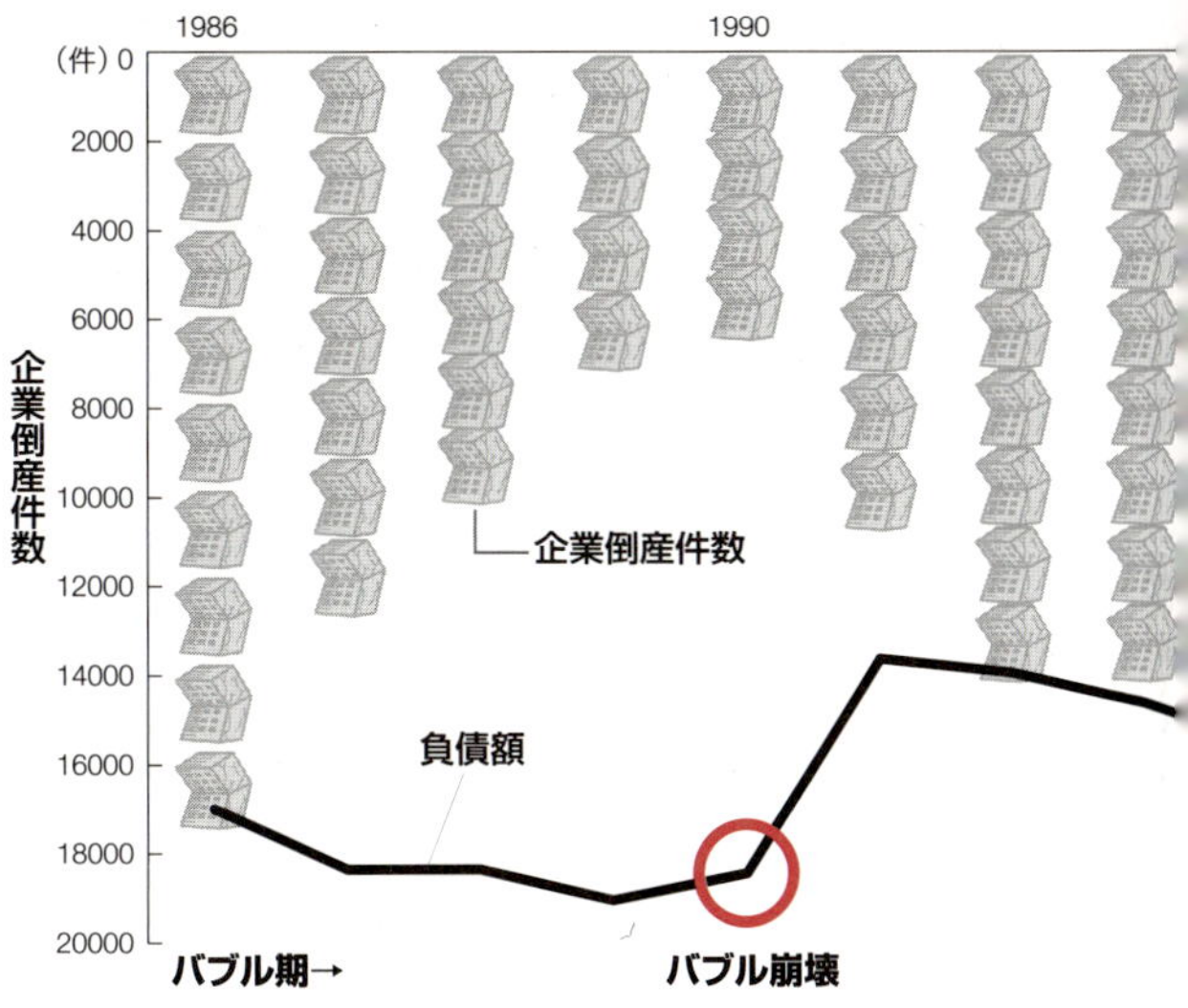

（資料:「全国企業倒産集計」帝国データバンク）

ろうとするからです。しかしついに万策尽きてあきらめるのが、6ヵ月後というわけです。そう考えると企業倒産件数が遅行性の数値というのは、非常に人間味があります。「数字の裏に人あり」です。

研究投資を怠った企業が相次いで倒産した2000年

さて企業倒産がピークに達したのは2000年のことでした。件数そのものは翌01年、02年の方が多いのですが、負債総額は戦後最悪を記録しました。ちょうどこの年は世界的なデフレが本格化した頃です。研究開発投資を怠ったために、価格競争に巻き込まれ敗れた企業が、相次いで倒産していったのです。

逆にいえばこの時期を乗り越えられた企業は、強い競争力を持っているといえます。ここ数年、企業倒産件数、負債総額ともに減少傾向が続いています。

すべての基本となる経済指標。国の経済規模、生活水準が判断できる

日本のGDPは世界第2位をキープ

GDP（国内総生産）とは、一定期間内に国内での経済活動によって生み出された付加価値の総額のこと。経済成長率は、このGDPの伸びを示したもの。GNP、GDPについてはP164へ。

GDPランキング

（2004年）

1位	アメリカ	約11兆7343億ドル
2位	日本	約4兆5881億ドル
3位	ドイツ	約2兆7405億ドル
4位	イギリス	約2兆1330億ドル
5位	フランス	約2兆466億ドル

左ページに主な国のGDPが世界全体のGDPの何%を占めるかグラフにしてあります。

戦後どん底GNPから世界2位に躍進した

戦後、多くの日本人がGNP（国民総生産）に注目した時期がありました（当時は国の経済活動の規模を見る指標として、GDPではなくGNPが使われるのが一般的でした）。

1968年、日本のGNPが世界第2位になりました。これは日本人にとっては感慨深いことであり、世界にとっては驚嘆するべきことでした。

終戦直後の日本は、国民の生活も産業も壊滅状態でした。敗戦の年にあたる45年、世界全体のGNP総計に占める日本

世界GDPの構成比（2004年）

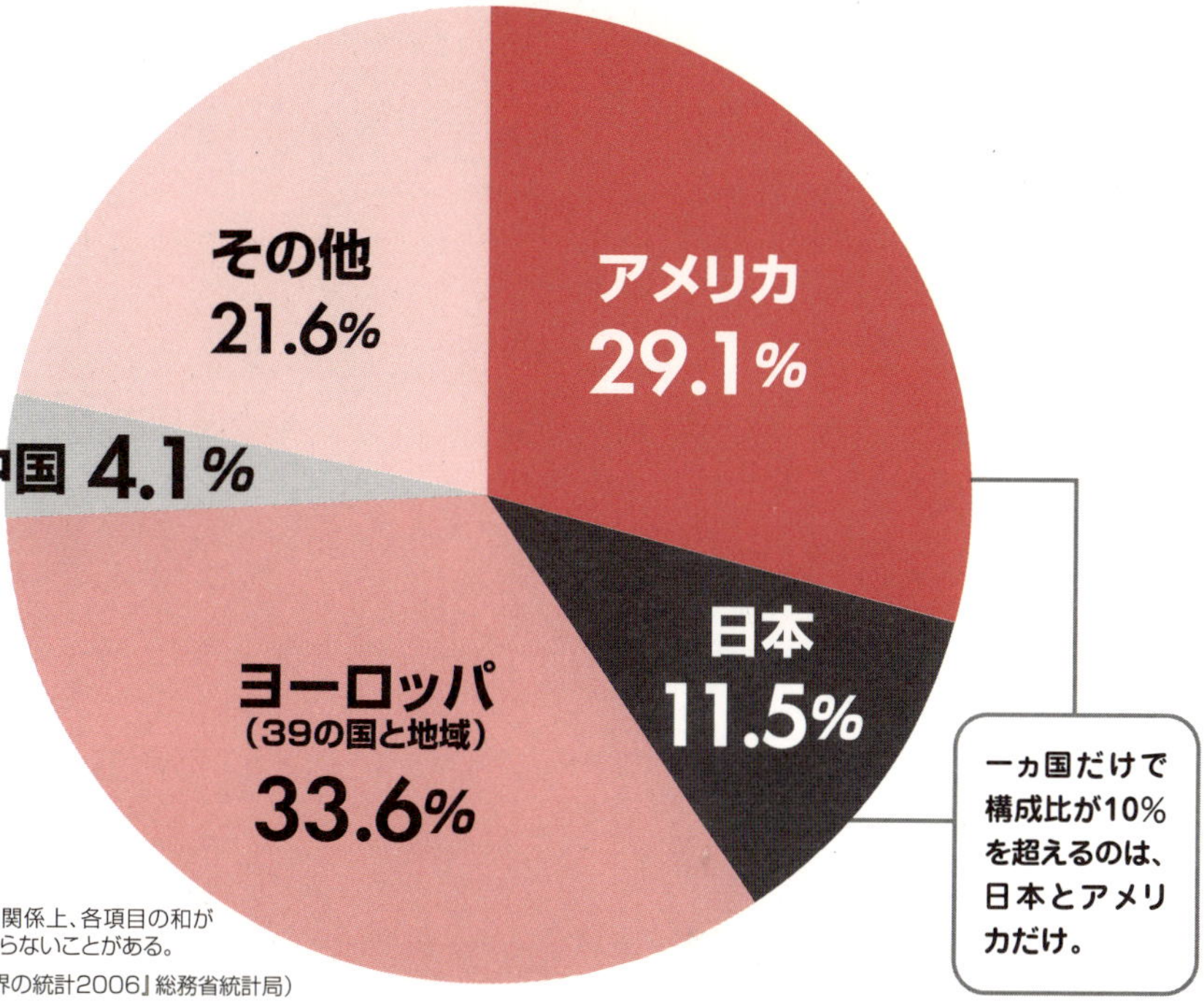

四捨五入の関係上、各項目の和が100%とならないことがある。

（資料:『世界の統計2006』総務省統計局）

の割合は、わずか0・001％。

その国の経済水準や生活水準を把握するときには国民一人あたりのGNPを出してみるとわかりやすいのですが、日本は終戦直後40ドルでした。太平洋戦争前の39年の国民一人あたりのGNPが92ドルでしたから、半分以下に減ったことになります。

GNP、GDPは経済規模を比較するのにベスト

こんなふうに国の経済規模や経済水準をGNP（またはGDP）で表してみると、非常にわかりやすく、また客観的な信頼性もあります。戦後の日本はどん底から這い上がるために、このGNPを目安として、自分たちの国がどれだけ経済復興を遂げているか、世界のなかでどの程度の経済規模にあるかを測りながら、発展を遂げていったのです。

日本経済は成熟期を迎えた

GDPの推移

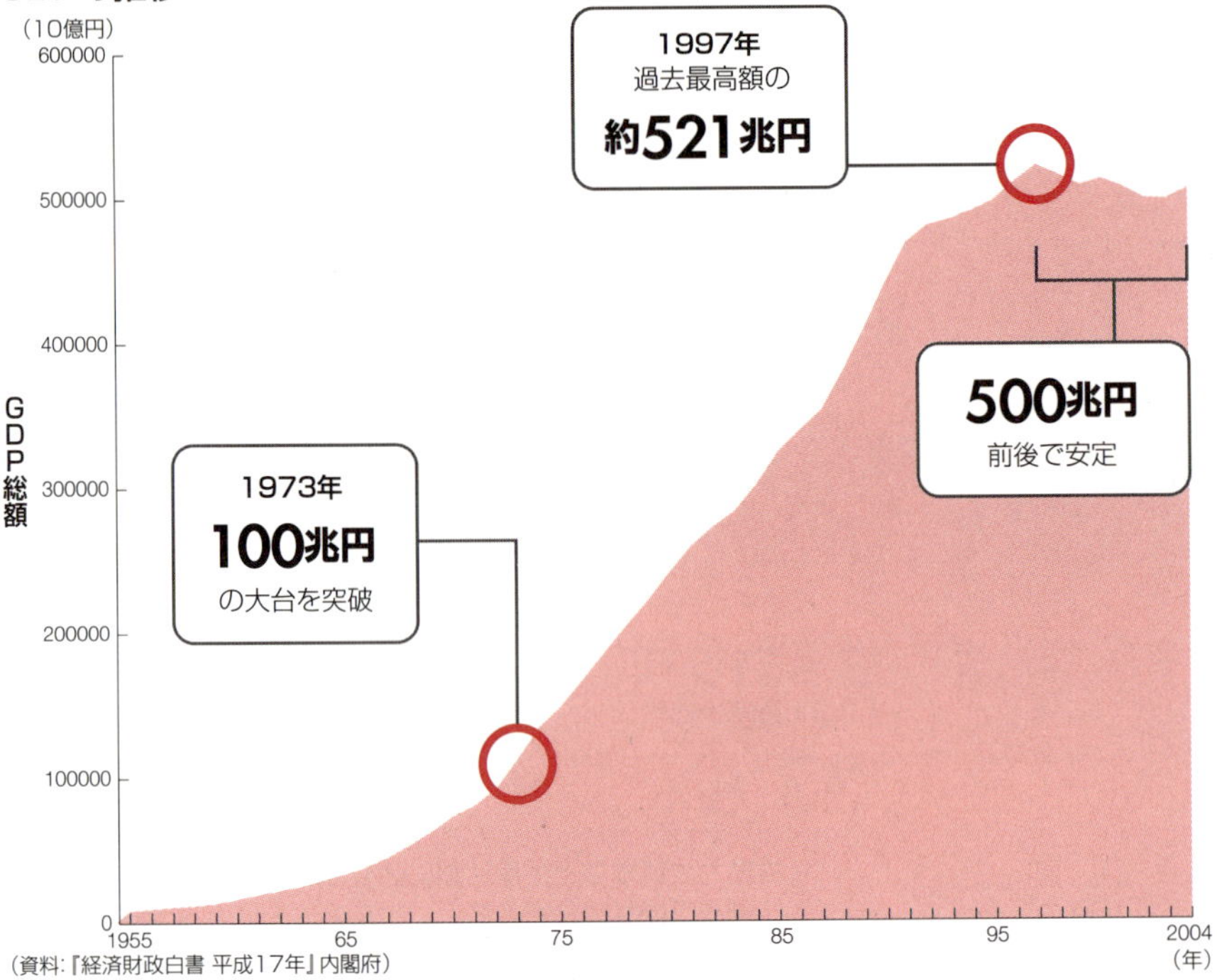

(資料:『経済財政白書 平成17年』内閣府)

戦後の日本のＧＮＰおよびＧＤＰの推移を見ると、まず50年代後半から73年にかけては10％前後の経済成長率を毎年記録していました。この時期が〝高度成長期〟と呼ばれるのは、ＧＮＰの経済成長率が高い数値を示していたからです。

ところが第1次石油ショックによって、74年に戦後初めてマイナス成長を記録し、ここから低成長期が始まります。そしてバブル崩壊以降、経済成長率はますます鈍化し、93年、98年、２００１年と3度のマイナス成長を記録します。

こうして見ていくと、ＧＮＰとＧＤＰは、まさに日本経済の歩みとその時々の状態を端的に表した数値といえます。

経済成長率だけでなく潜在成長率にも注目を

ところで今日本には、再び好景気が到来しています。しかし高度成長期のよう

成長率にもいろいろある

名目成長率

物価上昇（下落）分の要素も含んで、前年からのGDPの増加率（減少率）を算出したもの。物価の変動があまりに激しい場合、参考にならない。

実質成長率

実質成長率とは、名目成長率から物価上昇（下落）分の要素を除き、実質的なGDPの成長率を算出したもの。物価の変動に影響を受けない成長率を把握できる。

潜在成長率

労働力や資本など生産活動に必要なものをフル活用した場合に達成可能な成長率のこと。本来の力を最大限発揮した場合の成長率で、日本は約2%と予測されている。

GDP①をよむポイント

● **経済成長率とともに潜在成長率もチェック**

ＧＤＰの経済成長率で、その国の景気の変動がわかる。ただし適切な経済成長率は経済の規模によって異なるので、潜在成長率にも注目を。

な10%の経済成長率は望むべくもありません。なぜならＧＤＰの規模そのものが大きくなっているからです。日本の経済規模がまだ小さかった頃なら、１００億ドルのＧＤＰの増加は、経済成長率を大きく引き伸ばしました。しかし現在では、０・２４％程度でしかありません。

　したがってＧＤＰによって経済成長度を見るときには、単純に経済成長率だけに注目していると見誤ります。その国の経済規模や経済の成熟度に応じた適切な経済成長率があります。

　潜在成長率といって、ＧＤＰを生み出すのに必要な供給能力をその年にどれだけ増やせるかを示した指標があるのですが、現在日本の場合はこれが2%程度とされています。2%をクリアしていれば、「日本経済は順調に成長している」、下回っていれば「後退している」とみなせるわけです。

「GNP」から「GDP」に変わった。背景に経済の国際化が見える

企業の海外進出が進むなかでGNPは適切な指標ではなくなった

1980年代までは国の経済規模を測る指標として、GDP（国内総生産）ではなくGNP（国民総生産）が用いられていました。GDPが使われだしたのは90年代に入ってからです。これは日本だけではなく世界共通です。

国民総生産（GNP）とは文字どおり、日本国民（日本企業）が生産した付加価値の総額です。日本企業は国内だけではなく、海外にも進出しています。日本企業が海外で事業を行うときには、現地法人を設立するわけですが、現地法人が利

GNPは人、GDPは地域がポイント

●日本国民が生んだ付加価値

国の内外を問わず、日本国民が生産した財・サービスの付加価値の総額を示している。現在は、GNPに代わってGNI（国民総所得）という指標も注目されている。

●日本国内で生まれた付加価値

国内での経済活動によって生まれた財・サービスの付加価値の総額を示している。GDPの伸び率を経済成長率といい、国の経済を総合的に判断する指標になる。

益を生み出すことによって日本企業にもたらされる所得も、ＧＮＰに含まれます。

まだ企業の国際化が進んでいなかった頃は、ＧＮＰを国の経済規模や経済水準を測る指標とすることに、大きな問題は生じていませんでした。しかし企業の海外進出は年々盛んになっていきました。

こうなると、ＧＮＰだと日本国外での生産も含まれているために、国内の経済規模を測る指標としては適切なものではなくなります。また海外から受け取る事業所得をＧＮＰにカウントするうえで必要となる貿易統計には、膨大な誤差・脱漏が含まれています。そのためＧＮＰの数値自体の信頼性にも問題が出てきました。そこでＧＮＰに代わってＧＤＰが用いられるようになったのです。

いわばＧＮＰからＧＤＰへの移行は、企業活動が国際化するなかで必然的なことだったのです。

GDPを物差しにデータを分析する

債務残高の国際比較（対GDP比、%）
（2006年）

GDPを使って
借金の総額をチェック

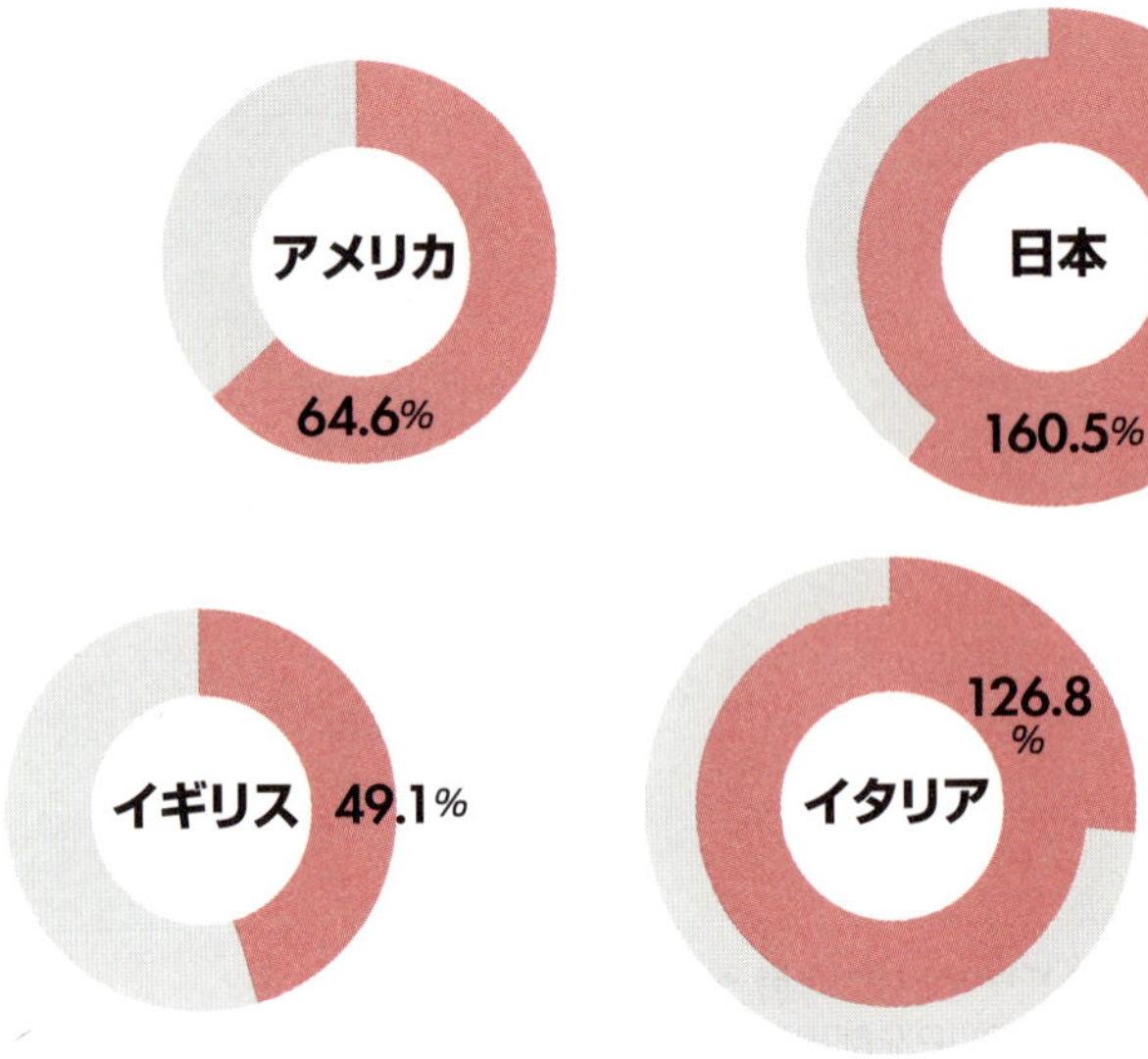

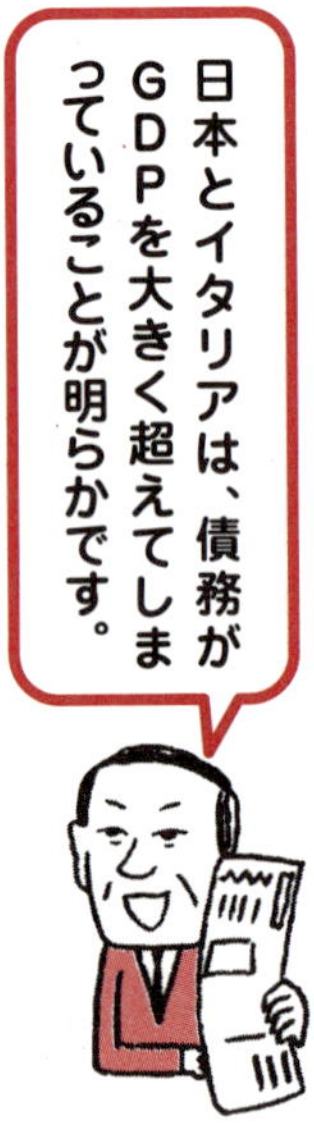

（資料:財務省）

GDPを物差しにして経済指標や数値を測る

GDPに移行したことで、国の経済状態をより的確に把握できるようになりました。私は経済に関するさまざまな指標や数値を見るときには、よくGDPを物差しにして分析を行います。

たとえば日本の研究開発投資は2004年度に16兆9376億円を記録しました。しかし数字だけを見ても、多いのか少ないのかピンとこないものです。そこでGDP比で表すと、研究開発投資はGDPの3・35%（78ページ参照）。これはアメリカやドイツと比べると圧倒的に高い数値です。

GDPを物差しとすることで、日本が研究開発投資にどれだけの力を注いでいるかが実感としてつかめるわけです。

研究開発投資だけではありません。設

GDP②
をよむポイント

●GDPを使って各国の研究開発費などを見てみよう

GDPはさまざまな経済指標や数値を分析するときの物差しとしても活用でき、国の経済がより的確にわかるようになった。

GDPあたりの一次エネルギー供給の各国比較
（2001年）

GDPを使ってエネルギー効率をチェック

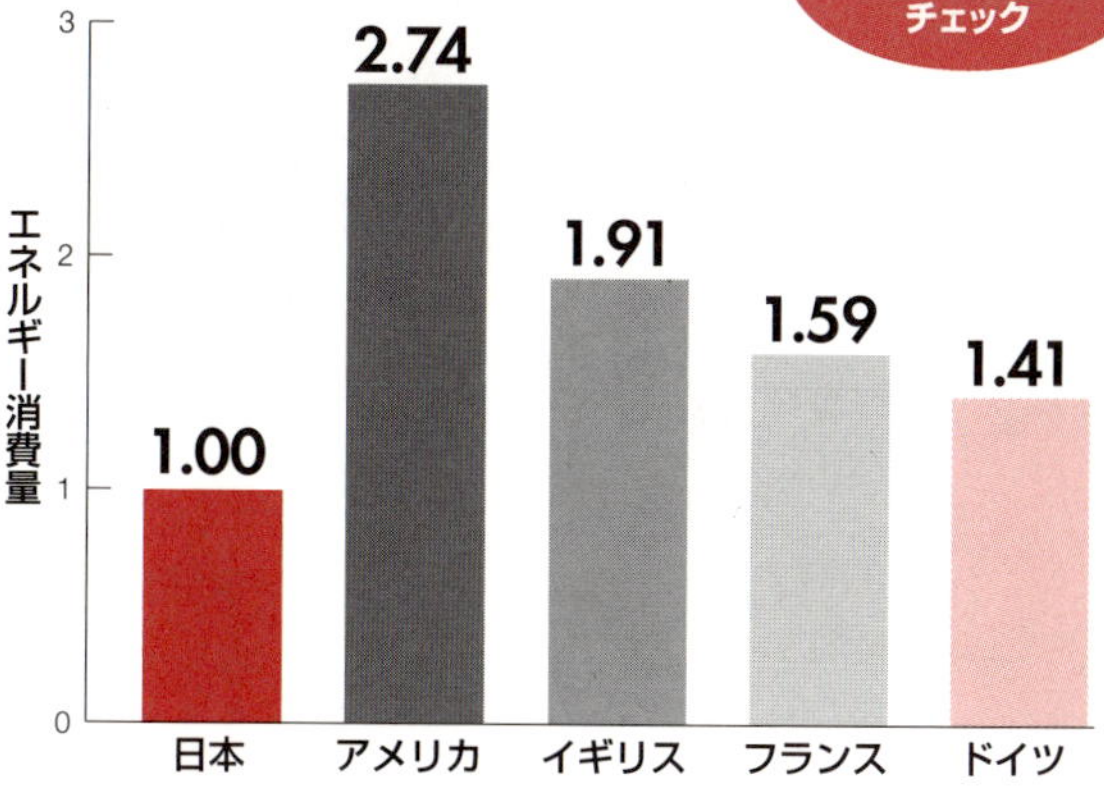

（資料：『エネルギー白書2004』経済産業省）

●やはり日本は省エネ国

同じGDPを創出するのに必要なエネルギーを比べると、日本は少ないエネルギーしか使っていないことがわかる。

備投資にせよ、軍事費にせよ、ＧＤＰを目安に考えると、その国のその分野に対する力の入れ具合が見えてきます。

　ＧＤＰを使って国と国同士の比較を行うときには、国民一人あたりＧＤＰに換算してみると便利です。

　たとえば日本とルクセンブルクを比較してみましょう。03年の日本の名目ＧＤＰは約４兆３０００億ドルだったのに対し、ルクセンブルクは２６０億ドル。日本の方が圧倒的に経済水準が高いように見えます。しかし国民一人あたりＧＤＰに置き換えてみると、日本の３万３７００ドルに対してルクセンブルクは５万８４００ドルと、ルクセンブルクの方が上位に来るのです。

　次の項目では、この国民一人あたりＧＤＰという物差しを使って、具体的にどんな国家間比較ができるかをみなさんに紹介しましょう。

GDPで国と国を比較してみると意外な現実が見えてくる

比較することで情報が生きる

たとえば 韓国 vs ロシアを比べる

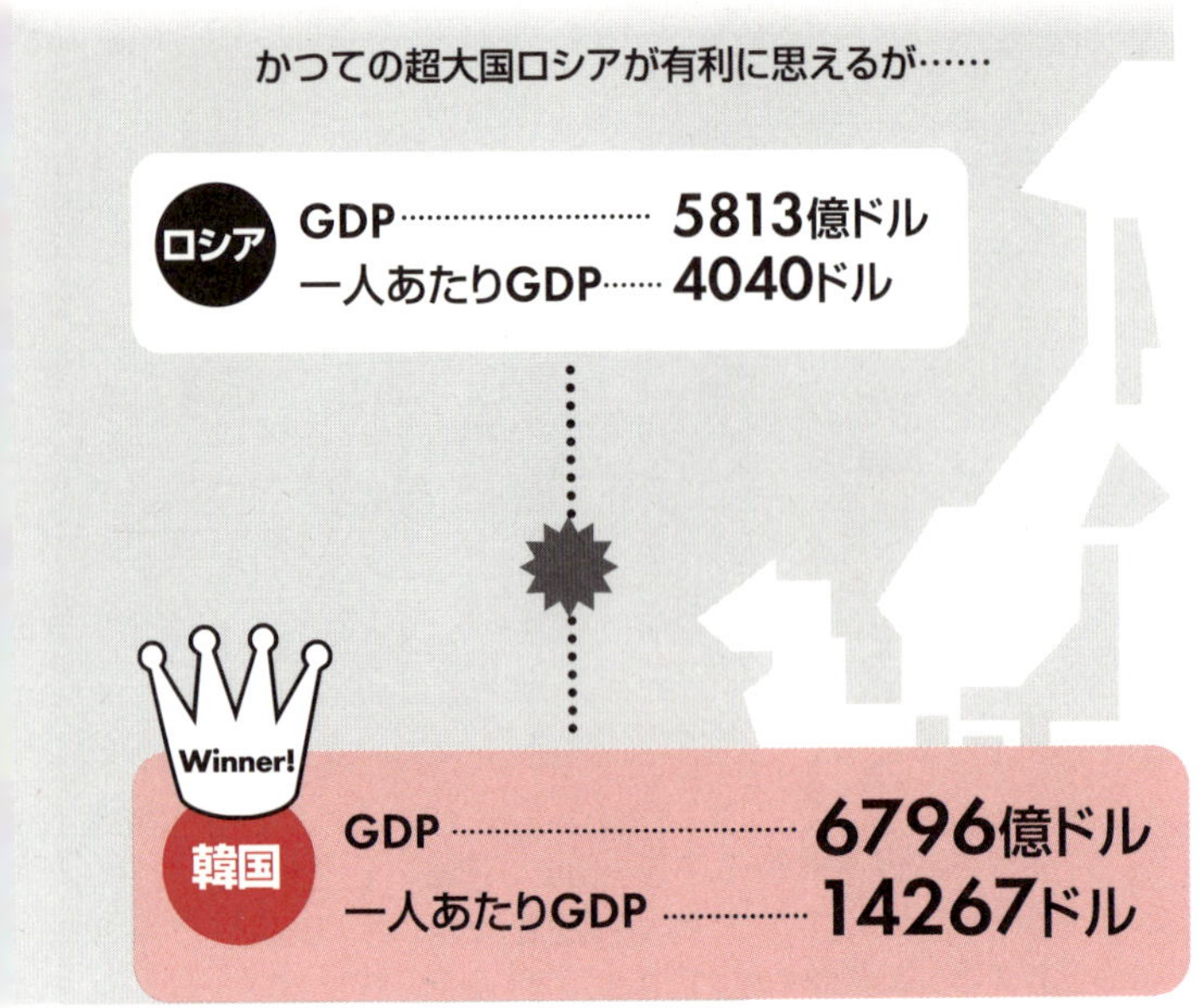

朝鮮半島統一の困難さが国民一人あたりGDP比でわかる

ベルリンの壁が崩壊して、東西統一を成し遂げることができたドイツ。東西統一直前、西ドイツと東ドイツのGDPは4対1の比率でした。

ドイツ政府は、旧東ドイツの復興のために、これまで約10兆マルクを投入しています。しかしすでに統一ドイツ誕生から15年以上が経過しているにもかかわらず、いまだに東西の格差は埋まっていません。旧東ドイツでは産業が停滞し、失業率は旧西ドイツの2倍にも達しています。また旧東ドイツに対する巨額の援助

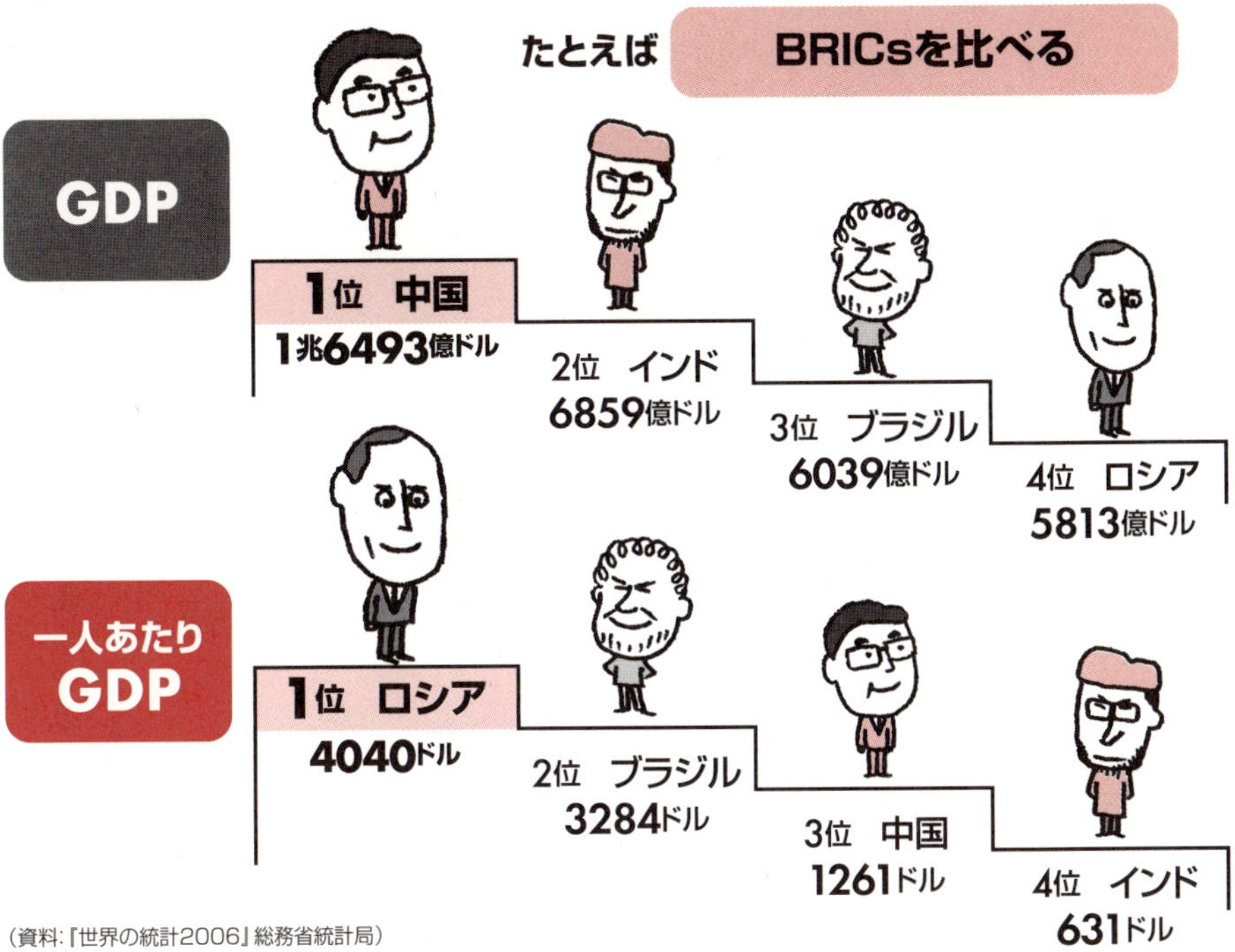

（資料:『世界の統計2006』総務省統計局）

は、ドイツ全体の経済成長にとっても負担になっています。

しかし国家の統一が実現したときに、ドイツ以上の経済混乱が確実に訪れるのが朝鮮半島です。それは韓国と北朝鮮の国民一人あたりＧＤＰを比べてみると明瞭です。

韓国の国民一人あたりＧＤＰが１万ドルを超えているのに対し、北朝鮮は１０００ドルを切っています。しかもドイツの場合、西と東の人口比は４対１でしたが、韓国と北朝鮮の人口比は２対１です。韓国国民にとって朝鮮統一は悲願かもしれませんが、あまりにも重い荷物を背負うことでもあるのです。

そう考えると、韓国の盧武鉉政権が、日本から見ると理解できないほど北朝鮮に対して宥和政策をとっているのも理解できます。盧武鉉にとっては、自分が政権についている間は、北朝鮮には絶対に

ヨーロッパの小国がトップを独占

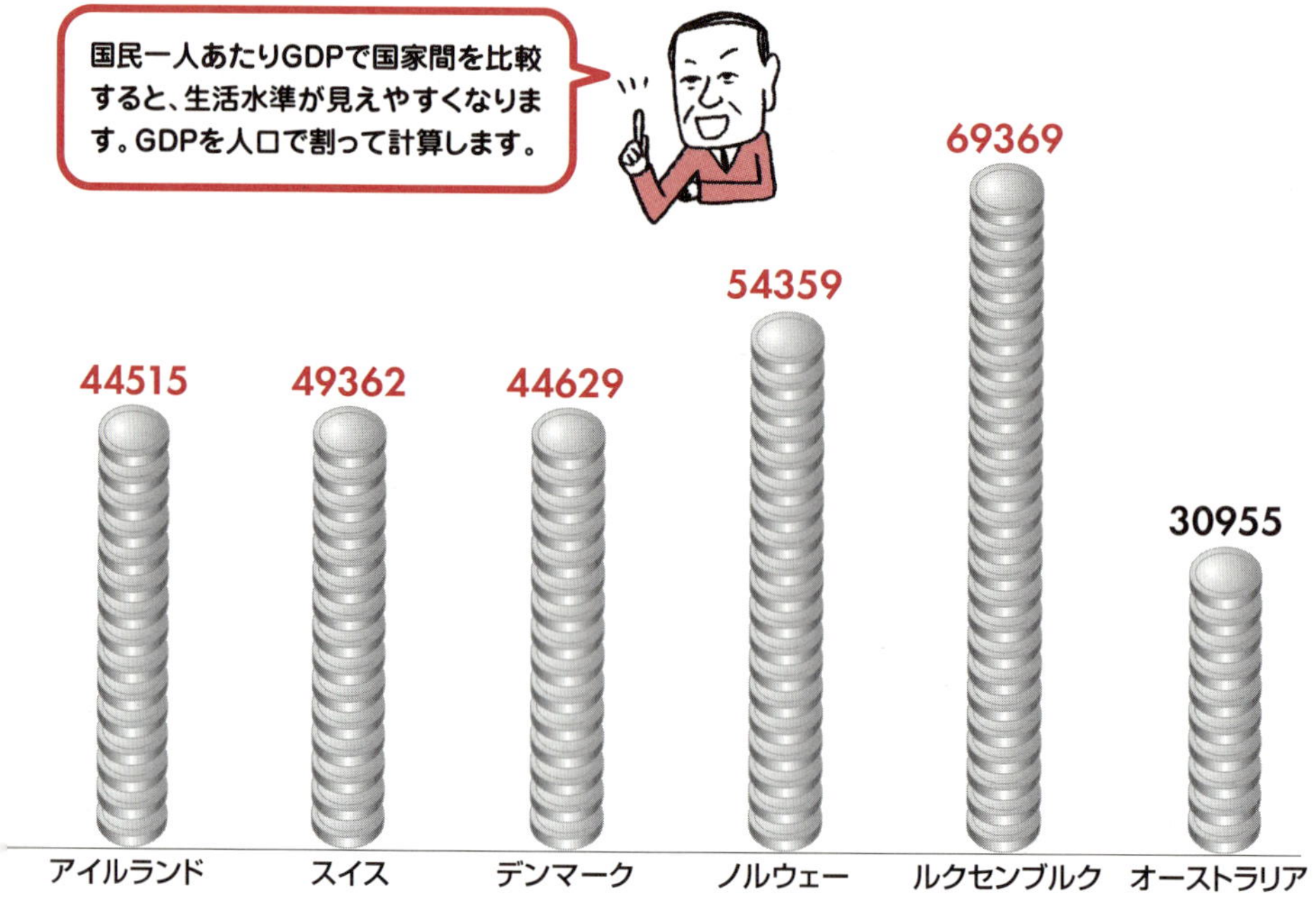

崩壊してもらっては困るのです。

かつての二大超大国　アメリカとロシアを比較する

東西冷戦が完全に過去のものになってしまっていることも、アメリカとロシア国民一人あたりＧＤＰを比較することでわかります。

アメリカの国民一人あたりＧＤＰは、ロシアの約10倍です。もし再びアメリカとロシアが反目しあうことになっても、ロシアに勝ち目はありません。この格差を無視すれば、ロシアは滅亡の道を選ぶことになります。

実はこの滅亡の道を、過去に選んだことがあるのが日本です。第２次世界大戦が勃発した１９３９年当時、アメリカの国民一人あたりＧＮＰは５４０ドルでした。それに対して日本は92ドル。その差は歴然でした。思えばずいぶん無謀な戦

各国の国民一人あたりGDP（2004）

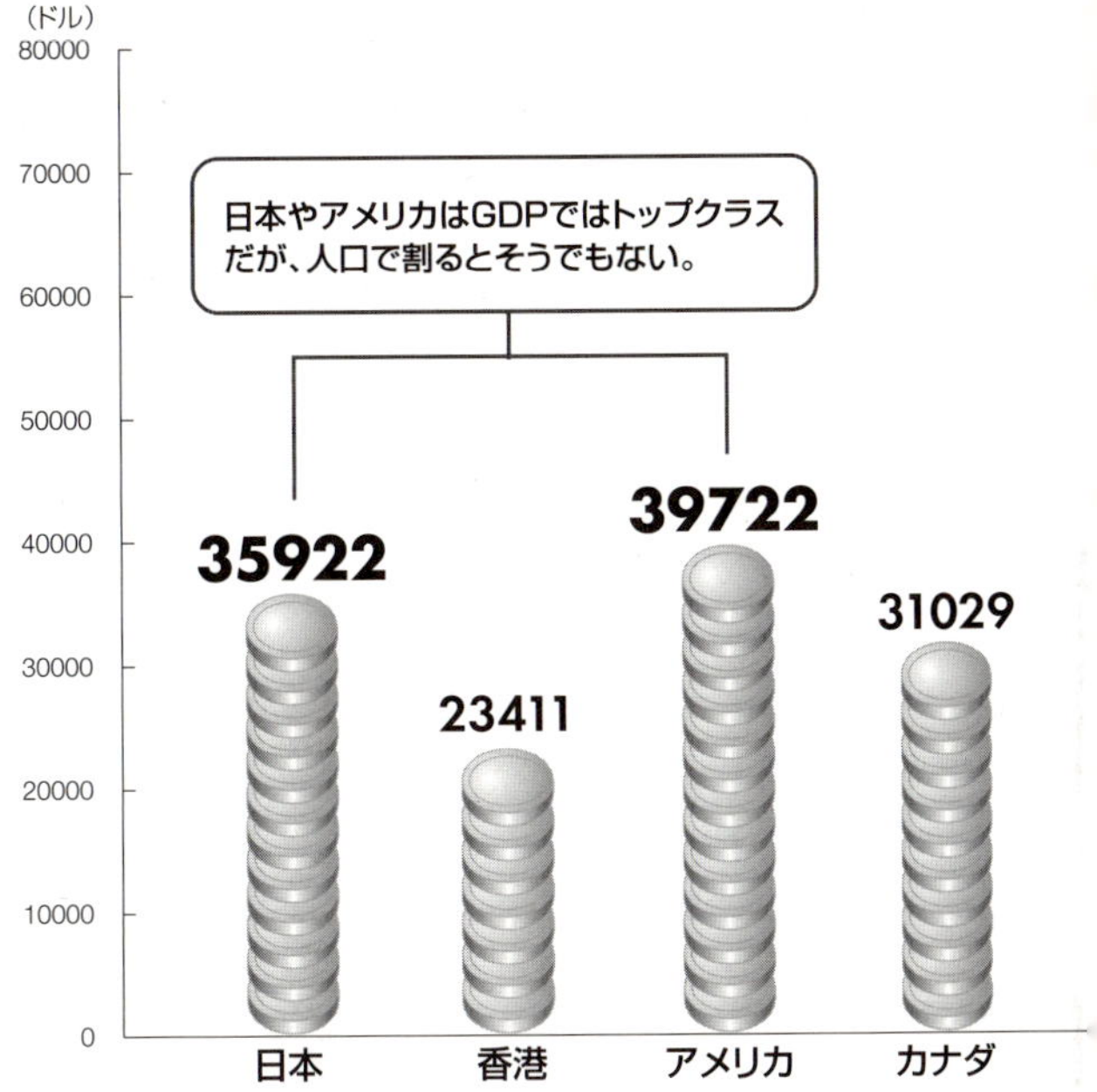

（資料:『世界の統計2006』総務省統計局）

GDP③をよむポイント

● **万国共通の物差しであるGDPで国家を分析する**

テーマを持ったうえで、複数の国家の国民一人あたりGDP比較を行うと、ほかの数値からは見えなかった事実をつかむことができる。

争を仕掛けたものです。

中国の経済力はロシアやブラジルより下

GDPを使って国家間の比較を行うときには、テーマを設けることが重要です。

近年すさまじい経済成長を遂げているBRICs（ブラジル、ロシア、インド、中国）の国民一人あたりGDPを比べてみても、おもしろいことがわかります。

中国はすっかり経済大国の仲間入りをしているようなイメージがありますが、国民一人あたりGDPではロシアやブラジルよりも低いのです。中国経済の世界経済に与える影響は、それほど大きいものではないということです。

GDPは万国共通。この万国共通の物差しを使って国家間比較を行うことで、世界におけるその国の経済的位置や国家事情が、明瞭に見えてきます。

元の切り上げが日本経済に脅威を与えることはない

今のところ元安を維持しているが…

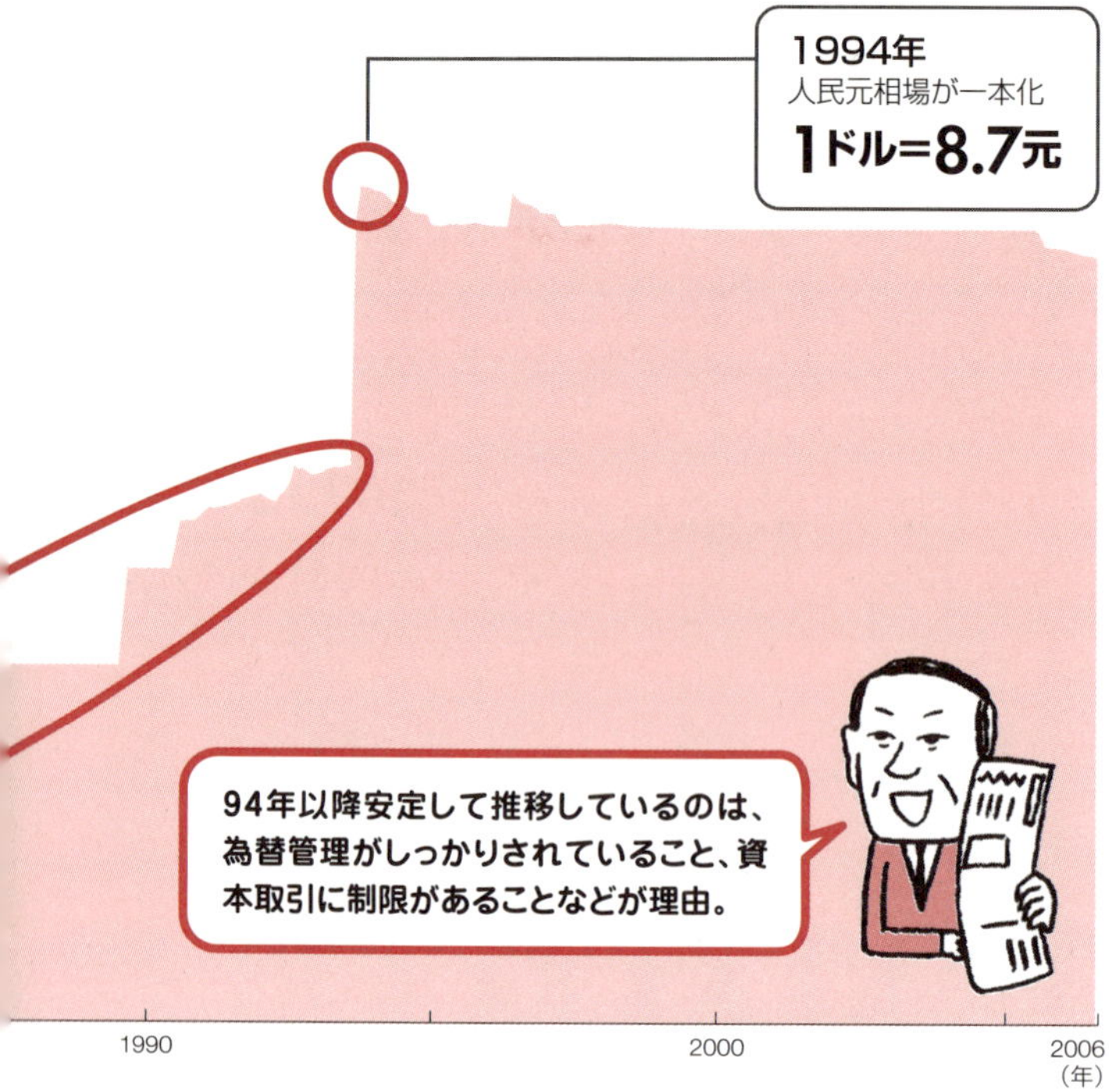
1994年
人民元相場が一本化
1ドル=8.7元
94年以降安定して推移しているのは、為替管理がしっかりされていること、資本取引に制限があることなどが理由。
1990
2000
2006
(年)

中国人民銀行が人民元レートの安定を図っている

中国の為替制度は管理変動相場制。中央銀行である中国人民銀行が常時介入を行っています。現在中国は、輸出産業の国際競争力を維持するために、元安ドル高の政策をとっています。そのため安い商品が大量にアメリカに流入し、アメリカの国内産業を疲弊させています。

そこでこの数年、アメリカと中国との間で激しいやり取りが行われているのが人民元の切り上げです。アメリカは一時、中国を「不当な為替操作国」として制裁措置をちらつかせたこともありました。

中国人民元 をよむポイント

● **人民元の変動を常にチェックする必要はある**

人民元の切り上げが日本に与える影響は、非常に限定的。ただし中米関係の行方を見守るうえでは、常にチェックをしておきたい。

人民元／ドル レートの推移

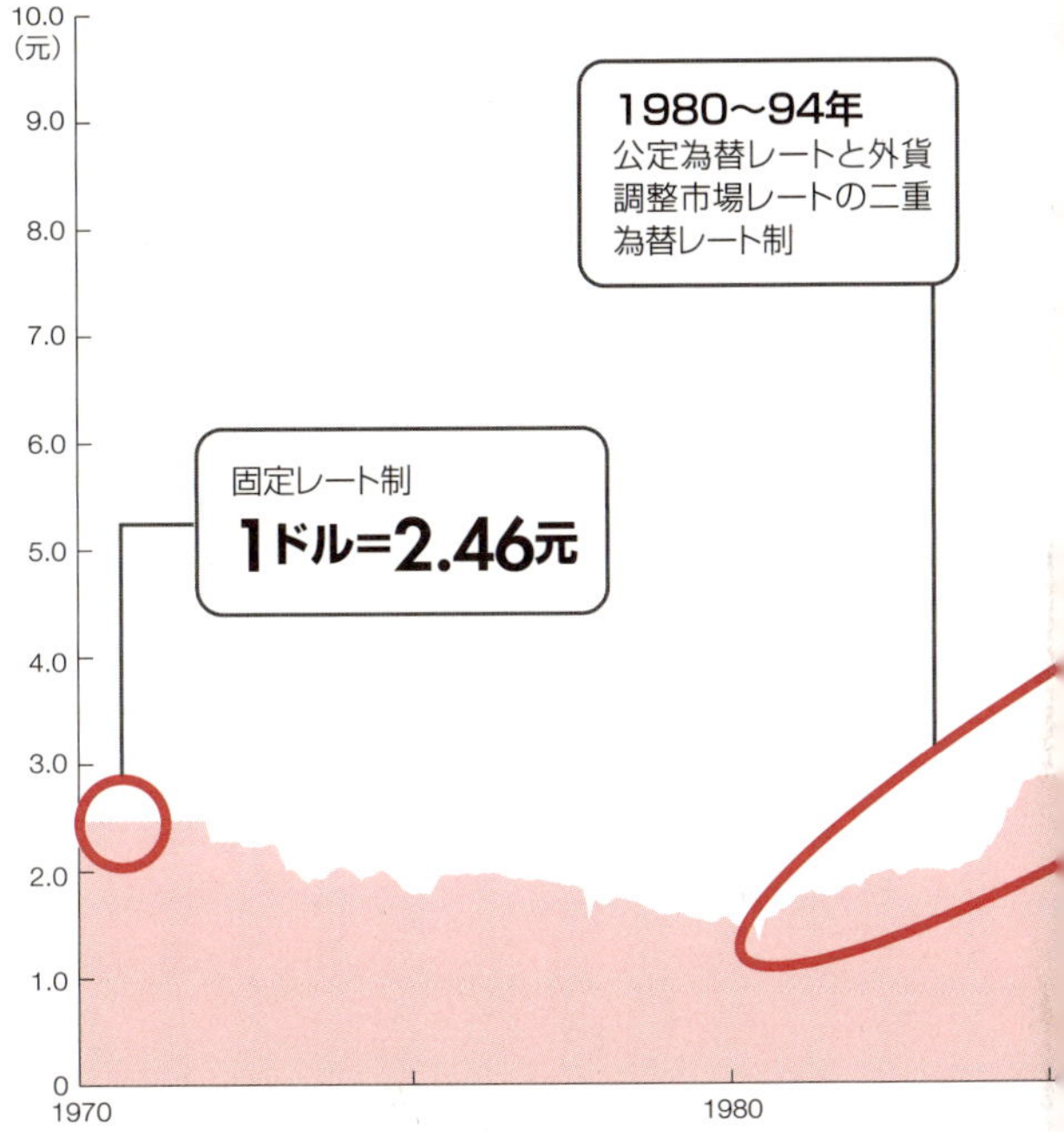

(資料:IMF)

中国とアメリカとの交渉は容易には進捗しない

しかし実は中国からアメリカに商品を輸出しているメーカーは、中国に進出しているアメリカ資本の企業が多数を占めています。両国の政府もそのことをよく知っているために、人民元切り上げはそんなに容易には進まない問題です。

ちなみに人民元の切り上げは、中国の経済を失速させる要因のひとつになるでしょうが、中国に進出している個別の企業が影響を受けることがあっても、日本経済に与える影響は非常に限定的です。

中国が日本企業から輸入している商品は、高い技術力を持った日本からしか手に入れられないものですが、日本が中国から輸入している安売り商品は、ほかの国からの輸入に切り換えることがいくらでも可能だからです。

参考文献・参考資料

『DATA PAL』小学館
『ODA政府開発援助白書 2005年』（外務省）
『Q&A日本経済100の常識〈2006年版〉』（日本経済新聞社）
『朝日キーワード別冊・経済（新版）』（朝日新聞社）
『エネルギー白書 2004』（経済産業省）
「会社四季報」（東洋経済新報社）
『科学技術白書（平成17年版）』（文部科学省）
『経済財政白書 平成17年』（内閣府）
『現代アメリカデータ総覧 2002』（東洋書林）
『現代アメリカデータ総覧 2004 - 2005』（柊風舎）
「建築着工統計調査報告 平成18年6月分」（国土交通省総合政策局）
『転んでもタダでは起きない経済学』長谷川慶太郎（幻冬舎）
「週刊エコノミスト」（毎日新聞社）
「主要統計ハンドブック 2005.6」（日本銀行）
『消費者指数年報 2005』
「情報力―好奇心が『変化』をとらえる」長谷川慶太郎（サンマーク出版）
『すっごくよくわかる日本経済』（日本実業出版社）
『世界国勢図会 2006／07年版』（財団法人矢野恒太記念会）
『世界デフレで甦る日本』長谷川慶太郎（実業之日本社）
『世界の統計 2006年版』（総務省統計局）
『先見力の達人・長谷川慶太郎』谷沢永一（学習研究社）
『竹中教授のみんなの経済学』竹中平蔵（幻冬舎）
『超「格差拡大」の時代』長谷川慶太郎（東洋経済新報社）
「2005・2006年度設備投資計画調査」（日本政策投資銀行）
「日本銀行統計 2006年冬」（日本銀行）
『日本統計年鑑 平成17年』（総務省統計局）
『日本の統計 2006年版』（総務省統計局）
「長谷川慶太郎の大局をよむ『株』」長谷川慶太郎（ビジネス社）
『長谷川慶太郎の大局をよむ 2006』長谷川慶太郎（ビジネス社）
『発想力を鍛える数字の読み方 練習帳』池上彰（小学館）
『100年デフレと日本の行方』長谷川慶太郎（徳間書店）
『平成17年版土地白書』（国土交通省）
『労働力調査年報 17年』（総務省統計局）
「わかる！ 日経」（日本経済新聞社）

IMFホームページ
OECD東京センターホームページ
外務省ホームページ
経済産業省ホームページ
厚生労働省ホームページ
国税庁ホームページ
国土交通省ホームページ
財務省ホームページ
資源エネルギー庁ホームページ
社会経済生産性本部ホームページ
石油情報センターホームページ
総務省統計局ホームページ
ダウジョーンズニューズワイヤーズホームページ
帝国データバンクホームページ
東京証券取引所ホームページ
東洋経済新報社ホームページ（会社四季報WEB）
日本銀行ホームページ
日本経済新聞社ホームページ
日本政策投資銀行ホームページ
ネットウイング証券ホームページ
野村アセットマネジメントホームページ
野村資本市場研究所ホームページ
防衛庁ホームページ

長谷川慶太郎（はせがわ　けいたろう）

1927年京都府生まれ。大阪大学工学部卒業。新聞記者、証券アナリストを経て、現在国際エコノミストとして活躍中。最先端の技術とビジネスマンの声を踏まえた「現場」重視の経済分析と先見力には定評がある。第3回石橋湛山賞を受賞。

装幀　亀海昌次
カバーイラスト　小野寺美恵
本文イラスト　坂木浩子
本文デザイン・ＤＴＰ　TYPEFACE（野津淳子）
校正　滄流社
編集協力　長谷川敦
オフィス201（高野恵子）
編集　福島広司　鈴木恵美（幻冬舎）

知識ゼロからの
数字でわかる日本経済のよみ方

2006年12月10日　第1刷発行

著者　長谷川慶太郎
発行者　見城　徹

発行所　株式会社 幻冬舎
〒151-0051　東京都渋谷区千駄ヶ谷4-9-7
電話　03-5411-6211（編集）　03-5411-6222（営業）
振替　00120-8-767643
印刷・製本所　株式会社 光邦

検印廃止

ISBN4-344-90096-0 C2033
Printed in Japan
幻冬舎ホームページアドレス　http://www.gentosha.co.jp/
この本に関するご意見・ご感想をメールでお寄せいただく場合は、comment@gentosha.co.jpまで。